NEW 일본어
상용한자
완전 마스터
1110

다락원

머리말

일본 또는 중국과 국제교류를 하다보면 이름이나 학교명을 한자로 써야 할 때가 있습니다. 그러나 한자 이름이 있기는 하나 생각이 나지 않아서 쓰지 못하는 학생들이 많습니다. 학교와 일상생활에서 한자를 자주 접하지 않기 때문입니다. 한국어는 한글만으로도 충분히 의사 표현이 가능합니다. 하지만 일본어를 학습하려면 한자는 반드시 알아야 합니다. 한국어는 한자를 그다지 사용하지 않는 듯하지만, 실제로는 한자 어휘를 많이 사용합니다. 따라서 한국인에게 일본어 한자 학습은 매우 유리하다고 할 수 있습니다. 뜻이 비슷하고 음도 비슷한 부분이 많기 때문입니다.

다락원에서는 2020년 4월 1일 일본에서 개정된 내용에 맞게 『NEW 일본어 상용한자 기초마스터 1026』을 출간한 바 있습니다. 『NEW 일본어 상용한자 기초마스터 1026』은 일본의 초등학교 한자를 학년별로 나누어 음과 훈의 의미를 적고 단어와 예문을 제시한 책입니다. 본서는 상용한자 중에서 1026자를 제외한 나머지 1110자를 모아서 만든 책입니다. 단어는 실생활에서 많이 사용하는 단어를 먼저 배열하였으며, 회화에 응용할 수 있도록 예문을 실었습니다. Tip 항목을 만들어 한국어 음은 같지만 한자가 다른 경우, 의미가 비슷하거나 또는 한자 글자는 다르지만 읽기가 똑같은 한자를 예문과 함께 제시하여 그 의미를 확실히 이해하도록 하였습니다. 또한 재미있는 일러스트를 곁들여 지루하지 않게 학습하도록 하였습니다.

한자를 반복 공부하여 일본어 어휘가 늘어나면 일본어에 자신감이 붙습니다. 한자를 꾸준히 쓰고 읽는 것은 쉽지는 않지만, 쉬지 않고 매일 조금씩 반복 학습하면 반드시 좋은 결과가 있을 것입니다. 이미 많은 학습자를 통하여 그 학습 결과가 확인되었습니다. 아무쪼록 꾸준히 학습하여 좋은 결과를 얻으시기 바랍니다.

저자 일동

이 책의 구성과 특징

1 생활에 필요한 한자를 쉽고 재미있게 익힐 수 있습니다.

문부과학성은 2010년 11월 30일에 2136자를 새로운 상용한자로 지정하였습니다. 그 상용한자 2136자 중, 일본 초등학생이 배우는 한자(1026자)를 교육한자라고 하는데, 본서에는 1026자의 교육한자를 제외한 나머지 1110자를 실었습니다.

1110자의 한자는 주로 일본 중학생이 학습을 하는데, 일본 정부는 학년마다 학습해야 할 한자를 정하지는 않았습니다. 본서는 공익재단법인 일본한자능력검정협회가 주최하는 「일본한자능력검정(日本漢字能力検定)」을 참고로 하여, 검정시험 4급 수준의 한자(313자)를 「중학교 1학년 한자」, 3급 수준의 한자(284자)를 「중학교 2학년 한자」, 준(準)2급 수준의 한자(328자)를 「중학교 3학년 한자」, 2급 수준의 한자(185자)를 「중학교 어려운 한자」로 배정하였습니다.

각 학년의 한자는 한글의 자모순으로 배열하였습니다. 또한, 1~3학년의 한자는 unit 4개, 어려운 한자는 unit 3개로 구성되어 총 열 다섯 개의 unit이 있습니다. 각 unit당 60~90자씩으로 나누어 총 1110자를 부담 없이 학습할 수 있으며, unit이 끝날 때마다 연습문제를 수록하여 충분히 복습할 수 있도록 고려하였습니다.

상용한자 일본 문부과학성이 법령이나 공용문서, 신문, 방송 등 일반 사회 생활에서 쓰도록 권장하는 한자입니다. 2010년 11월 30일 새롭게 지정되어 총 2136자의 상용한자가 있습니다.

1110자 교육한자를 제외한 1110자를 중학교 1학년~3학년 한자, 어려운 한자로 나누어 제시했습니다.
1학년 한자 | **313자**   2학년 한자 | **284자**   3학년 한자 | **328자**
어려운 한자 | **185자**

2 한국 한자 학습과 JLPT 대비도 할 수 있습니다.

표제 한자 밑에 한국 한자의 음과 뜻을 표시하여, 한국 한자와 일본 한자를 동시에 학습할 수 있도록 구성하였습니다. 또한, 6일째와 7일째의 연습 문제는 JLPT 한자 읽기 출제 형식으로 구성하여 JLPT의 모의시험처럼 활용하실 수 있습니다.

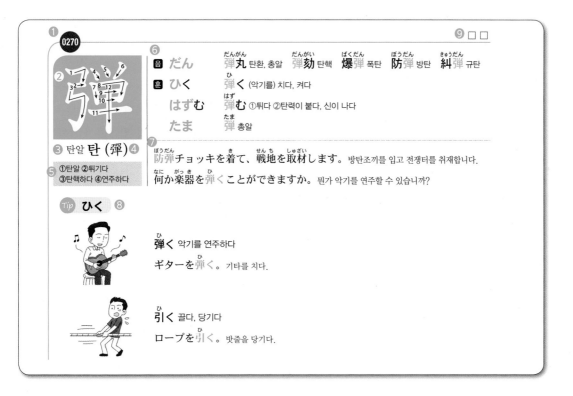

❶ 0270

❾ □ □

❷ 彈

❻
- **음 だん** 　弾丸 탄환, 총알　彈劾 탄핵　爆弾 폭탄　防弾 방탄　糾弾 규탄
- **훈 ひく** 　弾く (악기를) 치다, 켜다
- **はずむ** 　弾む ①튀다 ②탄력이 붙다, 신이 나다
- **たま** 　弾 총알

❸ 탄알 탄 (彈) ❹

❺
①탄알 ②튀기다
③탄핵하다 ④연주하다

❼
防弾チョッキを着て、戦地を取材します。 방탄조끼를 입고 전쟁터를 취재합니다.
何か楽器を弾くことができますか。 뭔가 악기를 연주할 수 있습니까?

Tip ひく ❽

弾く 악기를 연주하다
ギターを弾く。 기타를 치다.

引く 끌다, 당기다
ロープを引く。 밧줄을 당기다.

---

❶ 일련번호 | 1부터 1110까지의 일련번호입니다.
다락원 홈페이지에서 단어·예문의 음성(mp3) 파일을 들으실 때 일련번호를 참고해 주세요.

❷ 표제 한자와 필순 | 보기 쉽게 한자를 크게 표시하고 필순도 함께 표시하였습니다.
필순은 우리나라에서 쓰는 한자와 일본어 한자가 다를 때도 있습니다.

❸ 우리말 음훈 | 우리나라에서 쓰는 음과 훈을 표기하였습니다.

❹ 한국 한자 | 우리나라에서 쓰는 한자(정자)가 따로 있는 경우 표기해 두었습니다.

❺ 한자의 의미 | 한자가 가진 대표적인 의미를 제시했습니다.

❻ 일본어 음훈과 단어의 예 | 한자의 음과 훈을 적고, 자주 쓰이는 단어를 제시했습니다.

❼ 예문 | 제시된 음독 단어와 훈독 단어를 이용한 대표적인 예문을 실었습니다.

❽ Tip | 동음이의어를 제시하여 한자의 차이점을 설명하고, 속담·관용구·사자성어를 실어 쓰임새의
다양화를 꾀하였습니다.

❾ □□ | 학습을 한 후 암기한 한자를 체크하기 위한 공간입니다.

일본어 한자에 대하여

일본어를 표기할 때는 한자, 히라가나, 가타카나를 사용합니다. 히라가나는 문법적인 말(활용어미나 조사, 조동사 등), 가타카나는 외래어나 강조하고 싶은 말, 한자는 실질적인 어휘에 사용합니다. 한자는 실질적인 어휘를 나타내는 만큼 특히 중요합니다. 그럼 일본어 한자의 특징에 대하여 알아봅시다.

1 한자에는 음(音)과 훈(訓)이 있습니다.

일본어 한자는 음독(音読み)과 훈독(訓読み)으로 발음합니다. 음은 중국에서 한자가 건너올 때 한자가 나타내는 중국어 발음을 그대로 일본어에 도입한 것을 말합니다. 한편 훈은 일본인이 한자를 알기 전부터 사용했던 음입니다. 한자가 일본으로 전해지면서 같은 뜻을 나타내자 훈으로 읽게 되었지요. 그래서 대개 훈을 보면 의미도 알 수 있습니다.

음 さん　중국어 발음을 일본어에 도입한 음
훈 やま　한자가 나타내는 중국어 의미를 일본어로 표기한 것

우리나라에서는 한자에 음독과 훈독이 하나씩인 경우가 많지만, 일본어 한자는 음독과 훈독이 다양하며 의미가 여러 가지 있는 경우도 많습니다.

음 せい, しょう
훈 いきる, いかす, いける, うまれる, うむ, おう, はえる, はかす, なま, き

2 발음이 변할 때가 있습니다.

한자의 앞이나 뒤에 다른 한자나 다른 단어가 붙어서 새로운 단어가 되었을 때 예와 같이 발음이 변하거나 특별하게 읽는 경우가 있습니다.

① 音便化(음편화): 앞의 음이 뒤의 음의 영향을 받아 촉음으로 바뀌는 현상입니다.

学(が<u>く</u>) ＋ 校(こう) → 学校(が<u>っ</u>こう)
　학　　　　　　　교　　　　　　　학교

出(しゅ<u>つ</u>) ＋ 発(はつ) → 出発(しゅ<u>っ</u>ぱつ)
　출　　　　　　　발　　　　　　　출발

② 連濁(연탁): 뒤의 첫음이 청음에서 탁음으로 바뀌는 현상입니다.

$$天(てん) + 国(こく) → 天国(てんごく)$$
천　　　　　국　　　　　천국

③ 連声(연성): 앞의 음이 ん・ち・つ로 끝날 때 あ・や・わ행이 이어지면 그 음이 な・ま・た행으로

　　　　　바뀌는 현상입니다.

$$因(いん) + 縁(えん) → 因縁(いんねん)$$
인　　　　　연　　　　　인연

④ 熟字訓(숙자훈): 특별하게 읽는 경우입니다.

$$田(でん) + 舎(しゃ) → 田舎(いなか)$$
전　　　　　사　　　　　시골

본서에서는 단어의 음편화, 연탁, 연성에 대한 설명은 따로 하지 않았습니다.
특별하게 읽으나 자주 사용하는 熟字訓은 '예외' 또는 '특이'라고 표시해 두었습니다.

3　오쿠리가나(送り仮名)

오쿠리가나는 문장을 읽을 때 쉽게 읽기 위하여 한자 뒤에 붙는 히라가나를 말합니다. 오쿠리
가나는 기본적으로 훈독으로 읽는 동사, イ・ナ형용사, 부사(일부)에 있고, 동사, 형용사에는
활용어미(活用語尾)에, 부사에는 마지막 음절(音節)에 사용하여 정확한 의미, 문맥을 알 수
있도록 하는 역할을 합니다. 오쿠리가나에 따라 의미가 달라지므로 주의하여야 합니다. 본서
에서는 오쿠리가나를 검은색으로 표시하였습니다.

동사	閉まる 닫히다　閉める 닫다　生む 낳다　生まれる 태어나다
イ형용사	細い 가늘다　細かい 상세하다, 작다　苦しい 괴롭다　苦い (맛이) 쓰다
ナ형용사	幸せだ 행복하다　幸いだ 다행이다
부사	最も 가장　必ず 꼭　概ね 대강, 대체로

15주 학습 계획표

『NEW 일본어 상용한자 완전 마스터 1110』을 학습하는 독자분들을 위해 15주 완성으로 학습 계획표를 짰습니다.
60~95자로 이루어진 각 unit을 일주일 동안 학습할 수 있게 일련번호순으로 하루에 약 12~18자씩 나누었습니다.
주말에는 일주일 동안 학습한 내용을 연습 문제로 풀어 보며 꼼꼼하게 복습하세요. 단어와 예문의 음성(mp3) 파일,
한자 쓰기 노트도 다락원 홈페이지(www.darakwon.co.kr)에서 제공하니 다운로드하여 활용해 보세요.

		월	화	수	목	금	토·일
1주	중학교 1학년 한자 ❶	1~18	19~35	36~55	56~74	75~90	연습 문제 1, 2
2주	중학교 1학년 한자 ❷	91~109	110~126	127~144	145~159	160~174	연습 문제 3, 4
3주	중학교 1학년 한자 ❸	175~189	190~205	206~219	220~234	235~250	연습 문제 5, 6
4주	중학교 1학년 한자 ❹	251~263	264~277	278~288	289~300	301~313	연습 문제 7
5주	중학교 2학년 한자 ❶	314~332	333~349	350~369	370~385	386~402	연습 문제 8, 9
6주	중학교 2학년 한자 ❷	403~417	418~432	433~447	448~459	460~474	연습 문제 10, 11
7주	중학교 2학년 한자 ❸	475~488	489~502	503~514	515~525	526~536	연습 문제 12
8주	중학교 2학년 한자 ❹	537~549	550~561	562~573	574~585	586~597	연습 문제 13

		월	화	수	목	금	토·일
9주	중학교 **3학년** 한자 ❶	598~613	614~629	630~641	642~656	657~669	연습 문제 14, 15
10주	중학교 **3학년** 한자 ❷	670~689	690~705	706~725	726~745	746~764	연습 문제 16, 17
11주	중학교 **3학년** 한자 ❸	765~783	784~799	800~815	816~831	832~849	연습 문제 18, 19
12주	중학교 **3학년** 한자 ❹	850~865	866~878	879~894	895~910	911~925	연습 문제 20, 21
13주	중학교 **어려운** 한자 ❶	926~937	938~949	950~965	966~977	978~989	연습 문제 22
14주	중학교 **어려운** 한자 ❷	990~1000	1001~1012	1013~1024	1025~1039	1040~1049	연습 문제 23
15주	중학교 **어려운** 한자 ❸	1050~1061	1062~1073	1074~1085	1086~1096	1097~1110	연습 문제 24

차례

1 중학교
학년 한자

313

중학교 1학년 한자는 총 313자이며,
일본의 한자검정시험(漢検)의 4급
정도에 해당된다.

暇	却	脚	甘	監	鑑	介	皆	箇
틈/겨를 가	물리칠 각	다리 각	달 감	볼 감	거울 감	낄 개	다 개	낱 개
巨	拠	距	乾	剣	撃	肩	堅	遣
클 거	근거 거	상거할 거	마를 건	칼 검	칠 격	어깨 견	굳을 견	보낼 견
兼	更	傾	驚	戒	継	枯	鼓	稿
겸할 겸	고칠 경/다시 갱	기울 경	놀랄 경	경계할 계	이을 계	마를 고	북 고	원고 고
攻	恐	菓	誇	狂	壊	較	丘	駆
칠 공	두려울 공	과자 과	자랑할 과	미칠 광	무너질 괴	견줄 교	언덕 구	몰 구
屈	掘	勧	圏	鬼	叫	及	扱	奇
굽힐 굴	팔 굴	권할 권	우리 권	귀신 귀	부르짖을 규	미칠 급	미칠 급	기특할 기
祈	幾	娘	耐	奴	怒	濃	悩	丹
빌 기	몇 기	여자 낭	견딜 내	종 노	성낼 노	짙을 농	번뇌할 뇌	붉을 단
端	淡	曇	踏	唐	到	逃	倒	途
끝 단	맑을 담	흐릴 담	밟을 답	당나라/당황할 당	이를 도	도망할 도	넘어질 도	길 도
桃	盗	渡	稲	跳	突	胴	鈍	絡
복숭아 도	도둑 도	건널 도	벼 도	뛸 도	갑자기 돌	몸통 동	둔할 둔	이을/얽을 락
欄	郎	慮	麗	暦	恋	劣	烈	齢
난간 란	사내 랑	생각할 려	고울 려	책력 력	그리워할 련	못할 렬	매울/세찰 렬	나이 령
隷	露	雷	頼	療	涙	離	隣	粒
종 례	이슬 로	우레 뢰	의뢰할 뢰	고칠 료	눈물 루	떠날 리	이웃 린	낟알 립

0001

틈/겨를 **가**

①틈, 틈새 ②겨를
③한가하다

음 **か**	休暇 휴가　余暇 여가　寸暇 촌가(극히 짧은 짬)
훈 **ひま**	暇 ①시간, 틈, 짬 ②한가함　暇つぶし 심심풀이

休暇で海外旅行に行きます。 휴가로 해외여행을 갑니다.

暇つぶしにゲームをします。 심심풀이로 게임을 합니다.

0002

물리칠 **각**

①물리치다 ②돌아가다
③그치다, 멎다

음 **きゃく**	却下 각하(신청을 받지 않고 물리침), 기각　返却 반환, 반납
	売却 매각　焼却 소각

来週までに本を返却してください。 다음 주까지 책을 반납해주세요.

ゴミを焼却してください。 쓰레기를 소각해 주세요.

0003

다리 **각**

①다리 ②토대가 되는 것

음 **きゃく**	脚光 각광　脚本 각본　立脚 입각　三脚 삼각
きゃ	脚立 접사다리(사다리 2개를 합치고 위에 발판을 댄 것)
훈 **あし**	脚 다리　雨脚 빗줄기

その俳優はデビュー作で脚光を浴びました。
그 배우는 데뷔작에서 각광을 받았습니다.

椅子の脚が折れてしまいました。 의자 다리가 부러져 버렸습니다.

Tip あし

脚 사물이나 곤충의 다리
椅子の脚が折れる。 의자 다리가 부러지다.

足 주로 사람의 다리
足に力が入らない。 다리에 힘이 들어가지 않는다.

0004

☐ ☐

달 甘

①달다 ②달게 여기다
③만족하다 ④느슨하다

음 **かん**	かんじゅ 甘受 감수함, 달게 받음	かん み 甘味 감미	かん み りょう 甘味料 감미료
	かんげん 甘言 감언, 달콤한 말		
훈 **あまい**	あま 甘い ①달다 ②엄하지 않다, 관대하다		あまくち 甘口 단 것을 좋아하는 사람
	あま ず 甘酸っぱい 새콤달콤하다	あま から 甘辛い 달고 짜다, 매콤달콤하다	
あまえる	あま 甘える 어리광부리다		
あまやかす	あま 甘やかす 응석을 받아 주다, 오냐오냐하다		
あまんじる	あま 甘んじる 만족하다, 감수하다		

セールスマンの甘言に気をつけてください。
세일즈맨의 감언을 조심하세요.

木村先生はいつもテストを甘く採点します。
기무라 선생님은 시험을 늘 관대하게 채점합니다.

子どもが母親に甘えています。 아이가 엄마에게 응석을 부립니다.

子どもを甘やかして育てました。 아이를 응석받이로 키웠습니다.

0005

☐ ☐

볼 監

①보다 ②살피다 ③감옥

음 **かん**	かんとく 監督 감독	かん し 監視 감시	かん さ 監査 감사	かんごく 監獄 감옥
	しゅうかん 収監 수감			

監督が選手に指示をしています。 감독이 선수에게 지시를 하고 있습니다.

監視カメラを設置しました。 감시카메라를 설치했습니다.

0006

☐ ☐

거울 鑑

①거울 ②보다, 살펴보다
③거울삼다

음 **かん**	かんしょう 鑑賞 감상	かんてい 鑑定 감정(살펴서 판정함)	ず かん 図鑑 도감
	いんかん 印鑑 인감		
훈 **かんがみる**	かんが 鑑みる (거울 삼아) 비추어 보다, 감안하다		

友だちとバレエを鑑賞しました。 친구와 발레를 감상했습니다.

会社の業績を鑑みて、株を買いました。 회사의 실적을 감안하여 주식을 샀습니다.

0007

끼다 개

① 끼다 ② 소개하다
③ 근처, 곁

음 かい　　介入 개입　　介護 간호　　紹介 소개　　媒介 매개

私の問題に介入しないでください。 제 문제에 개입하지 말아 주세요.

私の故郷を紹介します。 제 고향을 소개합니다.

0008

다 개

① 다, 모두 ② 함께, 다같이

음 かい　　皆勤 개근　　皆無 전무, 전혀 없음　　皆目 전혀, 도무지

皆既日食 개기일식

훈 みな　　皆 모두　　皆さん 여러분　　皆様 여러분

失敗するおそれは皆無です。 실패할 염려는 전혀 없습니다.

皆様を会場にご案内します。 여러분을 회장으로 안내해드리겠습니다.

0009

낱 개

낱, 개

음 か　　箇所 개소, 곳, 군데　　箇条 조항, 항목

箇条書き 항목별로 씀

ゴミを一箇所にまとめます。 쓰레기를 한군데에 모읍니다.

スーパーで買うものを箇条書きします。 슈퍼마켓에서 살 것을 항목별로 씁니다.

0010

클 거

① 크다 ② 많다

음 きょ　　巨大 거대함　　巨人 거인　　巨万 거만, 대단히 많은 수·금액

巨額 거액　　巨木 거목, 큰 나무

巨大なダムを建設しています。 거대한 댐을 건설하고 있습니다.

巨額の詐欺事件が発生しました。 거액의 사기 사건이 발생했습니다.

근거 **거** (據)

①근거, 증거 ②의거하다
③웅거하다

음 きょ 　拠点 거점　根拠 근거　依拠 의거　占拠 점거
こ 　証拠 증거

釜山港は交易の拠点です。 부산항은 교역의 거점입니다.

弁護士が証拠を提示しました。 변호사가 증거를 제시했습니다.

상거할 **거**

①상거하다(서로 떨어져
있다) ②떨어지다

음 きょ 　距離 거리　長距離 장거리　短距離 단거리

駅までの距離を測ります。 역까지의 거리를 측정합니다.

長距離運転は疲れます。 장거리 운전은 피곤합니다.

마를 **건**

①마르다, 말리다
②텅 비다

음 かん 　乾杯 건배　乾燥 건조　乾電池 건전지　乾季 건기
훈 かわく 　乾く 마르다, 건조하다
　　かわかす 　乾かす 말리다

空気が乾燥しています。 공기가 건조합니다.

洗濯物を乾かします。 빨래를 말립니다.

Tip かわく

乾く (사물이) 마르다
洗濯物が乾く。 빨래가 마르다.

渇く (목이) 마르다
喉が渇く。 목이 마르다.

0014

칼 **검 (劍)**

①칼 ②검법

음 けん
剣**道** 검도　剣**術** 검술　刀剣 도검(칼과 검)
真剣 진지함　**真**剣**勝負** 진검승부, 목숨을 건 승부

훈 つるぎ
剣 검

上司が真剣に会議をしています。 상사가 진지하게 회의를 하고 있습니다.
この剣は国宝です。 이 검은 국보입니다.

0015

칠 **격 (撃)**

①치다 ②부딪치다
③공격하다

음 げき
撃**退** 격퇴　撃**墜** 격추　**攻**撃 공격　**反**撃 반격

훈 うつ
撃つ 공격하다, (총으로) 쏘다

相手チームが反撃に出ました。 상대팀이 반격에 나섰습니다.
警察官が銃を撃ちました。 경찰관이 총을 쏘았습니다.

Tip うつ

撃つ (총으로) 쏘다, 사격하다
拳銃を撃つ。 권총을 쏘다.

打つ ①치다, 때리다
②(두드려) 박다

ボールを打つ。 공을 치다.

討つ (무기 등으로) 공격하다, 토벌하다
敵の将軍を討つ。 적의 장군을 무찌르다.

0016

어깨 **견 (肩)**

①어깨 ②임용하다
③짊어지다

음 けん
肩**甲骨** 견갑골(어깨뼈)　肩**章** 견장(어깨에 붙이는 표장)
双肩 양쪽 어깨　**比**肩 비견, 견줌, 필적

훈 かた
肩 어깨　肩こり 어깨 결림　肩**車** 목마　肩**書**き 직함
路肩 갓길

肩甲骨にひびが入りました。 어깨뼈에 금이 갔습니다.
肩こりにはパスを貼ってください。 어깨 결림에는 파스를 붙여 주세요.

19

군을 **견**

①굳다 ②굳어지다
③단단하게 하다

음 けん

堅固 견고함, 튼튼함　堅持 견지(굳게 지님), 고수　堅実 견실함, 착실함

堅牢 견고함

훈 かたい

堅い 단단하다, 견고하다　手堅い 견실하다

毎月、堅実に貯金します。 매달 착실하게 저금합니다.

相手チームの守備は堅いです。 상대팀의 수비는 견고합니다.

Tip かたい

堅い 견고하다(↔ゆるい 느슨하다)

守備が堅い。 수비가 견고하다.

口が堅い。 입이 무겁다.

硬い 딱딱하다(↔やわらかい 부드럽다)

体が硬い。 몸이 뻣뻣하다.

表情が硬い。 표정이 딱딱하다.

固い 단단하다, 신념·의지가 굳다
(↔もろい 무르다)

結び目が固い。 매듭이 단단하다.

固い友情。 굳은 우정.

보낼 **견**

보내다, 파견하다

음 けん

派遣 파견　先遣 먼저 파견함

훈 つかう

遣う 고용하다　お遣い 심부름(꾼)　お小遣い 용돈

つかわす

遣わす 파견하다

新聞社が記者を派遣しました。 신문사가 기자를 파견했습니다.

母のお遣いでスーパーに行きました。 엄마 심부름으로 슈퍼마켓에 갔습니다.

Tip つかう

使う/遣う 일반적으로는 「使う」를 사용하며, 「遣う」는 일부 명사에만 한정적으로 사용한다.

使う

パソコンを使う。 컴퓨터를 사용하다.

電気を使う。 전기를 사용하다.

気を使う。 신경을 쓰다.

遣う

お小遣い 용돈

言葉遣い 말씨, 말투

気遣い 배려, 염려

0019

겸할 **겸** (兼)

①겸하다 ②포용하다

음	けん	兼任 겸임　兼業 겸업　兼用 겸용　兼備 겸비
훈	かねる	兼ねる 겸하다

佐藤さんは大学の兼任教授です。 사토 씨는 대학교의 겸임교수입니다.
旅行も兼ねて、学生時代の友人に会いに行きました。
여행도 겸해서, 학생 시절 친구를 만나러 갔습니다.

0020

고칠 **경** / 다시 **갱**

①고치다 ②변경되다
③밤시각 ④다시

음	こう	更迭 경질　変更 변경　更新 갱신　更生 갱생
훈	さら	更に 한층 더, 더욱더
	ふける	更ける (밤·계절 등이) 깊어지다　夜更け 심야
	ふかす	更かす 밤 늦도록 안 자다, (밤을) 새우다　夜更かし 밤을 샘

クレジットカードを更新しました。 신용카드를 갱신했습니다.
夜が更けて、星が輝いています。 밤이 깊어져서 별이 빛나고 있습니다.

Tip ふける

更ける (밤이나 계절 등이) 깊어지다
夜が更ける。 밤이 깊어지다.

老ける 나이를 먹다, 늙다
顔が老ける。 얼굴이 늙다.

0021

기울 **경**

①기울다, 기울어지다
②비스듬하다

음	けい	傾向 경향　傾斜 경사　傾聴 경청　傾倒 심취함, 열중함
훈	かたむく	傾く 기울다
	かたむける	傾ける 기울이다

ビュッフェに行くと食べすぎる傾向があります。
뷔페에 가면 과식하는 경향이 있습니다.
壁にかけた絵が傾いています。 벽에 건 그림이 기울어 있습니다.

0022

놀랄 **경** (驚)

놀라다, 놀라게 하다

음 きょう 　驚異 경이　驚異的 경이적　驚嘆 경탄　驚愕 경악

훈 おどろく 　驚く 놀라다

　　おどろかす 　驚かす 놀라게 하다

ITは驚異的なスピードで発達しています。　IT는 경이적인 속도로 발달하고 있습니다.

突然、サイレンが鳴って驚きました。　갑자기 사이렌이 울려서 놀랐습니다.

0023

戒

경계할 **계**

①경계하다 ②조심하고
주의하다 ③훈계하다

음 かい 　戒律 계율　戒告 계고, 경고　警戒 경계　懲戒 징계

훈 いましめる 　戒める 훈계하다, 징계하다　戒め 훈계, 교훈, 주의

警察がテロを警戒しています。　경찰이 테러를 경계하고 있습니다.

失敗を戒めにして、がんばります。　실패를 교훈 삼아 더 노력하겠습니다.

0024

이을 **계** (繼)

①잇다 ②이어나가다
③계속하다

음 けい 　継続 계속　継承 계승　中継 중계　後継 후계

훈 つぐ 　継ぐ 잇다, 계승하다　息継ぎ 한숨 돌림, 잠시 쉼

　　　　　後継ぎ 후계자, 상속자(跡継ぎ로도 씀)

継続して台風警報が発令されています。　계속해서 태풍경보가 발령되고 있습니다.

父の後を継いで、会社を経営しています。
아버지의 뒤를 이어 회사를 경영하고 있습니다.

0025

마를 **고**

①마르다, 시들다
②쇠하다 ③약해지다

음 こ 　枯渇 고갈　栄枯(성함과 쇠함)

　　　　栄枯盛衰 영고성쇠(개인이나 사회의 성하고 쇠함이 서로 뒤바뀌는 현상)

훈 かれる 　枯れる 시들다　枯れ葉 마른 잎, 낙엽

　　からす 　枯らす 시들게 하다　木枯らし 늦가을부터 초겨울에 걸쳐 부는 찬 바람

いつかは石油も枯渇します。　언젠가는 석유도 고갈됩니다.

枯れ葉を掃除しました。　낙엽을 청소했습니다.

0026

북 고

①북(소리) ②심장의 고동
③(북을)치다, 두드리다

음 こ
こぶ
鼓舞 고무, 복돋움　こどう
鼓動 고동　こまく
鼓膜 고막

たいこ
太鼓 북

훈 つづみ
つづみ
鼓 타악기, 북　したつづみ
舌鼓 입맛을 다심

リーダーが仲間たちの士気を鼓舞しています。
리더가 동료들의 사기를 복돋우고 있습니다.

おいしい料理に舌鼓を打ちました。 맛있는 요리를 보고 입맛을 다셨습니다.

0027

원고 고

①원고 ②초안

음 こう
こうりょう
稿料 (원)고료　げんこう
原稿 원고　とうこう
投稿 투고　よこう
予稿 예비 원고

出版社から稿料をもらいました。 출판사로부터 원고료를 받았습니다.

パソコンで原稿を作成します。 컴퓨터로 원고를 작성합니다.

0028

칠 공

①치다, 때리다 ②공격하다
③닦다, 다듬다

음 こう
こうげき
攻撃 공격　こうしゅ
攻守 공수(공격과 수비)　せんこう
専攻 전공　せんこう
先攻 선공

훈 せめる
せ
攻める 공격하다, 치다

野球チームが攻守を交替します。 야구팀이 공격과 수비를 교대합니다.

相手の弱点を攻めます。 상대의 약점을 공격합니다.

Tip せめる

せ
攻める 공격하다, 치다
あいて　せ
相手チームを攻める。 상대팀을 공격하다.

せ
責める 꾸짖다, 나무라다
しっぱい　せ
失敗を責める。 실수를 꾸짖다.

恐

두려울 **공**

①두렵다, 두려워하다
②무서워하다 ③염려하다

음 きょう 　 <ruby>恐<rt>きょう</rt></ruby><ruby>怖<rt>ふ</rt></ruby> 공포 　 <ruby>恐<rt>きょう</rt></ruby><ruby>慌<rt>こう</rt></ruby> 공황 　 <ruby>恐<rt>きょう</rt></ruby><ruby>竜<rt>りゅう</rt></ruby> 공룡 　 <ruby>恐<rt>きょう</rt></ruby><ruby>縮<rt>しゅく</rt></ruby> 죄송하게 여김

훈 おそれる 　 <ruby>恐<rt>おそ</rt></ruby>れる 무서워하다, 두려워하다

　　 おそろしい 　 <ruby>恐<rt>おそ</rt></ruby>ろしい 무섭다, 두렵다

<ruby>恐<rt>きょう</rt></ruby><ruby>縮<rt>しゅく</rt></ruby>ですが、<ruby>電話番号<rt>でんわばんごう</rt></ruby>を<ruby>教<rt>おし</rt></ruby>えてくださいませんか。
죄송합니다만, 전화번호를 가르쳐주시지 않겠습니까?

とても<ruby>恐<rt>おそ</rt></ruby>ろしいウイルスが<ruby>発見<rt>はっけん</rt></ruby>されました。
매우 무서운 바이러스가 발견되었습니다.

Tip おそれる

<ruby>恐<rt>おそ</rt></ruby>れる 두려워하다
<ruby>病気<rt>びょうき</rt></ruby>を<ruby>恐<rt>おそ</rt></ruby>れる。 병을 두려워하다.

<ruby>畏<rt>おそ</rt></ruby>れる 경외하다
<ruby>神<rt>かみ</rt></ruby>を<ruby>畏<rt>おそ</rt></ruby>れる。 신을 경외하다.

菓

과자 **과 (菓)**

과자

음 か 　 (お)<ruby>菓<rt>か</rt></ruby><ruby>子<rt>し</rt></ruby> 과자 　 <ruby>製<rt>せい</rt></ruby><ruby>菓<rt>か</rt></ruby> 제과 　 <ruby>氷<rt>ひょう</rt></ruby><ruby>菓<rt>か</rt></ruby> 빙과 　 <ruby>茶<rt>さ</rt></ruby><ruby>菓<rt>か</rt></ruby> 다과

ダイエット<ruby>中<rt>ちゅう</rt></ruby>なので、お<ruby>菓子<rt>かし</rt></ruby>は<ruby>食<rt>た</rt></ruby>べません。
다이어트 중이라 과자는 먹지 않습니다.

お<ruby>客<rt>きゃく</rt></ruby>さまに<ruby>茶菓<rt>さか</rt></ruby>を<ruby>出<rt>だ</rt></ruby>します。 손님에게 다과를 대접합니다.

誇

자랑할 **과**

①자랑하다, 뽐내다
②자만하다

음 こ 　 <ruby>誇<rt>こ</rt></ruby><ruby>張<rt>ちょう</rt></ruby> 과장 　 <ruby>誇<rt>こ</rt></ruby><ruby>示<rt>じ</rt></ruby> 과시 　 <ruby>誇<rt>こ</rt></ruby><ruby>大<rt>だい</rt></ruby> 과대

훈 ほこる 　 <ruby>誇<rt>ほこ</rt></ruby>る 자랑하다, 뽐내다 　 <ruby>誇<rt>ほこ</rt></ruby>り 자랑, 긍지

　　 ほこらしい 　 <ruby>誇<rt>ほこ</rt></ruby>らしい 자랑스럽다

<ruby>課長<rt>かちょう</rt></ruby>は<ruby>自分<rt>じぶん</rt></ruby>の<ruby>成功<rt>せいこう</rt></ruby>を<ruby>誇張<rt>こちょう</rt></ruby>して<ruby>言<rt>い</rt></ruby>いました。
과장님은 자신의 성공을 과장해서 말했습니다.

<ruby>富士山<rt>ふじさん</rt></ruby>は<ruby>日本一<rt>にっぽんいち</rt></ruby>の<ruby>高<rt>たか</rt></ruby>さを<ruby>誇<rt>ほこ</rt></ruby>る<ruby>山<rt>やま</rt></ruby>です。
후지산은 일본 제일의 높이를 자랑하는 산입니다.

0032

미칠 광

①미치다 ②사납다

음 きょう

狂喜 광희(미칠 듯이 기뻐함)　狂気 광기, 미침　熱狂 열광

酔狂 ①취광(술에 취해 상식을 벗어남) ②색다른 것을 좋아함

훈 くるう

狂う 미치다

くるおしい

狂おしい 미칠 것 같다

韓国チームが優勝して、人々が狂喜しています。
한국팀이 우승해서, 사람들이 뛸 듯이 기뻐하고 있습니다.

狂おしいほどに恋人に会いたいです。 미치도록 애인을 만나고 싶습니다.

0033

무너질 괴 (壊)

①무너지다 ②허물어지다
③파괴하다 ④망가지다

음 かい

破壊 파괴　崩壊 붕괴　倒壊 도괴, 무너짐

壊滅 괴멸(파괴되어 멸망)

훈 こわす

壊す 부수다, 망가뜨리다

こわれる

壊れる 부서지다, 망가지다

ビルが倒壊する危険性があります。 빌딩이 무너질 위험성이 있습니다.

地震で家が壊れてしまいました。 지진으로 집이 허물어져 버렸습니다.

0034

견줄 교

견주다, 비교하다

음 かく

比較 비교　比較的 비교적

今年の売上のデータを去年のデータと比較します。
올해 매상 데이터를 작년 데이터와 비교합니다.

比較的、今日は暖かいです。 비교적, 오늘은 따뜻합니다.

0035

언덕 구

언덕, 구릉

음 きゅう

丘陵 구릉, 언덕　砂丘 사구, 모래 언덕

훈 おか

丘 언덕

鳥取県には有名な砂丘があります。 돗토리현에는 유명한 모래 언덕이 있습니다.

丘の上に城があります。 언덕 위에 성이 있습니다.

0036

몰 **구** (駆)

①(말을 타고) 몰다 ②빨리
달리다 ③내쫓다

음 く 　駆**除** 구제(몰아내어 없앰)　駆**逐** 구축(몰아서 내쫓음)

　　　　　駆**使** 구사　駆**動** 구동

훈 かける　駆ける 달리다, 뛰다　駆け足 뛰어감, 달음박질

　　かる　駆る 쫓다, 몰다

家の中を消毒してゴキブリを駆除しました。
집안을 소독해서 바퀴벌레를 없앴습니다.

馬が野原を駆けています。 말이 들판을 달리고 있습니다.

0037

굽힐 **굴**

①굽히다 ②구부러지다
③움츠리다

음 くつ　屈**折** 굴절　屈**辱** 굴욕　**退**屈 지루함

　　　　理屈 ①이치, 도리 ②핑계　**窮**屈 답답함, 비좁아 갑갑함

退屈な日は公園を散歩します。 지루한 날은 공원을 산책합니다.

飛行機の席が窮屈です。 비행기 좌석이 비좁아 답답합니다.

0038

팔 **굴**

파다, 파내다

음 くつ　掘**削** 굴착　**発**掘 발굴　**採**掘 채굴

훈 ほる　掘る 파다, 캐다

ここで古代の遺跡が発掘されました。 여기서 고대 유적이 발굴되었습니다.

犬が穴を掘っています。 개가 구멍을 파고 있습니다.

Tip ほる

掘る 파다, 캐다
穴を掘る。 구멍을 파다.

彫る 새기다, 조각하다
仏像を彫る。 불상을 조각하다.

0039

勧 권할 **권** (勸)

권하다, 권장하다

음 **かん**

かんゆう
勧誘 권유　かんこく
勧告 권고, 설득　かんしょう
勧奨 권장

かんぜんちょうあく
勧善懲悪 권선징악

훈 **すすめる**　すす
勧める 권하다, 권유하다　すす
お勧め 추천

ろうどうかんきょう　かいぜん　かんこく
労働環境の改善を勧告しました。 근로환경의 개선을 권고했습니다.

きょう　すす
今日のお勧めのメニューは何ですか。 오늘의 추천메뉴는 무엇입니까?

Tip **すすめる**

すす
勧める 권하다, 권유하다
こうにゅう　すす
購入を勧める。
구입을 권하다.

すす
進める 진행하다, 전진시키다
こうじ　すす
工事を進める。
공사를 진행하다.

すす
薦める 추천하다, 천거하다
てきにんしゃ　すす
適任者に薦める。 적임자로 추천하다.

0040

圏 우리 **권** (圈)

①우리, 감방 ②경계, 울타리 ③구역이나 범위

음 **けん**

けんがい
圏外 권외, 범위 밖　しゅとけん
首都圏 수도권　たいきけん
大気圏 대기권

ほっきょくけん
北極圏 북극권

しゅとけん　いえ　ねだん　あ
首都圏の家の値段が上がりました。 수도권의 집값이 올랐습니다.

たいきけん　ぬ　で
ロケットが大気圏から抜け出ました。 로켓이 대기권에서 빠져나왔습니다.

0041

鬼 귀신 **귀**

①귀신 ②혼백 ③도깨비

음 **き**

きさい
鬼才 귀재(세상에 드문 뛰어난 재능)　きしん
鬼神 귀신(きじん으로도 읽음)

さつじんき
殺人鬼 살인귀

훈 **おに**　おに
鬼 도깨비　おに
鬼ごっこ 술래잡기　おにがわら
鬼瓦 귀와(도깨비 무늬의 기와)

きさい　がか　い
ピカソは鬼才の画家と言われます。 피카소는 뛰어난 재능을 가진 화가라고들 합니다.

にほん　むかしばなし　おに　で
日本の昔話には鬼がよく出ます。 일본 옛날이야기에는 도깨비가 자주 나옵니다.

0042

부르짖을 규
①부르짖다 ②외치다

- 음 きょう 　叫喚 규환(큰 소리로 부르짖음)　絶叫 절규(애타게 부르짖음)
　　　　　阿鼻叫喚 아비규환(여러 사람이 비참한 지경에 빠져 울부짖음)
- 훈 さけぶ 　叫ぶ 외치다　叫び声 외치는 소리, 함성
　　　예외 雄叫び 우렁찬 외침(소리)

ホラー映画を見て絶叫しています。 공포 영화를 보고 절규하고 있습니다.
優勝した選手が歓喜の叫び声を上げています。
우승한 선수가 환희의 함성을 지르고 있습니다.

0043

미칠 급
①미치다 ②끼치게 하다
③이르다

- 음 きゅう 　及第 급제　追及 ①뒤쫓음 ②추궁함　普及 보급　言及 언급
- 훈 および 　及び 및
　　　およぶ 　及ぶ 달하다, 이르다, 미치다
　　　およぼす 　及ぼす 미치게 하다, 끼치다

検事が被告人を追及しています。 검사가 피고인을 추궁하고 있습니다.
石油の価格は色々な所に影響を及ぼします。
석유가격은 여러 곳에 영향을 끼칩니다.

0044

미칠 급
①미치다, 이르다
②다루다, 취급하다

- 훈 あつかう 　扱う 다루다, 취급하다　取り扱い 취급

精密な部品なので雑に扱わないでください。
정밀 부품이므로 함부로 다루지 마세요.
ガソリンの取り扱いには気をつけてください。
휘발유는 조심스럽게 다루어 주세요.

0045

기특할 기
①기특하다 ②기이하다
③괴상하다

- 음 き 　奇跡 기적　奇妙 기묘함, 이상함　怪奇 괴기　猟奇 엽기

私の病気が治ったのは本当に奇跡です。 제 병이 나은 것은 정말로 기적입니다.
とても奇妙な事件が起きました。 매우 기묘한 사건이 일어났습니다.

0046

빌 **기** (祈)

빌다, 기원하다

음 き 　祈**願** 기원　祈**念** 기념, 기원　祈**祷** 기도

훈 いのる 　祈る 빌다, 기원하다　祈り 기도, 기원

お寺で試験の合格を祈願しました。 절에서 시험 합격을 기원했습니다.

手術の成功を祈りました。 수술의 성공을 빌었습니다.

0047

몇 **기**

몇, 얼마, 어느 정도

음 き 　幾**何学** 기하학　幾**何学模様** 기하학 모양(무늬)

훈 いく 　幾つ 몇 개　幾日 며칠　幾分 일부분, 약간, 조금

　　　　幾多 많음, 다수

幾何学模様の壁紙を貼ります。 기하학 무늬의 벽지를 바릅니다.

薬を飲んで、幾分、体調が良くなりました。 약을 먹고 컨디션이 약간 좋아졌습니다.

0048

여자 **낭**

①여자 ②아가씨

훈 むすめ 　娘 딸　娘婿 사위　一人娘 외동딸　孫娘 손녀딸

子どもは息子と娘の二人です。 자식은 아들과 딸 둘입니다.

孫娘が家に遊びに来ました。 손녀가 집에 놀러 왔습니다.

> **Tip 숙어표현**
>
> **箱入り娘** 애지중지 하는 딸, 규중 처녀
> **箱入り**는 상자 속에 들어 있다는 의미로, 소중히 보존되어 있다는 의미이다. **箱入り娘**는 나쁜 영향을 받지 않도록 좀처럼 밖에 나가지 않도록 하고 집안에서 소중히 키운 딸을 가리킨다. 우리 말의 '온실 속 화초'와 일맥 상통하는 표현이다. 줄여서 **箱入り**라고도 쓰며, 애지중지하는 아들 은 **箱入り息子(むすこ)**라고 한다.

箱入り娘というと、家族以外の人と交流がないイメージがあるようだ。
규중 처녀라 하면, 가족 이외의 사람과 교류가 없는 이미지가 있는 듯하다.

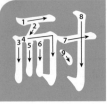

耐

견딜 **내**

①견디다, 참다 ②감당하다

음 たい　　耐久 내구　　耐熱 내열　　耐震 내진　　忍耐 인내

훈 たえる　　耐える 견디다, 참다

家の耐震補強工事をします。 집의 내진보강공사를 합니다.

寒さに耐えながら配達をしました。 추위를 견디며 배달을 했습니다.

Tip **たえる**

耐える 견디다, 참다
暑さに耐える。 더위를 견디다.

堪える ~할 만하다(~に堪えない의 형태로 '차마 ~할 수 없다'라는 뜻으로 자주 쓰임)
鑑賞に堪える。 감상할 만하다.
見るに堪えない惨事だ。 차마 볼 수 없는 참사이다.

奴

종 **노**

①종 ②놈 ③자신을 낮추
는 말

음 ど　　奴隷 노예　　守銭奴 수전노, 구두쇠　　売国奴 매국노

　　　　　農奴 농노

훈 やつ　　奴 녀석, 놈　　奴ら 녀석들

　　やっこ　　冷や奴 찬 두부를 양념간장에 찍어 먹는 음식

アフリカの奴隷の歴史を勉強します。 아프리카의 노예 역사를 공부합니다.

夏は冷や奴がおいしいです。 여름에는 히야얏코가 맛있습니다.

怒

성낼 **노**

①성내다, 화내다
②꾸짖다 ③세차다

음 ど　　怒声 성난 목소리　　怒号 노호(성내어 소리 지름)

　　　　怒鳴る 소리치다, 고함치다　　激怒 격노　　喜怒哀楽 희로애락

훈 いかる　　怒る ①화내다, 성내다 ②거세어지다

　　おこる　　怒る ①화내다, 노하다 ②꾸짖다

テストの点数が悪くて母は激怒しました。
시험점수가 나빠서 엄마는 매우 화가 났습니다.

彼の怒った表情はとても怖いです。 그 사람의 화난 표정은 너무 무섭습니다.

0052

짙을 **濃**

①(색이)짙다 ②진하고 맛이 좋다 ③(안개 등) 깊다

음 のう

濃縮 농축(진하게 바짝 졸임)　　**濃霧** 농무(짙은 안개)

濃厚 농후함, 진함　　**濃淡** 농담(짙음과 옅음)

훈 こい

濃い 진하다

りんごの果汁を濃縮してジュースを作ります。
사과 과즙을 농축해서 주스를 만듭니다.

濃い赤色で壁を塗ります。 진한 빨간색으로 벽을 칠합니다.

0053

번뇌할 **뇌** (惱)

①번뇌하다 ②괴로워하다 ③괴롭히다

음 のう

悩殺 뇌쇄(애가 타도록 몹시 괴로워함)　**苦悩** 고뇌　**煩悩** 번뇌

子煩悩 자식을 끔찍이 아끼고 사랑함, 또는 그런 사람

훈 なやむ/なやます

悩む ①괴로워하다 ②고민하다　**悩ます** 괴롭히다

なやましい

悩ましい 괴롭다

大臣は苦悩した末に決断しました。 장관은 고뇌한 끝에 결단했습니다.

卒業後の進路について悩んでいます。 졸업 후의 진로에 대해서 고민하고 있습니다.

0054

붉을 **단**

①붉다 ②붉게 칠하다 ③성심

음 たん

丹念 공들임, 정성들여 함　**丹誠** 진심, 정성　**牡丹** 모란

計算ミスがないか丹念に調べます。 계산 착오가 없는지 꼼꼼히 조사합니다.

丹精を込めてセーターを編みます。 정성을 다해 스웨터를 짭니다.

0055

끝 **단**

①끝 ②한계 ③처음, 시초

음 たん

端緒 단서, 실마리　**端正** 단정함　**端的** 단적

発端 발단, 일의 시초　**先端** ①선단, 끝 ②첨단

훈 はし/は

端 끝, 가장자리　**中途半端** 어중간함

はた

道端 길가, 길　**川端** 강가

事件の発端は何でもない事でした。 사건의 발단은 사소한 일이었습니다.

彼は中途半端に片付けをして帰りました。 그는 엉터리로 정리를 하고 돌아갔습니다.

맑을 **담**
①맑다 ②엷다 ③싱겁다

음 たん 　淡水 담수, 민물　淡白 담백함　濃淡 농담(짙음과 옅음)
　　　　冷淡 냉담함

훈 あわい　淡い ①연하다, 담담하다 ②희미하다

淡白な味ですが、おいしいです。　담백한 맛이지만 맛있습니다.
淡いピンク色の花が咲いています。　연한 분홍색의 꽃이 피어 있습니다.

흐릴 **담**
①흐리다 ②구름이 끼다

음 どん　曇天 흐린 하늘(날씨)

훈 くもる　曇る 날씨가 흐리다　曇り 흐림　曇りガラス 불투명 유리

梅雨で曇天の日が続きます。　장마로 흐린 날이 계속됩니다.
天気予報によると、明日は曇りです。　일기예보에 의하면 내일은 흐립니다.

밟을 **답**
①밟다 ②밟아 누르다
③걷다, 밟고 가다

음 とう　踏襲 답습(예로부터 해오던 방식이나 수법을 쫓아 그대로 행함)
　　　　踏査 답사　舞踏 무도, 춤　雑踏 붐빔, 혼잡

훈 ふむ　踏む 밟다　踏み切り 건널목
　　　ふまえる　踏まえる ①밟아 누르다 ②근거로 하다, 입각하다

研究者が現地の踏査をしています。　연구자가 현지 답사를 하고 있습니다.
芝生を踏まないでください。　잔디를 밟지 마세요.

당나라/당황할 **당**
①당나라 ②당황하다

음 とう　唐 당나라　唐詩 당나라 시　唐辛子 고추　唐突 당돌함

훈 から　唐草模様 당초무늬(여러 가지 덩굴이 꼬이며 뻗어나가는 무늬)

彼は唐突に話を切り出しました。　그는 당돌하게 이야기를 꺼냈습니다.
唐草模様の和紙を買いました。　당초무늬의 일본종이를 샀습니다.

0060

이를 **도**

①이르다, 도달하다 ②닿다
③가다

음 **とう**	到着 도착　到達 도달　到底 도저히
	殺到 쇄도(한꺼번에 몰려듦)
훈 **いたる**	到る 이르다, 도착하다

バーゲンセールに人々が殺到しています。 바겐세일에 사람들이 몰려들었습니다.

山頂に到る道は、とても険しいです。 산 정상에 이르는 길은 매우 험합니다.

0061

도망할 **도**

도망하다, 달아나다

음 **とう**	逃亡 도망　逃走 도주　逃避 도피
훈 **にげる/にがす**	逃げる 도망치다, 달아나다　逃がす 놓아주다, 놓치다
のがれる/のがす	逃れる 도망치다, 달아나다　逃す 놓치다

犯人は外国へ逃亡しました。 범인은 외국으로 도망갔습니다.

告白するチャンスを逃してしまいました。 고백할 기회를 놓쳐 버렸습니다.

0062

넘어질 **도**

①넘어지다 ②도산하다

음 **とう**	倒産 도산　倒木 쓰러진 나무　圧倒 압도　打倒 타도　卒倒 졸도
훈 **たおれる**	倒れる 넘어지다, 쓰러지다
たおす	倒す 넘어뜨리다

圧倒的な支持を得て当選しました。 압도적인 지지를 얻어 당선되었습니다.

レバーを引けばシートの背もたれを倒すことができます。
레버를 당기면 등받이를 넘어뜨릴 수 있습니다.

0063

길 **도**

①길 ②도로

음 **と**	途中 도중　途上国 (개발)도상국　用途 용도　別途 별도
특이	一途 순진하고 한결같은 모양

ここに来る途中に田中さんに会いました。
여기에 오는 도중에 다나카 씨를 만났습니다.

展示場に入るためには、別途に料金を払わなければなりません。
전시장에 들어가기 위해서는 별도로 요금을 내야 합니다.

0064

복숭아 **도**
①복숭아 ②복숭아나무

음 **とう**　桃源郷 도원경, 무릉도원　桜桃 앵두, 버찌　黄桃 황도
　　　　　白桃 백도

훈 **もも**　桃 복숭아　桃色 분홍색

黄桃を使ってゼリーを作ります。 황도를 사용해서 젤리를 만듭니다.
桃とバナナを買いました。 복숭아와 바나나를 샀습니다.

0065

도둑 **도** (盗)
①도둑 ②비적 ③도둑질

음 **とう**　盗難 도난　盗聴 도청　盗塁 도루　盗作 표절
　　　　　強盗 강도　窃盗 절도

훈 **ぬすむ**　盗む 훔치다　盗人 도둑(ぬすっと로도 읽음)

野球選手が一塁から二塁へ盗塁しました。 야구선수가 1루에서 2루로 도루했습니다.
海外旅行でかばんを盗まれました。 해외여행에서 가방을 도둑맞았습니다.

0066

건널 **도**
①건너다 ②건네다

음 **と**　渡米 도미(미국으로 건너감)　渡航 도항　渡来 도래
　　　　譲渡 양도

훈 **わたる**　渡る 건너다

훈 **わたす**　渡す 건네다

土地の所有権を他人に譲渡しました。 토지 소유권을 다른 사람에게 양도했습니다.
子どもが横断歩道を渡っています。 아이가 횡단보도를 건너고 있습니다.

0067

벼 **도** (稲)
①벼 ②(쌀을)일다

음 **とう**　水稲 수도, 논벼(물이 있는 논에 심는 벼)
　　　　陸稲 육도, 밭벼(밭에 심어 기르는 벼)　晩稲 만도, 늦벼

훈 **いね**　稲 벼　稲刈り 벼 베기

훈 **いな**　稲作 벼농사　稲穂 벼 이삭　稲妻 번개

陸稲は畑で作る稲です。 육도는 밭에서 기르는 벼입니다.
秋になって稲刈りが始まりました。 가을이 되어 벼 베기가 시작되었습니다.

0068

跳

뛸 도

뛰다, 뛰어넘다

- 음 ちょう — 跳躍 도약　跳馬 도마, 뜀틀(넘기)
- 훈 はねる — 跳ねる 뛰다, 뛰어오르다
- とぶ — 跳ぶ 뛰다, 뛰어넘다　跳び箱 뜀틀　縄跳び 줄넘기
　　　　　走り幅跳び 멀리뛰기

彼は跳馬の選手です。 그는 도마 선수입니다.

健康のために縄跳びをします。 건강을 위해 줄넘기를 합니다.

Tip とぶ

跳ぶ 뛰다, 뛰어넘다

カエルが跳ぶ。 개구리가 뛰어오르다.

飛ぶ 날다

鳥が飛ぶ。 새가 날다.

0069

突

갑자기 돌 (突)

①갑자기 ②부딪히다
③구멍을 파서 뚫다

- 음 とつ — 突然 돌연, 갑자기　突破 돌파　衝突 충돌　激突 격돌
- 훈 つく — 突く 찌르다, 꿰뚫다

突然、お腹が痛くなりました。 갑자기 배가 아파졌습니다.

ひじで友だちのわきを突きました。 팔꿈치로 친구 겨드랑이를 찔렀습니다.

0070

胴

몸통 동

몸통

- 음 どう — 胴 동체, 몸통　胴体 동체, 몸통　胴衣 조끼　胴上げ 헹가래

救命胴衣を着て、脱出してください。 구명조끼를 입고 탈출하세요.

優勝チームが監督を胴上げしています。 우승팀이 감독을 헹가래치고 있습니다.

0071

둔할 **둔**
①둔하다 ②무디다

음 **どん** 鈍**感** 둔감함, 둔함 鈍**角** 둔각 鈍**器** 둔기 愚鈍 우둔함

훈 **にぶい** 鈍**い** 둔하다

にぶる 鈍**る** 둔해지다

鈍感な彼は私の思いに気づきません。 둔한 그 사람은 내 생각을 알아차리지 못합니다.
今はスポーツをしていないので、感覚が鈍りました。
지금은 운동을 하지 않아서, 감각이 둔해졌습니다.

0072

이을/얽을 **락**
①잇다 ②두르다
③얽다, 얽히다

음 **らく** 連**絡** 연락 短**絡** 단락 脈**絡** 맥락 経**絡** 경락, 맥락

훈 **からむ** 絡**む** 얽히다, 휘감기다

からまる 絡**まる** 얽히다

からめる 絡**める** 얽다, 가루 같은 것을 고루 묻히다

どんな脈絡の話なのか分かりません。 어떤 맥락의 이야기인지 모르겠습니다.
電気のコードが絡まっています。 전기코드가 얽혀 있습니다.

0073

난간 **란** (欄)
①난간 ②(신문·잡지의)난

음 **らん** 欄 ①난간 ②난, 칸 欄**干** 난간 空**欄** 공란 備考**欄** 비고란

この欄に名前を書いてください。 이 칸에 이름을 적어 주세요.
空欄がないように、全て書いてください。 공란이 없도록 전부 적어 주세요.

0074

사내 **랑** (郎)
①사내 ②남편

음 **ろう** 新**郎** 신랑 野**郎** 녀석 桃太**郎** 모모타로

結婚式で新郎と新婦が誓いを立てています。
결혼식에서 신랑과 신부가 서약을 하고 있습니다.
『桃太郎』は日本の有名な童話の一つです。
『모모타로』는 일본의 유명한 동화 중 하나입니다.

36

0075

생각할 **려**

①생각하다 ②이리저리
헤아려 보다

음 りょ **遠慮** 사양, 삼감 **考慮** 고려 **配慮** 배려 **熟慮** 숙려, 숙고

予算を考慮して買い物をします。 예산을 고려해서 쇼핑을 합니다.

遠慮しないで、入ってきてください。 사양하지 말고 들어오세요.

0076

고울 **려**

곱다, 아름답다

음 れい **綺麗** 예쁨 **華麗** 화려함 **端麗** 단려(단정하고 아름다움)
　　　 美辞麗句 미사여구

훈 うるわしい **麗しい** 아름답다, 곱다

新婦は華麗なウェディングドレスを着ています。
신부는 화려한 웨딩드레스를 입고 있습니다.

今夜はとても麗しい月が出ています。 오늘 밤은 매우 아름다운 달이 떠 있습니다.

0077

책력 **력** (曆)

책력, 달력

음 れき **陰暦** 음력 **陽暦** 양력 **西暦** 서력, 서기 **旧暦** 구력, 음력
　　　 還暦 환갑

훈 こよみ **暦** 달력

今日は陰暦で何月何日ですか。 오늘은 음력으로 몇 월 며칠입니까?

新しい暦を壁に掛けます。 새 달력을 벽에 겁니다.

0078

그리워할 **련** (戀)

①그리워하다 ②그리다
③사모하다

음 れん **恋愛** 연애 **恋慕** 연모 **失恋** 실연 **悲恋** 비련

훈 こう **恋う** 그리워하다

　　こい **恋** 사랑 **恋人** 연인, 애인 **恋心** 연심, 연정 **初恋** 첫사랑

　　こいしい **恋しい** 그립다

恋愛映画を見るのが好きです。 로맨스영화를 보는 것을 좋아합니다.

いつ初恋をしましたか。 언제 첫사랑을 했습니까?

0079

못할 렬

①못하다, 남보다 뒤떨어지다 ②졸렬하다

음 **れつ**

劣^{れっとう}等 열등　劣^{れっとうかん}等感 열등감　劣^{れっせい}勢 열세　優^{ゆうれつ}劣 우열

卑^{ひれつ}劣 비열함

훈 **おとる**

劣^{おと}る (가치·능력·수량 등이) 떨어지다, 뒤지다

クラスメイトの活躍を見て、劣^{れっとうかん}等感を抱きました。
반 친구의 활약을 보고 열등감을 품었습니다.

このカメラは高^{たか}いですが、機^{きのう}能は劣^{おと}ります。
이 카메라는 비싸지만 기능은 떨어집니다.

0080

매울/세찰 렬

①맵다 ②대단하다 ③세차다

음 **れつ**

烈^{れっか}火 열화　強^{きょうれつ}烈 강렬함　激^{げきれつ}烈 격렬함　熾^{しれつ}烈 치열함

ゴミ置^{お ば}き場から強^{きょうれつ}烈な臭^{にお}いがします。 쓰레기장에서 지독한 냄새가 납니다.

熾^{しれつ}烈な競^{きょうそう}争を勝^かち抜^ぬいてオーディションに合^{ごうかく}格しました。
치열한 경쟁을 이겨 내고 오디션에 합격했습니다.

0081

나이 령 (齢)

나이, 연령

음 **れい**

年^{ねんれい}齢 연령, 나이　高^{こうれい}齢 고령　適^{てきれい}齢 적령　樹^{じゅれい}齢 수령(나무의 나이)

ここに年^{ねんれい}齢を書^かいてください。 여기에 연령을 적어 주세요.

この村^{むら}には高^{こうれい}齢のお年^{としよ}寄りが多^{おお}いです。 이 마을에는 고령의 노인이 많습니다.

0082

종 례

①종 ②죄인 ③서체의 이름

음 **れい**

隷^{れいぞく}属 예속　隷^{れいしょ}書 예서(한자 붓글씨체의 하나)　隷^{れいしょたい}書体 예서체

奴^{どれい}隷 노예

アフリカにはヨーロッパに隷^{れいぞく}属していた国^{くに}が多^{おお}いです。
아프리카에는 유럽에 예속되어 있던 나라가 많습니다.

この印^{いんかん}鑑の文^{もじ}字を隷^{れいしょたい}書体で彫^ほりました。 이 인감의 글자를 예서체로 새겼습니다.

38

0083

이슬 로

①이슬 ②드러나다

음 **ろ** 露店 노점　露出 노출　露天風呂 노천탕　暴露 폭로

ろう 披露 피로, 공개함　披露宴 피로연

훈 **つゆ** 露 이슬　夜露 밤이슬

やっぱり露天風呂は気持ちいいです。 역시 노천탕은 기분이 좋습니다.

夜露で草花が濡れています。 밤이슬 때문에 화초가 젖어 있습니다.

0084

우레 뢰

①우레, 천둥 ②큰소리의
형용 ③사나운 모양의 비유

음 **らい** 雷雨 뇌우(천둥을 동반한 비)　雷雲 뇌운, 소나기구름

雷鳴 천둥소리　地雷 지뢰　落雷 낙뢰

훈 **かみなり** 雷 천둥, 벼락

地雷を除去する作業をしています。 지뢰를 제거하는 작업을 하고 있습니다.

近くで雷が落ちたようです。 근처에 벼락이 떨어진 것 같습니다.

0085

의뢰할 뢰 (賴)

①의뢰하다 ②힘입다
③의지하다

음 **らい** 依頼 의뢰　信頼 신뢰

훈 **たのむ** 頼む 부탁하다　頼み 부탁, 의뢰

たよる 頼る 의지하다

たのもしい 頼もしい 믿음직하다

彼を信頼して経営を任せました。 그를 신뢰하여 경영을 맡겼습니다.

ちょっと頼みがあるんですけど。 부탁이 좀 있는데요.

0086

고칠 료

병을 고치다, 치료하다

음 **りょう** 療養 요양　療法 요법　治療 치료

診療 진료　医療 의료

退院後もしばらくは療養しなければなりません。
퇴원 후에도 당분간은 요양을 해야 합니다.

最近の医療の発達は目覚しいです。 최근의 의료 발달은 눈부십니다.

0087

눈물 루 (淚)
①눈물 ②울다

음	るい	涙腺 눈물샘　催涙 최루　催涙弾 최루탄
훈	なみだ	涙 눈물　涙目 글썽글썽한 눈　涙声 울음 섞인 목소리
		うれし涙 기쁨의 눈물　悔し涙 분해서 흘리는 눈물

警察がデモ隊に催涙弾を撃っています。
경찰이 시위대에 최루탄을 쏘고 있습니다.

プレゼントをもらって、うれし涙が出ました。
선물을 받아 기뻐서 눈물이 났습니다.

0088

떠날 리
①떠나다 ②떨어지다
③갈라지다

음	り	離陸 이륙　離婚 이혼　離島 외딴 섬, 낙도
		距離 거리　分離 분리
훈	はなれる	離れる 떨어지다, 멀어지다　活字離れ 활자기피(현상)
	はなす	離す ①떼다, 떼어 놓다 ②사이를 띄우다

離島に物資を届けます。 외딴 섬에 물자를 보냅니다.

危ないので遠く離れてください。 위험하니 멀리 떨어져 주세요.

Tip はなす

離す 떼어 놓다
鍋を火から離す。 냄비를 불에서 떼어 놓다.

放す 풀어놓다, 놓아주다
稚魚を川に放す。 치어를 강에 놓아주다.

0089

이웃 린
①이웃, 이웃한 사람
②이웃하다

음	りん	隣人 이웃 사람　隣家 옆집　隣国 이웃 나라　近隣 근린, 가까운 이웃
훈	となる	隣る 인접하다
	となり	隣 이웃

ゴミの問題で近隣の住民が話し合っています。
쓰레기 문제로 이웃 주민들이 논의하고 있습니다.

隣の部屋に若い男性が住んでいます。 옆집에 젊은 남성이 살고 있습니다.

낟알 립

①낟알 ②쌀의 낟알

音 りゅう 粒子 입자　顆粒 과립　素粒子 소립자　微粒子 미립자

訓 つぶ 粒 낟알　米粒 쌀 한 톨, 쌀알처럼 작은 것

雨粒 빗방울　豆粒 콩알

海を漂うプラスチックの微粒子が問題になっています。
바다를 떠도는 플라스틱 미립자가 문제가 되고 있습니다.

顔に豆粒ぐらいのニキビができました。얼굴에 콩알만한 여드름이 생겼습니다.

연습 문제 ①

[/ 20]

■ 밑줄 친 한자를 바르게 읽은 것을 고르시오.

1 <u>暇</u>な時はスマートフォンでゲームをします。

  ① ただ　　　　　② だめ　　　　　③ ひま　　　　　④ やわ

2 <u>雨脚</u>が強くなってきました。

  ① あまあし　　　② あめあし　　　③ あまきゃく　　　④ あめきゃく

3 お菓子にはたくさんの<u>甘味料</u>が入っています。

  ① あまみりょう　② かんみりょう　③ あまあじりょう　④ かんあじりょう

4 裁判官は判例に<u>鑑</u>みて判決を下します。

  ① かえりみて　　② こころみて　　③ あおぎみて　　④ かんがみて

5 母は<u>介護</u>の仕事をしています。

  ① けいご　　　　② かいご　　　　③ けいこ　　　　④ かいこ

6 高校生の時に<u>皆勤賞</u>をもらいました。

  ① がいきんしょう　② かいきんしょう　③ がいぎんしょう　④ かいぎんしょう

7 あなたの主張の<u>根拠</u>は何ですか。

  ① こんきょ　　　② こんこ　　　　③ くんきょ　　　④ くんこ

8 梅雨で洗濯物が<u>乾</u>きません。

  ① たたき　　　　② すき　　　　　③ ひき　　　　　④ かわき

9 受験生が真剣に入試問題を<u>解</u>いています。

  ① ちんけん　　　② ちんげん　　　③ しんけん　　　④ しんげん

10 <u>肩書き</u>で人を判断するのは良くありません。

  ① けんがき　　　② かたがき　　　③ けんかき　　　④ かたかき

정답 1 ③　　2 ①　　3 ②　　4 ④　　5 ②　　6 ②　　7 ①　　8 ④　　9 ③　　10 ②

11 運動も兼ねて、部屋を掃除しました。

① かさねて　　　② まねて　　　③ たばねて　　　④ かねて

12 部屋の鍵を失くして、更に、財布も失くしました。

① さらに　　　② つねに　　　③ とわに　　　④ まさに

13 台風が近づいているので、人々が警戒しています。

① きょうけい　　② けいけい　　③ きょうかい　　④ けいかい

14 あまりにも暑いので花が枯れてしまいました。

① すれて　　　② かれて　　　③ すたれて　　　④ むれて

15 お祭りの会場から太鼓の音が聞こえてきます。

① たいご　　　② だいご　　　③ たいこ　　　④ だいこ

16 恐縮ですが、名刺をいただけますか。

① きょうしゅく　② こうしゅく　③ きょうちゅく　④ こうちゅく

17 一流企業に就職した息子が誇らしいです。

① たわらしい　　② すえらしい　　③ ほこらしい　　④ はからしい

18 世界的なスターが来日して、空港には熱狂的なファンが集まりました。

① ねつかん　　② ねつきょう　　③ ねっかん　　④ ねっきょう

19 丘の上から素敵な都市の夜景が見えます。

① とうげ　　　② おか　　　③ みね　　　④ いただき

20 そのチームは屈辱的な敗北を喫しました。

① くつじょく　　② くつぞく　　③ くっじょく　　④ くっぞく

정답　11 ④　12 ①　13 ④　14 ②　15 ③　16 ①　17 ③　18 ④　19 ②　20 ①

연습 문제 ②

■ 밑줄 친 한자를 바르게 읽은 것을 고르시오.

1　穴を掘って、木の苗を植えます。

　　① かって　　　　② わって　　　　③ とって　　　　④ ほって

2　私は首都圏にある大学に通っています。

　　① しゅとげん　　② しゅとごん　　③ しゅとけん　　④ しゅとこん

3　誰かが「助けてくれ」と叫んでいます。

　　① たわんで　　　② からんで　　　③ よんで　　　　④ さけんで

4　スマートフォンが普及しました。

　　① ふきゅう　　　② ふうきゅう　　③ ふきゅ　　　　④ ふうきゅ

5　精密部品なので、取り扱いに注意してください。

　　① よりあつかい　② とりあつかい　③ よりあしらい　④ とりあしらい

6　手紙の返事が来るのを幾日も待ちました。

　　① きじつ　　　　② きにち　　　　③ いくじつ　　　④ いくにち

7　スープを耐熱ガラスに入れて、電子レンジで温めます。

　　① たいえん　　　② だいえん　　　③ たいねつ　　　④ だいねつ

8　ミスをした部下に上司が怒鳴っています。

　　① どなって　　　② おこりなって　③ どめって　　　④ おこりめって

9　単語の意味を一つ一つ丹念に調べます。

　　① ちょうてい　　② たんてい　　　③ ちょうねん　　④ たんねん

10　彼の説明は中途半端で、よく分かりません。

　　① はんぱ　　　　② ばんぱ　　　　③ はんば　　　　④ ばんば

정답　1 ④　　2 ③　　3 ④　　4 ①　　5 ②　　6 ④　　7 ③　　8 ①　　9 ④　　10 ①

11 <u>淡い</u>青色で壁を塗りました。

①つたない　　②あわい　　③はしたない　　④まばゆい

12 電車が接近して、<u>踏み切り</u>の遮断機が下りました。

①よみぎり　　②よみきり　　③ふみきり　　④ふみぎり

13 彼は働きすぎて、<u>倒れて</u>しまいました。

①みだれて　　②ただれて　　③しおれて　　④たおれて

14 この問題は難しくて、私には<u>到底</u>、解けません。

①とうてい　　②どうてい　　③とうでい　　④どうでい

15 果物屋で<u>桃</u>を買いました。

①なし　　②もも　　③かき　　④ゆず

16 彼は英語を勉強するために<u>渡米</u>しました。

①どうべい　　②どべい　　③とうべい　　④とべい

17 故障したせいか、センサーの反応が<u>鈍い</u>です。

①にぶい　　②おそい　　③つらい　　④かゆい

18 それでは、<u>遠慮</u>なく意見を言わせていただきます。

①えんりょう　　②えんりょ　　③おんりょう　　④おんりょ

19 <u>暦</u>の上では、もう冬です。

①こよみ　　②さわら　　③つくし　　④とんび

20 雷が鳴るやいなや、<u>雨粒</u>が落ちてきました。

①あまりゅう　　②うりゅう　　③あまつぶ　　④うつぶ

慢	漫	忙	網	猛	眠	矛	帽
거만할 만	흩어질 만	바쁠 망	그물 망	사나울 맹	잘 면	창 모	모자 모
冒	妙	描	茂	舞	霧	默	紋
무릅쓸 모	묘할 묘	그릴 묘	무성할 무	춤출 무	안개 무	묵묵할 묵	무늬 문
尾	微	敏	泊	拍	迫	薄	般
꼬리 미	작을 미	민첩할 민	머무를/배 댈 박	칠 박	핍박할 박	엷을 박	일반/가지 반
搬	盤	拔	髮	坊	肪	傍	杯
옮길 반	소반 반	뽑을 발	터럭 발	동네 방	살찔 방	곁 방	잔 배
輩	繁	罰	凡	範	壁	柄	普
무리 배	번성할 번	벌할 벌	무릇 범	법 범	벽 벽	자루 병	넓을 보
峰	浮	腐	敷	賦	膚	盆	噴
봉우리 봉	뜰 부	썩을 부	펼 부	부세 부	살갗 부	동이 분	뿜을 분
払	浜	伺	斜	床	峠	詳	釈
떨칠 불	물가 빈	엿볼 사	비낄 사	평상 상	고개 상	자세할 상	풀 석
扇	鮮	姓	歲	召	沼	咲	紹
부채 선	고울 선	성씨 성	해 세	부를 소	못 소	웃음 소	이을 소
訴	騷	俗	鎖	秀	狩	需	獸
호소할 소	떠들 소	풍속 속	쇠사슬 쇄	빼어날 수	사냥할 수	쓰일/쓸 수	짐승 수
旬	巡	盾	瞬	襲	僧	是	殖
열흘 순	돌/순행할 순	방패 순	깜짝일 순	엄습할 습	중 승	옳을 시	불릴 식
飾	慎	薪	尋				
꾸밀 식	삼갈 신	섶 신	찾을 심				

0091

거만할 만
① 거만하다 ② 게으르다

음 まん

| 慢性 만성 | 我慢 참음 | 自慢 자랑 | 高慢 교만, 거만함 |

慢性の病気を治療します。 만성 질병을 치료합니다.
彼の高慢な態度が許せません。 그의 거만한 태도를 용서할 수 없습니다.

0092

흩어질 만
① 흩어지다 ② 가득하다

음 まん

漫画 만화　漫才 만담　浪漫 낭만

うちの子は漫画しか読みません。 우리 집 아이는 만화밖에 안 봅니다.
お正月にはテレビで漫才を見ます。 설날에는 TV에서 만담을 봅니다.

0093

바쁠 망
바쁘다, 분주하다

음 ぼう

多忙 다망함, 매우 바쁨　繁忙 번망함, 다망함　繁忙期 성수기
忙殺 일에 쫓김

훈 いそがしい　忙しい 바쁘다

クリスマスになってデパートは繁忙期を迎えました。
크리스마스가 되어 백화점은 성수기를 맞이했습니다.
年末はとても忙しいです。 연말은 매우 바쁩니다.

0094

그물 망
① 그물 ② 포위망 ③ 조직

음 もう

網膜 망막　網羅 망라　連絡網 연락망　鉄条網 철조망

훈 あみ

網 그물　投網 투망　金網 철망

眼科で網膜の検査をしました。 안과에서 망막 검사를 했습니다.
投網で魚を捕りました。 투망으로 물고기를 잡았습니다.

사나울 맹

①사납다 ②세차다, 맹렬
하다 ③굳고 강하다

음 もう

猛**烈** 맹렬함(기세가 몹시 사납고 세참)　猛**暑** 혹서, 폭염

猛**毒** 맹독　猛**獣** 맹수

猛**烈**な強さの台風が近づいています。 맹렬한 위세의 태풍이 다가오고 있습니다.

今年の夏は猛**暑**が続きました。 올 여름에는 폭염이 계속되었습니다.

잘 면

①잠을 자다 ②쉬다

음 みん

睡**眠** 수면　仮**眠** 얕은 잠, 선잠　休**眠** 휴면　冬**眠** 동면

훈 ねむる

眠る 자다　居**眠**り 앉아서 졺

훈 ねむい

眠い 졸리다(=**眠**たい)　**眠気** 졸음

睡**眠**を充分に取ってください。 수면을 충분히 취해 주세요.

外がうるさくて**眠**れません。 밖이 시끄러워서 잘 수 없습니다.

창 모

①창 ②모순

음 む

矛**盾** 모순

훈 ほこ

矛 쌍날칼을 꽂은 창과 비슷한 옛 무기

矛先 ①창끝 ②논쟁·비난 등의 공격의 화살

彼の話は矛**盾**しています。 그의 이야기는 모순이 있습니다.

批判の**矛先**を与党に向けます。 비판의 화살을 여당에 돌립니다.

모자 모

①모자 ②두건

음 ぼう

帽**子** 모자　帽**章** 모장, 모표(모자에 붙이는 일정한 표지)

脱**帽** 모자를 벗음　制**帽** 제모(규정에 따라 정한 모자)

日差しが強いので帽**子**をかぶりましょう。 햇빛이 강하니 모자를 씁시다.

起立して脱**帽**してください。 일어나서 모자를 벗어 주세요.

0099

무릎쓸 모 (冒)

무릎쓰다

음 ぼう
ぼうけん 冒険 모험　ぼうとう 冒頭 ①모두, 첫머리 ②서두, 전제　ぼうとく 冒涜 모독
かんぼう 感冒 감기

훈 おかす
おか 冒す 무릎쓰다

みんなで夢と冒険の国に出発！ 다같이 꿈과 모험의 나라로 출발!

危険を冒して火の中に飛び込みました。
위험을 무릎쓰고 불 속으로 뛰어들었습니다.

Tip おかす

おか 冒す 무릎쓰다
きけん おか 危険を冒す。 위험을 무릎쓰다.

おか 犯す 범하다, 저지르다
あやま おか 誤りを犯す。 실수를 저지르다.

おか 侵す 침범하다
りょうかい おか 領海を侵す。 영해를 침범하다.

0100

묘할 묘

①묘하다 ②오묘하다
③미묘하다

음 みょう
みょうあん 妙案 묘안　き みょう 奇妙 기묘함, 이상함　ぜつみょう 絶妙 절묘함

みょうあん おも う 妙案が思い浮かびません。 묘안이 떠오르지 않습니다.

き みょう ゆめ み 奇妙な夢を見ました。 이상한 꿈을 꾸었습니다.

0101

그릴 묘 (描)

그리다, 묘사하다

음 びょう
びょうしゃ 描写 묘사　そ びょう 素描 소묘　せんびょう 線描 선묘(그림을 선으로만 그림)

훈 えがく
えが か 描く・描く 그리다

かく

いろ ぬ まえ そびょう 色を塗る前に素描をします。 색을 칠하기 전에 소묘를 합니다.

はな えが え はがき 花が描かれた絵葉書をもらいました。 꽃이 그려진 그림엽서를 받았습니다.

무성할 무 (茂)

무성하다, 우거지다

음 も ・ 繁茂 초목이 우거짐, 무성함

훈 しげる ・ 茂る 초목이 무성하다, 우거지다

沼に蓮が繁茂しています。 늪에 연꽃이 무성합니다.
草木が茂った山道を登ります。 초목이 우거진 산길을 오릅니다.

춤출 무

①춤추다 ②뛰어다니다

음 ぶ ・ 舞台 무대 ・ 舞踊 무용 ・ 舞踏 무도, 춤
・ 鼓舞 고무(격려하여 기세를 돋움)

훈 まう ・ 舞う 춤추다
・ まい ・ 舞 춤 ・ 獅子舞 사자춤(사자 머리의 탈을 쓰고 춤을 추는 민속 예능)

子どもたちが舞台で歌を歌っています。 아이들이 무대에서 노래를 부르고 있습니다.
お正月に獅子舞を見ました。 설날에 사자춤을 봤습니다.

안개 무

①안개 ②어둡다

음 む ・ 霧笛 무적(배나 등대에서 안개를 조심하라고 울리는 고동)
・ 濃霧 농무(짙은 안개)
・ 五里霧中 오리무중(찾을 길이 막연하거나 갈피를 잡을 수 없음)

훈 きり ・ 霧 안개 ・ 霧雨 이슬비 ・ 朝霧 아침 안개

船が霧笛を鳴らしています。 배가 무적을 울리고 있습니다.
濃い霧で交通事故が起きました。 짙은 안개로 인해 교통사고가 났습니다.

묵묵할 묵 (黙)

①묵묵하다 ②고요하다

음 もく ・ 黙認 묵인 ・ 黙祷 묵도 ・ 沈黙 침묵 ・ 寡黙 과묵

훈 だまる ・ 黙る 입을 다물다, 가만히 있다

田中さんは寡黙な人です。 다나카 씨는 과묵한 사람입니다.
黙っていないで、何か言ってください。 가만히 있지 말고 뭔가 말해 주세요.

0106

무늬 **문**

무늬

음 もん

紋章 문장(가문·국가·단체 등의 표시로 쓰는 무늬)

紋様 문양, 무늬 　家紋 가문 　指紋 지문

波紋 파문(①수면에 이는 물결 ②어떤 일이 다른 데에 미치는 영향)

菊の紋様は天皇および皇室を表します。 국화 문양은 천황 및 황실을 나타냅니다.

指紋認証機能を利用してドアを開けます。 지문인증기능을 이용하여 문을 엽니다.

0107

꼬리 **미**

①꼬리 ②끝 ③뒤, 뒤쪽

음 び

尾翼 비행기의 꼬리날개 　尾行 미행

首尾 사물의 처음과 끝, 시종 　語尾 어미

훈 お

尾 꼬리 　尾根 능선, 산등성이

尾鰭 ①꼬리와 지느러미 ②군더더기, 과장 　예외 尻尾 꼬리

パイロットが飛行機の尾翼を操作しています。

조종사가 비행기의 꼬리날개를 조작하고 있습니다.

犬が尻尾を振っています。 개가 꼬리를 흔들고 있습니다.

0108

작을 **미** (微)

①작다, 자질구레하다
②정교하다

음 び

微妙 미묘함 　微生物 미생물 　微熱 미열 　微細 미세함

顕微鏡 현미경

子どもが微熱を出しました。 아이가 미열이 났습니다.

顕微鏡でカビを観察します。 현미경으로 곰팡이를 관찰합니다.

0109

민첩할 **민** (敏)

민첩하다, 재빠르다

음 びん

敏感 민감함 　敏捷 민첩함 　敏捷性 민첩성 　過敏 과민함

鋭敏 예민함

花粉に敏感な人は花粉症になりやすいです。

꽃가루에 민감한 사람은 꽃가루 알레르기에 걸리기 쉽습니다.

体育の時間に敏捷性のテストをしました。 체육시간에 민첩성 테스트를 했습니다.

0110

머무를/배 댈 **박**

①머무르다 ②묵다
③(배를) 대다

음 はく　宿泊 숙박　外泊 외박　一泊二日 1박2일　停泊 정박

훈 とまる　泊まる 묵다

　　とめる　泊める 묵게 하다

寮生は外泊の時に許可が必要です。 기숙사생은 외박할 때 허가가 필요합니다.
友達の家に泊まりました。 친구 집에 묵었습니다.

Tip とめる

泊める 묵게 하다
訪問客を家に泊める。
방문객을 집에 묵게 하다.

留める 고정시키다, 끼우다
ヘアピンで髪を留める。
머리핀으로 머리를 고정시키다.

止める 멈추다, 세우다
運転手が電車を止める。 운전기사가 전철을 세우다.

0111

칠 **박**

①(손뼉)치다 ②박자

음 はく　拍手 박수　脈拍 맥박　一拍 한 박자

　　ひょう　拍子 박자　四拍子 4박자　～た拍子に ～한 찰나에(바람에)

聴衆は拍手で指揮者を迎えました。 청중은 박수로 지휘자를 맞이했습니다.
曲の拍子に合わせて演奏します。 곡의 박자에 맞추어 연주합니다.

0112

핍박할 **박**

①핍박하다 ②닥치다
③다가오다

음 はく　迫害 박해　迫力 박력　脅迫 협박　圧迫 압박

훈 せまる　迫る ①다가오다, 좁혀지다 ②강요하다, 핍박하다

その映画の主人公は迫力があります。 그 영화의 주인공은 박력이 있습니다.
年末の時期が迫って忙しくなりました。 연말의 시기가 다가와 바빠졌습니다.

0113

- 음 **はく** 　薄情 박정함, 야박함　薄命 박명, 불운　希薄 희박함　軽薄 경박함
- 훈 **うすめる** 　薄める 묽게 하다, 희석시키다
- **うすまる** 　薄まる 엷어지다, 싱거워지다
- **うすらぐ** 　薄らぐ 덜해지다, 희박해지다
- **うすれる** 　薄れる 엷어지다
- **うすい** 　薄い 얇다, 싱겁다

엷을 **박 (薄)**
①엷다, 얇다 ②적다
③야박하다

標高が高いので空気が希薄です。 해발이 높아서 공기가 희박합니다.
軽薄な行動はしないでください。 경박한 행동은 하지 마세요.
塩味を水で薄めます。 짠맛을 물을 타서 묽게 합니다.
薄い紙なので破れやすいです。 얇은 종이라서 찢어지기 쉽습니다.

Tip **관용구**

影が薄い 존재감이 없다
影が薄い係長は、あまり頼もしくありません。
존재감이 없는 계장님은 그다지 믿음직스럽지 않습니다.

0114

- 음 **はん** 　一般 일반　全般的 전반적　諸般 제반, 여러 가지

その芸能人は一般の人と結婚しました。 그 연예인은 일반인과 결혼했습니다.
諸般の事情で、その映画は公開が中止されました。
여러 사정으로, 그 영화는 개봉이 중지되었습니다.

일반/가지 **반**
①일반 ②가지(종류를 세는
단위)

0115

- 음 **はん** 　搬入 반입　搬出 반출　搬送 반송, 운송　運搬 운반

外国に行く時はハムやソーセージを搬入してはいけません。
외국에 갈 때는 햄이나 소시지를 반입해서는 안 됩니다.
患者を他の病院に搬送します。 환자를 다른 병원으로 옮깁니다.

옮길 **반**
옮기다, 나르다

소반 반

① 소반 ② 쟁반 ③ 받침

음 ばん

盤石 반석, 대단히 견고함　地盤 지반　基盤 기반　骨盤 골반

大型の台風に盤石の体制で備えます。 대형 태풍에 견고한 체제로 대비합니다.
雨で地盤が緩んでいます。 비로 인해 지반이 약해졌습니다.

抜

뽑을 발 (抜)

① 뽑다, 빼다 ② 빠지다
③ 빼어나다, 특출나다

음 ばつ

抜群 발군, 뛰어남　抜粋 발췌　抜歯 발치(이를 뽑음)

抜糸 실을 뽑음　選抜 선발　海抜 해발

훈 ぬく

抜く 뽑다, 빼다, 따다

ぬける

抜ける 빠지다

ぬかす

抜かす 빠뜨리다, 빼다, 거르다

ぬかる

抜かる (부주의로) 실수하다

論文の一部を抜粋しました。 논문의 일부를 발췌했습니다.
手術が終わって抜糸しました。 수술이 끝나서 실을 뽑았습니다.
大根を畑から抜きました。 무를 밭에서 뽑았습니다.
浴槽の栓が抜けてしまいました。 욕조의 마개가 빠져버렸습니다.

Tip 관용구

腰を抜かす 깜짝 놀라다, 기겁을 하다
夜道を歩いていたら、いきなり人が現れて腰を抜かしました。
밤길을 걷고 있다가, 갑자기 사람이 나타나서 깜짝 놀랐습니다.

터럭 발

머리, 머리털

음 はつ

散髪 ① 이발(소) ② 산발, 흐트러진 머리　頭髪 두발

長髪 긴 머리　理髪店 이발소

훈 かみ

髪 머리카락　前髪 앞머리　後ろ髪 뒷머리
例外白髪 흰머리(はくはつ로도 읽음)

面接を受けるために散髪をしました。 면접을 보기 위해 이발을 했습니다.
白髪を染めます。 흰머리를 염색합니다.

0119

동네 **坊**

①동네, 마을 ②집, 거처
하는 방 ③절, 사찰

음 ぼう　　お坊さん 스님　　朝寝坊 늦잠을 잠, 늦잠꾸러기
　　　　　食いしん坊 먹보, 식충이　　甘えん坊 응석꾸러기

　　ぼっ　　坊ちゃん 도련님

朝寝坊しないように早く寝ましょう。 늦잠을 자지 않도록 빨리 잡시다.
うちの子は食いしん坊です。 우리 아이는 먹보입니다.

0120

살찔 **肪**

①살찌다 ②비계 ③기름

음 ぼう　　脂肪 지방　　体脂肪 체지방　　皮下脂肪 피하지방

脂肪の取りすぎは体に良くありません。 지나친 지방 섭취는 몸에 좋지 않습니다.
病院で体脂肪を測定します。 병원에서 체지방을 측정합니다.

0121

곁 **방**

①곁, 옆 ②가까이

음 ぼう　　傍聴 방청　　傍観 방관　　路傍 길가
훈 かたわら　　傍ら 곁, 옆, 가

いじめを傍観してはいけません。 괴롭힘을 방관해서는 안 됩니다.
家の傍らに木があります。 집 옆에 나무가 있습니다.

0122

잔 **배**

잔, 술잔

음 はい　　乾杯 건배　　一杯 ①한 잔 ②가득　　祝杯 축배　　賞杯 우승컵
훈 さかずき　　杯 술잔

優勝チームが祝杯を上げています。 우승팀이 축배를 들고 있습니다.
宴会用の杯を準備します。 연회용 술잔을 준비합니다.

무리 배

① 무리 ② 순서 ③ 서열
④ 대, 세대

음 はい

輩出 배출(인재가 잇달아 나옴)　先輩 선배　後輩 후배

同輩 동년배, 동기

この大学はノーベル賞受賞者を輩出しています。

이 대학은 노벨상 수상자를 배출했습니다.

後輩と一緒にアルバイトをします。 후배와 함께 아르바이트를 합니다.

번성할 번 (繁)

① 번성하다 ② 많다, 무성
하다

음 はん

繁盛 번성, 번창　繁栄 번영　繁殖 번식　繁華街 번화가

頻繁 빈번함

夜の繁華街には人が多いです。 밤의 번화가에는 사람이 많습니다.

この建物には人々が頻繁に出入りします。

이 건물에는 사람들이 빈번하게 드나듭니다.

벌할 벌

① 벌하다, 벌주다 ② 벌

음 ばつ

罰則 벌칙　罰金 벌금　天罰 천벌　処罰 처벌

ばち

罰 벌(ばつ로도 읽음)　罰当たり 천벌을 받음

不正をした公務員を処罰します。 부정을 행한 공무원을 처벌합니다.

お寺の物を盗むなんて、罰当たりですよ。

절의 물건을 훔치다니, 천벌을 받아요.

무릇 범

① 무릇 ② 모두 ③ 보통

음 ぼん

凡人 범인(보통 사람)　凡用 범용　平凡 평범함

非凡 비범함, 평범하지 않음

はん

凡例 범례

彼は非凡な才能を持っています。 그는 평범하지 않은 재능을 가지고 있습니다.

凡例を確認して辞典を使います。 범례를 확인하고 사전을 사용합니다.

0127

範

법 **범**

①법, 규범 ②본보기

음 **はん**

範囲 범위 範疇 범주 規範 규범 模範 모범
はん い　　　はんちゅう　　　き はん　　　も はん

テストの範囲は1課から5課までです。 시험 범위는 1과부터 5과까지입니다.
はん い　　　か　　　　か

先生が模範を見せてくれました。 선생님이 모범을 보여주었습니다.
せんせい　 も はん　 み

0128

壁

벽 **벽**

벽, 담

음 **へき**

壁画 벽화 壁面 벽면 外壁 외벽 絶壁 절벽
へき が　　　へきめん　　　がいへき　　　ぜっぺき

훈 **かべ**

壁 벽 壁紙 벽지 土壁 토벽, 흙벽
かべ　　かべがみ　　　つちかべ

芸術家が壁画を描いています。 예술가가 벽화를 그리고 있습니다.
げいじゅつ か　 へき が　 か

部屋の壁紙を変えました。 방의 벽지를 바꾸었습니다.
へ や　 かべがみ　 か

0129

柄

자루 **병**

①자루(끝에 달린 손잡이)
②근본

음 **へい**

横柄 건방짐, 거만함 예외 柄杓 국자
おうへい　　　　　　　　　ひ しゃく

훈 **がら**

柄 몸집·성질·상태를 나타내는 말 人柄 인품, 사람됨 家柄 가문
がら　　　　　　　　　　　　　　　　ひとがら　　　　　　いえがら

銘柄 상표, 브랜드
めいがら

え

柄 손잡이 取り柄 좋은 점, 장점, 쓸모
え　　　　と　 え

横柄な医者がいる病院には行きたくありません。
おうへい　 い しゃ　　　　びょういん　　　 い

거만한 의사가 있는 병원에는 가고 싶지 않습니다.

私には何の取り柄もありません。 나는 아무 쓸모도 없습니다.
わたし　　 なん　 と　 え

0130

普

넓을 **보**

①넓다 ②두루 미치다

음 **ふ**

普通 보통 普遍 보편 普及 보급 普段 평소, 보통
ふ つう　　　ふ へん　　　ふ きゅう　　　ふ だん

スマートフォンが普及しました。 스마트폰이 보급되었습니다.
ふ きゅう

普段から運動をするように心がけています。 평소 운동하려고 노력하고 있습니다.
ふ だん　　　うんどう　　　　　　　こころ

봉우리 **봉**

봉우리

| 음 | ほう | 最高**峰** 최고봉　連**峰** 여러 산봉우리 |
| 훈 | みね | **峰** (산)봉우리 |

日本の最高峰は富士山です。 일본의 최고봉은 후지산입니다.
峰で登山客が写真を撮っています。 산봉우리에서 등산객이 사진을 찍고 있습니다.

뜰 **부**

①뜨다 ②떠다니다
③진실성이 없다

음	ふ	浮**上** 부상, 떠오름　浮**遊** 부유, 떠돎　浮**力** 부력
		浮**薄** 천박하고 경솔함
훈	うく	**浮**く ①뜨다 ②들뜨다　**浮**き**輪** 튜브
	うかれる	**浮**かれる 들뜨다, 신이 나다
	うかぶ	**浮**かぶ 뜨다, 떠오르다
	うかべる	**浮**かべる 띄우다
특이		浮**気** 바람을 피움

タンポポの種が浮遊しています。 민들레 씨앗이 떠다니고 있습니다.
空に風船が浮いています。 하늘에 풍선이 떠 있습니다.
池におもちゃの船を浮かべました。 연못에 장난감배를 띄웠습니다.
妻に浮気がばれました。 부인에게 바람 피우다 들켰습니다.

썩을 **부**

①썩다, 썩히다 ②두부

음	ふ	腐**敗** 부패　腐**食** 부식　陳**腐** 진부함　豆**腐** 두부
훈	くさる	**腐**る 썩다, 상하다
	くされる	**腐**れる 썩다
	くさらす	**腐**らす 썩게 하다

腐食した部品を交換します。 부식된 부품을 교환합니다.
食べ物を腐らしてしまいました。 음식물을 썩게 해버렸습니다.

0134

펼 **부**
①펴다 ②퍼지다

음 ふ

敷設 부설(철도·다리 등을 설치함)　敷衍 부연(덧붙여 알기 쉽게 설명)

훈 しく

敷く 깔다, 펴다　敷地 부지　敷布団 요

座敷 다다미방, 객실　風呂敷 보자기

その内容を敷衍して説明してください。 그 내용을 부연 설명해 주세요.

工場の敷地に入らないでください。 공장부지에 들어가지 마세요.

0135

부세 **부**
①부세 ②거두다 ③받다

음 ふ

賦役 부역(국민에게 시키는 노역)　天賦 천부, 선천적으로 타고남

割賦 할부　月賦(払い) 월부

ピアニストになるには天賦の才能が必要です。
피아니스트가 되려면 타고난 재능이 필요합니다.

新しいテレビを月賦払いで購入しました。 새 TV를 월부로 구입했습니다.

0136

살갗 **부**
살갗, 피부

음 ふ

皮膚 피부　皮膚科 피부과　完膚 흠이 없는 깨끗한 피부

完膚無きまでに 철저하게, 지독하게

특이 はだ
膚 피부, 살갗

これは皮膚にやさしい石鹸です。 이 것은 피부에 순한 비누입니다.

討論で相手を完膚無きまでに論破しました。
토론에서 상대방을 철저하게 반박했습니다.

0137

동이 **분**
①동이 ②주발

음 ぼん

盆 쟁반　お盆 백중맞이(음력 7월 보름)

盆踊り お盆(백중맞이)날 밤 모여서 추는 춤

盆栽 분재　盆地 분지

祖父が盆栽の手入れをしています。 할아버지가 분재를 손질하고 있습니다.

京都は盆地なので、夏はとても暑いです。 교토는 분지라서 여름은 매우 덥습니다.

噴
뿜을 **분**
뿜다, 내뿜다

음 ふん　噴水 분수　噴射 분사　噴火 분화　噴出 분출

훈 ふく　噴く 내뿜다, 솟아나다　噴き出す 내뿜다, 솟구쳐 나오다

子どもたちが噴水の前で遊んでいます。 아이들이 분수 앞에서 놀고 있습니다.

おもちゃの怪獣が火を噴いています。 장난감 괴물이 불을 내뿜고 있습니다.

Tip ふく

噴く 내뿜다
怪獣が火を噴く。 괴물이 불을 내뿜다.

吹く 바람이 불다
秋の風が吹く。 가을 바람이 불다.

払
떨칠 **불** (拂)
①떨치다 ②값을 치르다

음 ふつ　払拭 불식(의심을 말끔히 떨어 없앰)

훈 はらう　払う 지불하다　支払い 지불　酔っ払う 몹시 취하다

政治家が疑惑を払拭しようとしています。 정치인이 의혹을 불식시키려 하고 있습니다.

たくさんお酒を飲んで酔っ払ってしまいました。
술을 많이 마셔서 몹시 취해버렸습니다.

浜
물가 **빈** (濱)
물가

음 ひん　海浜 해변　京浜 도쿄와 요코하마

훈 はま　浜 바닷가　浜辺 해변　砂浜 모래사장

京浜工業地帯は東京と神奈川にまたがっています。
게이힝공업지대는 도쿄와 가나가와에 걸쳐 있습니다.

浜辺を散歩しました。 해변을 산책했습니다.

0141

엿볼 **사**

①엿보다 ②살피다, 문안
하다

- 음 **し** 　伺候 웃어른께 문안을 드림
- 훈 **うかがう** 　伺う ①여쭤보다, 듣다 ②찾아뵙다, 방문하다

執事が主人に伺候しています。 집사가 주인에게 문안을 드리고 있습니다.

ちょっと伺いますが、駅はどこですか。 잠시 여쭙겠는데요, 역은 어디입니까?

0142

비낄 **사**

①비끼다 ②기울다

- 음 **しゃ** 　斜面 경사면　斜線 사선　斜陽 사양, 쇠퇴　傾斜 경사
- 훈 **ななめ** 　斜め 비스듬함

山の斜面にスキー場を建設しました。 산의 경사면에 스키장을 건설했습니다.

船が斜めに傾いています。 배가 비스듬히 기울어져 있습니다.

0143

床

평상 **상**

①평상 ②상, 소반 ③마루

- 음 **しょう** 　起床 기상　病床 병상　温床 온상　臨床 임상
- 훈 **ゆか** 　床 마루　床下 마루 밑
- 　**とこ** 　床屋 이발소　寝床 잠자리

起床時間は6時です。 기상시간은 6시입니다.

毎朝、床を雑巾で拭きます。 매일 아침, 마루를 걸레로 닦습니다.

0144

고개 **상**

①고개 ②고비

- 훈 **とうげ** 　峠 고개, 절정기, 고비

峠を越えると海が見えました。 고개를 넘자 바다가 보였습니다.

0145

자세할 **상**

① 자세하다 ② 자세히 알다

음 しょう 　詳細 상세, 자세한 내용 　詳述 상술(자세하게 진술함)
　　　　　未詳 미상 　不詳 자세하게 알지 못함, 미상

훈 くわしい 　詳しい 자세하다, 잘 알다, 정통하다

事件の詳細を新聞で知りました。 사건의 자세한 내용을 신문으로 알았습니다.
詳しい内容はホームページを見てください。 자세한 내용은 홈페이지를 보세요.

0146

풀 **석** (釋)

① 풀다, 풀리다 ② 설명하다

음 しゃく 　釈明 해명 　釈放 석방 　注釈 주석, 주해
　　　　　예외 お釈迦さま 부처님

裁判所が釈放を許可しました。 재판소가 석방을 허가했습니다.
日本で4月8日はお釈迦さまの誕生日です。 일본에서 4월 8일은 석가탄신일입니다.

0147

부채 **선** (扇)

① 부채 ② 부채질하다

음 せん 　扇子 접는 부채 　扇動 선동 　扇風機 선풍기
　　　　換気扇 환기 팬

훈 おうぎ 　扇 접는 부채 　扇形 부채꼴 　특이 団扇 부채

リーダーがデモ隊を扇動しています。 리더가 시위대를 선동하고 있습니다.
人が扇形に座って会議をしています。 사람이 부채꼴로 앉아 회의를 하고 있습니다.

0148

고울 **선**

① 곱다 ② 선명하다
③ 싱싱하다

음 せん 　鮮明 선명함 　鮮魚 물이 좋은 생선 　新鮮 신선함
　　　　生鮮 생선

훈 あざやか 　鮮やか 산뜻함, 또렷함, 선명함

鮮明に子どもの頃を覚えています。 선명하게 어린 시절을 기억하고 있습니다.
初秋の紅葉はとても鮮やかです。 초가을의 단풍은 매우 선명합니다.

0149

성씨 **성**

①성 ②백성

음 **せい** 姓 성 姓名 성명 同姓 동성 旧姓 구성, 본디의 성

しょう お百姓さん 백성, 농민

このクラスには同姓の人が3人います。 이 반에는 동성인 사람이 3명 있습니다.
お百姓さんが畑を耕しています。 농민이 밭을 갈고 있습니다.

0150

해 **세**

①해 ②나이 ③세월

음 **さい** 歳月 세월 歳末 연말 歳入 세입(한 해의 총수입)

歳出 세출(한 해의 총지출) 万歳 만세 ～歳 ～세, ～살

せい お歳暮 신세진 사람에게 연말에 선물을 보냄, 또 그 선물

예외 千歳 천세, 천년

歳月が過ぎるのは速いです。 세월이 지나가는 것이 빠릅니다.
人々が万歳を唱えています。 사람들이 만세를 부르고 있습니다.

0151

부를 **소**

①부르다 ②불러들이다

음 **しょう** 召還 소환(파견한 사람을 불러 돌아오게 함) 召喚 소환〈법률〉

召集 소집

훈 **めす** 召す ①부르시다 ②잡수시다 ③입으시다 召使い 머슴, 하인

お気に召す 마음에 드시다 お風邪を召す 감기에 걸리시다

駐在員が召集されました。 주재원이 소집되었습니다.
お気に召す物はありますか。 마음에 드시는 물건은 있습니까?

0152

못 **소**

①못, 연못 ②늪

음 **しょう** 湖沼 호수와 늪, 호소
훈 **ぬま** 沼 늪 沼地 늪지 泥沼 수렁

湖沼地帯には多くの種類の鳥がいます。 호소지대에는 많은 종류의 새가 있습니다.
沼に蓮の花が咲いています。 늪에 연꽃이 피어 있습니다.

0153

웃음 **笑**

①웃음 ②꽃이 피다

- 훈 **さく** 　咲く (꽃이) 피다

ひまわりが咲いています。 해바라기가 피어 있습니다.

Tip **さく**

咲く (꽃이) 피다
花が咲く。 꽃이 피다.

裂く 찢다, 쪼개다
布を裂く。 천을 찢다.

割く 가르다, 할애하다
時間を割く。 시간을 내다.

0154

이을 **紹**

①잇다 ②소개하다

- 음 **しょう** 　紹介 소개 　自己紹介 자기소개

私の友達を紹介します。 제 친구를 소개하겠습니다.
会議で、まず自己紹介をしました。 회의에서 먼저 자기소개를 했습니다.

0155

호소할 **訴**

①호소하다 ②고소하다
③송사(訟事)

- 음 **そ** 　訴訟 소송 　訴状 소송장 　起訴 기소 　勝訴 승소
- 훈 **うったえる** 　訴える 소송하다, 호소하다

管理費の使用に対して住民が訴訟を起こしました。
관리비 사용에 대하여 주민이 소송을 일으켰습니다.
彼は無実を涙で訴えました。 그는 억울함을 눈물로 호소했습니다.

0156

떠들 소 (騷)
떠들다, 떠들썩하다

음 そう

騒音 소음 　騒動 소동 　騒乱 소란 　物騒 뒤숭숭함

훈 さわぐ　騒ぐ ①떠들다 ②허둥대다, 동요하다

さわがしい　騒がしい 소란스럽다

騒音が原因で隣人とトラブルになりました。
소음이 원인으로 이웃과 말썽이 생겼습니다.

今日はお祭りの日なので、外が騒がしいです。
오늘은 축제날이라서 밖이 소란스럽습니다.

0157

풍속 속
①풍속, 관습 ②통속적이
다 ③저속하다

음 ぞく

俗語 속어 　俗世間 속세 　民俗 민속 　民俗村 민속촌

風俗 풍속

「おなか」を俗語で「はら」と言います。「おなか」를 속어로「はら」라고 합니다.

韓国の民俗村を観光しました。 한국의 민속촌을 관광했습니다.

0158

쇠사슬 쇄
①쇠사슬 ②자물쇠
③가두다 ④잠그다

음 さ

鎖国 쇄국 　鎖骨 쇄골 　閉鎖 폐쇄 　封鎖 봉쇄

훈 くさり　鎖 (쇠)사슬

警察が道路を封鎖しました。 경찰이 도로를 봉쇄했습니다.

鎖をかけて、門を閉めました。 쇠사슬을 걸고 문을 닫았습니다.

0159

빼어날 수
빼어나다, 뛰어나다

음 しゅう

秀才 수재, 뛰어난 재능 　秀逸 빼어나게 뛰어남 　秀作 수작, 걸작

優秀 우수함

훈 ひいでる　秀でる 빼어나다, 뛰어나다

優秀な成績で大学を卒業しました。 우수한 성적으로 대학을 졸업했습니다.

田中さんは詩を作ることに秀でています。 다나카 씨는 시를 짓는 것이 뛰어납니다.

사냥할 수

사냥하다

- 음 しゅ 　狩猟 수렵
- 훈 かる 　狩る 사냥하다　狩り 사냥　潮干狩り 조개잡이
- 예외 狩人 사냥꾼

古代時代は人は狩猟生活をしていました。 고대시대에는 사람은 수렵생활을 했습니다.

潮干狩りでアサリを採りました。 조개잡이로 바지락을 캤습니다.

쓰일/쓸 수

①쓰이다 ②쓰다

- 음 じゅ 　需要 수요　需給 수급(수요와 공급)　軍需 군수(군사상 필요한 물자)
　必需品 필수품

供給が需要に追いつきません。 공급이 수요를 따라잡지 못합니다.

スーパーで必需品を買います。 슈퍼마켓에서 필수품을 삽니다.

짐승 수 (獣)

①짐승 ②가축

- 음 じゅう 　獣医 수의(사)　猛獣 맹수　野獣 야수
　怪獣 괴수(괴상하게 생긴 짐승)
- 훈 けもの 　獣 짐승　獣道 짐승이 다니는 길

トラやライオンは猛獣です。 호랑이나 사자는 맹수입니다.

獣道を進んで、森の中に入ります。 짐승이 다니는 길을 지나 숲속으로 들어갑니다.

열흘 순

열흘, 열흘 동안

- 음 じゅん 　上旬 상순　中旬 중순　下旬 하순
　しゅん 　旬 제철, 적기

3月の下旬になって、桜が咲き始めました。
3월 하순이 되어 벚꽃이 피기 시작했습니다.

サンマは秋が旬です。 꽁치는 가을이 제철입니다.

0164

돌/순행할 **순**

①돌다 ②순행하다
③돌아보다, 살피다

음 じゅん

巡礼 순례(종교적인 의미가 있는 곳을 방문하며 참배함)

巡査 순사, 경찰관　巡回 순회　逡巡 망설임, 머뭇거림

훈 めぐる

巡る 돌다, 돌아다니다, 회전하다

특이 お巡りさん 순경 아저씨

警備員が建物の中を巡回しています。 경비원이 건물 안을 순회하고 있습니다.

京都の有名なお寺を巡りました。 교토의 유명한 절을 돌아다녔습니다.

0165

방패 **순**

방패

음 じゅん

矛盾 모순

훈 たて

盾 방패　表彰盾 상패　優勝盾 우승패　後ろ盾 후원자

彼の言葉と行動に矛盾があります。 그의 말과 행동에 모순이 있습니다.

居間に優勝盾を飾っておきます。 거실에 우승패를 장식해 둡니다.

0166

깜짝일 **순**

①(눈을)깜짝이다 ②잠깐
③눈 깜짝할 사이

음 しゅん

瞬間 순간　瞬時 짧은 순간　瞬発力 순발력

一瞬 일순, 한 순간

훈 またたく

瞬く ①눈을 깜짝이다 ②(별빛·등불 등이) 반짝이다

瞬く間に 눈 깜짝할 사이에

事故に遭った瞬間の記憶がありません。 사고를 당한 순간의 기억이 없습니다.

星が瞬いています。 별이 반짝이고 있습니다.

0167

엄습할 **습**

①엄습하다 ②치다
③잇다, 물려받다

음 しゅう

襲撃 습격　襲名 습명(선대의 이름을 계승함)

踏襲 답습(예로부터 해오던 방식이나 수법을 그대로 행함)　逆襲 역습

훈 おそう

襲う 덮치다, 습격하다

新聞社が襲撃される事件がありました。 신문사가 습격당하는 사건이 있었습니다.

津波が都市を襲いました。 쓰나미(해일)가 도시를 덮쳤습니다.

0168

⊜ そう

僧 중, 승려　　僧侶 승려, 스님　　高僧 고승　　禅僧 선승

중 **僧**
①중, 스님 ②승려

僧が座禅をしています。 승려가 좌선을 하고 있습니다.
僧侶たちがお経を唱えています。 스님들이 불경을 소리 내어 읽고 있습니다.

0169

⊜ ぜ

是非 시비, 옳고 그름　　是認 시인, 납득　　是正 시정
国是 국시(국가 이념, 국가 정책의 기본방침)

옳을 **시**
①옳다 ②바르게 하다
③옳다고 인정하다

憲法改正の是非を問います。 헌법개정의 옳고 그름을 묻습니다.
政府が内容の是正を要求しました。 정부가 내용의 시정을 요구했습니다.

0170

⊜ しょく
繁殖 번식　　養殖 양식　　生殖 생식　　殖産 식산(생산을 늘림)

⊜ ふえる
殖える 늘다, 늘어나다

ふやす
殖やす 늘리다

불릴 **식**
①붙다, 번성하다 ②번식
하다 ③불리다, 늘어나다

トキの繁殖に成功しました。 따오기의 번식에 성공했습니다.
投資をして財産を殖やしました。 투자를 해서 재산을 늘렸습니다.

Tip **ふやす**

殖やす (재산/재물/자손/동식물을) 늘리다
子孫を殖やす。 자손을 늘리다.

増やす (수량을) 늘리다
輸出量を増やす。 수출량을 늘리다.

0171

꾸밀 **식**

①꾸미다 ②단장하다

- 음 **しょく**　装飾 장식　修飾 수식　服飾 복식　粉飾 겉치레
- 훈 **かざる**　飾る 장식하다　飾り 장식　首飾り 목걸이　耳飾り 귀걸이

会場を華やかに装飾します。 회의장을 화려하게 장식합니다.

部屋にクリスマスの飾りを付けます。 방에 크리스마스 장식을 답니다.

0172

삼갈 **신**

①삼가다 ②근신하다

- 음 **しん**　慎重 신중함　謹慎 근신　不謹慎 조심스럽지 않고 삼가지 않음
- 훈 **つつしむ**　慎む 삼가다

高価なバイオリンを慎重に運びます。 고가의 바이올린을 조심스럽게 옮깁니다.

図書館では私語を慎んでください。 도서관에서는 사담을 삼가주세요.

Tip つつしむ

慎む 삼가다

会議中の私語は慎んでください。 회의 중 사담은 삼가주세요.

謹む 황공해 하다, 경의를 표하다

謹んでお祝いを申し上げます。 삼가 축하드립니다.

0173

섶 **신 (薪)**

섶(땔나무를 통틀어 이르는 말)

- 음 **しん**　薪炭材 땔나무
- 훈 **たきぎ**　薪 장작(まき로도 읽음)

廃材を薪炭材にします。 폐자재를 땔나무로 씁니다.

薪に火を付けて風呂を沸かします。 장작에 불을 붙여 목욕탕을 데웁니다.

찾을 **심 (尋)**

①찾다, 캐묻다 ②탐구하다
③보통, 평소

음 **じん** 尋問 심문, 신문　尋常 평범함, 보통

훈 **たずねる** 尋ねる 묻다, 물어보다

裁判で証人が尋問を受けています。 재판에서 증인이 신문을 받고 있습니다.

交番に行って道を尋ねました。 파출소에 가서 길을 물어보았습니다.

Tip **たずねる**

尋ねる 묻다, 물어보다
道を尋ねる。 길을 묻다.

訪ねる 방문하다
友人の家を訪ねる。 친구 집을 방문하다.

연습 문제 ③

■ 밑줄 친 한자를 바르게 읽은 것을 고르시오.

1　私には<u>自慢</u>できるものがありません。

① じゃごう　　　② じゃまん　　　③ じごう　　　④ じまん

2　<u>網</u>で魚を捕^{つか}まえます。

① あみ　　　② つな　　　③ ひも　　　④ つり

3　この蛇^{へび}は<u>猛毒</u>を持っているので、気をつけてください。

① めんどく　　　② もうどく　　　③ めんとく　　　④ もうとく

4　彼は非難^{ひ なん}の<u>矛先</u>を私に転^{てん}じました。

① むさき　　　② むせん　　　③ ほこさき　　　④ ほこせん

5　夏になったので、草^{くさ}がたくさん<u>茂</u>っています。

① あつまって　　　② はびこって　　　③ しげって　　　④ そだって

6　<u>霧</u>のせいで、前が見えません。

① つゆ　　　② きり　　　③ ひょう　　　④ あられ

7　警察^{けいさつ}は犯人^{はんにん}の<u>指紋</u>を調^{しら}べました。

① ちむん　　　② ちもん　　　③ しむん　　　④ しもん

8　夫^{おっと}の浮気^{うわ き}を疑^{うたが}った妻^{つま}は、夫を<u>尾行</u>しました。

① びこう　　　② びぎょう　　　③ おこう　　　④ おぎょう

9　このセンサーは気温^{き おん}の変化を<u>敏感</u>に捉^{とら}えます。

① みんがん　　　② びんがん　　　③ みんかん　　　④ びんかん

10　ホテルで<u>一泊</u>して、出張^{しゅっちょう}から帰りました。

① いちぱく　　　② いっぱく　　　③ いちはく　　　④ いっはく

정답　1 ④　　2 ①　　3 ②　　4 ③　　5 ③　　6 ②　　7 ④　　8 ①　　9 ④　　10 ②

11 試験日が<u>迫って</u>、みんなが勉強しています。

    ① さわって   ② はまって   ③ おって   ④ せまって

12 外国の大統領が来るので、警備を<u>盤石</u>にします。

    ① ばんじゃく   ② はんじゃく   ③ ばんしゃく   ④ はんしゃく

13 母親の<u>傍ら</u>で子どもが遊んでいます。

    ① うわべら   ② よこづら   ③ かたわら   ④ そばら

14 <u>お坊さん</u>がお経を読んでいます。

    ① おぼうさん   ② おぼんさん   ③ おほうさん   ④ おほんさん

15 人気のメニューがあるので、この店は<u>繁盛</u>しています。

    ① はんしょう   ② はんじょう   ③ ばんしょう   ④ ばんじょう

16 <u>平凡</u>な毎日ですが、幸せです。

    ① へいぼう   ② へいほう   ③ へいぼん   ④ へいほん

17 登山家が<u>絶壁</u>を登っています。

    ① ぜっへき   ② ぜつへき   ③ ぜっぺき   ④ ぜつぺき

18 両親が相手の<u>家柄</u>を気にして、私の結婚に反対しました。

    ① いえがら   ② いえから   ③ かへい   ④ かべい

19 ここから<u>峰</u>まで歩いて行くと３時間かかります。

    ① おね   ② とうげ   ③ みさき   ④ みね

20 画家がひまわりを<u>描いて</u>います。

    ① えかいて   ② えがいて   ③ かえいて   ④ がえいて

정답   11 ④   12 ①   13 ③   14 ①   ·15 ②   16 ③   17 ③   18 ①   19 ④   20 ②

연습 문제 ④

■ 밑줄 친 한자를 바르게 읽은 것을 고르시오.

1   新しいレールを<u>敷設</u>しました。

     ① ふそつ   ② ぶそつ   ③ ふせつ   ④ ぶせつ

2   彼が<ruby>提案<rt>ていあん</rt></ruby>したアイディアは、とても<u>陳腐</u>でおもしろくありません。

     ① じんふ   ② じんぷ   ③ ちんふ   ④ ちんぷ

3   彼女は<u>天賦</u>の<ruby>才能<rt>さいのう</rt></ruby>で、世界的に有名なピアニストになりました。

     ① てんぷ   ② てんぴ   ③ でんぷ   ④ でんぴ

4   ロケットが<ruby>燃料<rt>ねんりょう</rt></ruby>を<u>噴射</u>して<ruby>上昇<rt>じょうしょう</rt></ruby>しています。

     ① ふんさ   ② ぶんさ   ③ ふんしゃ   ④ ぶんしゃ

5   いつも週末は<u>海浜</u>公園に行って運動をします。

     ① かいへい   ② かいひん   ③ がいへい   ④ がいひん

6   新しいトンネルができたので、<u>峠</u>を<ruby>越<rt>こ</rt></ruby>える必要がなくなりました。

     ① ふもと   ② みさき   ③ はせ   ④ とうげ

7   新しい<ruby>薬<rt>くすり</rt></ruby>を作るための<u>臨床</u><ruby>試験<rt>しけん</rt></ruby>をします。

     ① りんしょう   ② りんそう   ③ にんしょう   ④ にんそう

8   <ruby>京都<rt>きょうと</rt></ruby>旅行のおみやげに<u>扇子</u>を買いました。

     ① おうす   ② おうし   ③ せんす   ④ せんし

9   彼女は<u>鮮</u>やかなピンク色のワンピースを着ていました。

     ① さわやかな   ② あざやかな   ③ つややかな   ④ あでやかな

10   母の<u>旧姓</u>は<ruby>田中<rt>たなか</rt></ruby>です。

     ① きゅうしょう   ② きゅうせい   ③ きゅうじょう   ④ きゅうぜい

 정답   1 ③   2 ④   3 ①   4 ③   5 ②   6 ④   7 ①   8 ③   9 ②   10 ②

11　日本の関東平野は昔、湖沼地帯でした。

① こそう　　　　② こしょう　　　　③ ほそう　　　　④ ほしょう

12　恐ろしい事件がたて続けに起きて、とても物騒です。

① ぶっそう　　　② もつそう　　　　③ ぶっしょう　　④ もつしょう

13　伝染病の患者が出た建物を封鎖します。

① ふうしゃ　　　② ほうしゃ　　　　③ ふうさ　　　　④ ほうさ

14　11月になって、いのししの狩猟が解禁されました。

① しゅうりょ　　② しゅりょ　　　　③ しゅうりょう　④ しゅりょう

15　山奥から獣の鳴き声が聞こえます。

① けもの　　　　② たぬき　　　　　③ きつね　　　　④ おおかみ

16　クリスチャンが聖地を巡礼しています。

① すんれい　　　② じゅんれい　　　③ すんらい　　　④ じゅんらい

17　大雨で瞬く間に川が増水しました。

① しばらくまに　② おそらくまに　　③ またたくまに　④ あたたかくまに

18　日本政府はこれまでの方針を踏襲しました。

① としゅ　　　　② とうしゅ　　　　③ としゅう　　　④ とうしゅう

19　財産を殖やす方法を専門家に教わりました。

① ふやす　　　　② こやす　　　　　③ たやす　　　　④ もやす

20　その政治家は不謹慎な発言をしました。

① ふきんじん　　② ふきんしん　　　③ ふぎんじん　　④ ふぎんしん

중학교 1학년 한자 ③

雅	握	押	仰	躍	御	憶	与
맑을 아	쥘 악	누를 압	우러를 앙	뛸 약	거느릴/막을 어	생각할 억	더불/줄 여
煙	鉛	緣	迎	影	刈	銳	譽
연기 연	납 연	인연 연	맞을 영	그림자 영	벨 예	날카로울 예	기릴/명예 예
汚	奥	腕	腰	謠	溶	踊	芋
더러울 오	깊을 오	팔뚝 완	허리 요	노래 요	녹을 용	뛸 용	토란 우
雄	援	越	威	為	偉	違	緯
수컷 웅	도울 원	넘을 월	위엄 위	할 위	클 위	어긋날 위	씨 위
柔	維	隱	陰	依	儀	弍	翼
부드러울 유	벼리 유	숨을 은	그늘 음	의지할 의	거동 의	두/갖은두 이	날개 익
壱	込	刺	煮	紫	雌	丈	載
한/갖은한 일	담을 입	찌를 자	삶을 자	자주빛 자	암컷 자	어른 장	실을 재
抵	寂	跡	滴	摘	殿	占	征
막을 저	고요할 적	발자취 적	물방울 적	딸 적	전각 전	점령할/점칠 점	칠 정
劑	堤	燥	繰	朱	舟	即	贈
약제 제	둑 제	마를 조	야청 통견 조	붉을 주	배 주	곧 즉	줄 증
旨	芝	脂	遲	尽	珍	陣	振
뜻 지	지초 지	기름 지	더딜/늦을 지	다할 진	보배 진	진칠 진	떨칠 진
震	執	徵	澄				
우레 진	잡을 집	부를 징	맑을 징				

0175

맑을 아
①맑다 ②우아하다

음 が 　雅楽 아악　優雅 우아함
　　　　風雅 풍아(시가·문장·서화 등에 취미나 소양이 있는 일)

雅楽は大陸から日本に伝わりました。 아악은 대륙에서 일본으로 전해졌습니다.

クルーズで優雅な世界一周旅行に出ます。 크루즈로 우아한 세계일주여행을 떠납니다.

0176

쥘 악
①쥐다 ②장악하다
③손아귀 ④줌

음 あく　　握手 악수　握力 악력, 손힘　把握 파악　掌握 장악
훈 にぎる　握る 잡다, 쥐다　一握り 한 줌, 극히 적음

事故の状況を把握します。 사고 상황을 파악합니다.

手に手を握って踊りました。 손에 손을 잡고 춤을 췄습니다.

0177

누를 압
①누르다 ②도장을 찍다

음 おう　　押収 압수　押印 날인
훈 おす　　押す 밀다, 누르다
　　おさえる　押さえる ①누르다 ②진압하다, 억제하다

契約書に押印しました。 계약서에 날인했습니다.

注射の跡を押さえてください。 주사 맞은 곳을 눌러 주세요.

Tip おす

押す 밀다, 누르다

ドアを押す。 문을 밀다.

推す 밀다, 추대하다

彼を議長に推す。 그를 의장으로 밀다(추대하다).

0178

우러를 앙

①우러러보다 ②의지하다
③명령

음	ぎょう	仰天 매우 놀람　仰々しい 야단스럽다
	こう	信仰 신앙
훈	あおぐ	仰ぐ 우러러보다　예외 仰向け 위를 향한 상태로 누움
	おおせ	仰せ 분부, 높은 분의 명령

世界が仰天する事件が起こりました。 세계가 깜짝 놀랄 사건이 일어났습니다.
仰向けでレントゲンを撮ります。 똑바로 누워서 엑스레이를 찍습니다.

0179

뛸 약 (躍)

①뛰다 ②뛰게 하다
③뛰어오르다

음	やく	躍進 약진(눈부시게 진출함)　躍動 약동(생기 있고 활발하게 움직임)
		躍起 애가 타서 안달함, 기를 씀　飛躍 비약　一躍 일약
훈	おどる	躍る ①뛰어오르다 ②설레다

彼は躍起になって噂を否定しています。
그는 기를 쓰고 소문을 부정하고 있습니다.
憧れのアイドルに会えるので胸が躍ります。
동경하는 아이돌을 만날 수 있어 가슴이 설렙니다.

0180

거느릴/막을 어

①거느리다 ②다스리다
③저지하다 ④경칭(존경)

음	ぎょ	御璽 옥새　崩御 붕어, 승하
		制御 제어(상대편을 억눌러서 다룸, 기계 따위를 조절함)
	ご	御用 볼일, 용건
훈	おん	御社 귀사　御中 귀중　御曹司 (명문·자산가의) 자제, 상속자

人工衛星を制御します。 인공위성을 제어합니다.
御社の工場はどこにありますか。 귀사의 공장은 어디에 있습니까?

0181

생각할 억

①생각하다 ②기억하다
③추억하다

| 음 | おく | 憶測 억측　憶説 억설, 가설　記憶 기억　追憶 추억 |

悪質な書き込みや憶測を自制してください。 악플과 억측을 자제해주세요.
昔のアルバムを見て記憶をたどります。 옛날 앨범을 보고 기억을 더듬어봅니다.

0182

더불/줄 **여** (與)

①더불다 ②같이하다
③참여하다 ④주다

음 よ 　　与党 여당　給与 급여　関与 관여　付与 부여

훈 あたえる 　　与える ①주다, 수여하다 ②내주다, 할당하다

与党と野党が交代しました。 여당과 야당이 바뀌었습니다.

お母さんが赤ちゃんにミルクを与えています。
엄마가 아기에게 우유를 주고 있습니다.

0183

연기 **연** (煙)

①연기 ②안개 ③담배

음 えん 　　煙突 굴뚝　煙幕 연막　禁煙 금연　喫煙 흡연

훈 けむり/けむる 　　煙 연기　煙る 연기가 나다, (부옇게) 흐려 보이다

けむい/けむたい 　　煙い・煙たい (연기가) 맵다, 매캐하다

最近は喫煙できる場所が少なくなりました。
최근에는 흡연할 수 있는 장소가 적어졌습니다.

都市が朝もやで煙っています。 도시가 아침 안개로 부옇게 흐려 보입니다.

0184

납 **연** (鉛)

①납 ②흑연 ③연필심

음 えん 　　鉛筆 연필　亜鉛 아연　黒鉛 흑연

훈 なまり 　　鉛 납　鉛中毒 납중독

鉛筆が折れてしまいました。 연필이 부러져버렸습니다.

鉛を使ってコインを作ります。 납을 사용해서 동전을 만듭니다.

0185

인연 **연** (緣)

①인연 ②연분 ③가장자리

음 えん 　　縁 인연　縁側 마루, 툇마루　縁談 혼담　例외 因縁 인연

絶縁 절연(①전류가 통하지 못하게 막음 ②인연이나 관계를 끊음)

훈 ふち 　　縁 테두리, 둘레　縁取り 가장자리를 채색하거나 장식함　額縁 액자

娘に縁談が来ました。 딸에게 혼담이 들어왔습니다.

日程表を縁取りしてスケジュールを管理します。
일정표를 테두리해서 스케줄을 관리합니다.

0186

맞을 **영**

①맞다, 맞이하다
②마중하다 ③맞추다

음 げい

歓迎 환영　**送**迎 송영(보내고 맞이함)　迎**賓** 영빈　迎**合** 영합, 아첨

훈 むかえる

迎える 맞이하다, 마중하다　お迎え 마중

権力に迎合する政治家が多いです。 권력에 아첨하는 정치인이 많습니다.

この学術大会は30回目を迎えました。 이 학술대회는 30회를 맞이했습니다.

0187

그림자 **영**

①그림자 ②환상
③형상, 모습

음 えい

影**響** 영향　**撮**影 촬영　**幻**影 환영

投影 투영(물체의 그림자를 어떤 물체 위에 비춤)

훈 かげ

影 그림자　影**絵** 그림자놀이, 실루엣　**面**影 옛날의 흔적, 모습

不況の影響が深刻です。 불황의 영향이 심각합니다.

20年ぶりに会った同級生は、昔の面影を残していました。
20년 만에 만난 동창생은 옛날 모습이 남아 있었습니다.

Tip 0210 かげ 참조

0188

벨 **예**

①베다 ②자르다 ③없애다

훈 かる

刈る 베다, 깎다　**稲**刈り 벼 베기

丸刈り 머리를 짧게 바싹 깎음

機械で稲刈りを手伝いました。 기계로 벼 베기를 도왔습니다.

兄は頭を丸刈りにしました。 형은 머리를 짧게 바싹 깎았습니다.

0189

날카로울 **예 (鋭)**

①날카롭다 ②날래다

음 えい

鋭**利** 예리함　鋭**角** 예각　**新**鋭 신예(새롭고 힘이 뛰어남)

精鋭 정예(날래고 용맹스러움, 능력이 우수하고 힘이 있음, 또는 그런 인재)

훈 するどい

鋭い 날카롭다, 예리하다

新鋭の小説家が新作を発表しました。 신예 소설가가 신작을 발표했습니다.

彼は相手に鋭い指摘をしました。 그는 상대에게 날카로운 지적을 했습니다.

기릴/명예 **예 (誉)**

①기리다 ②찬양하다
③명예

| 음 | よ | 名誉 명예 | 不名誉 불명예 | 栄誉 영예, 명예 |

| 훈 | ほまれ | 誉れ 명예, 자랑 | 誉れ高い 평판이 자자하다 |

名誉ある賞を受賞できて嬉しいです。 명예로운 상을 수상해서 기쁩니다.

ここは桜の名所として誉れ高いです。 여기는 벚꽃의 명소로서 평판이 자자합니다.

더러울 **오**

①더럽다 ②더럽히다
③욕되다

| 음 | お | 汚染 오염 | 汚水 오수, 더러운 물 | 汚点 오점 |
| | | 汚職 오직, 부정, 비리 | | |

훈	けがす	汚す 더럽히다, 모독하다
	けがれる	汚れる 더러워지다, 몸이 부정해지다
	けがらわしい	汚らわしい 더럽다, 추잡스럽다
	よごす	汚す 더럽히다
	よごれる	汚れる 더러워지다 汚れ 더러움
	きたない	汚い 더럽다, 불결하다

川が汚染されて魚がいなくなりました。 강이 오염되어 물고기가 없어졌습니다.

彼は仕事で失敗をして汚点を残しました。
그는 업무에서 실수를 해서 오점을 남겼습니다.

汚れた靴をクリーニング店に預けます。 더러워진 신발을 세탁소에 맡깁니다.

汚くなって、いくら洗濯しても汚れが落ちません。
더러워져서 아무리 빨아도 깨끗해지지 않습니다.

깊을 **오 (奥)**

①깊다 ②깊숙하다
③속, 깊숙한 안쪽

| 음 | おう | 奥義 비결 | 秘奥 비오(심오한 경지) |
| 훈 | おく | 奥 속, 깊숙한 안쪽 | 奥地 오지 | 奥歯 어금니 | 山奥 깊은 산속 |

これは剣道の奥義について書かれた本です。
이것은 검도의 비결에 대해 쓰여진 책입니다.

山奥で道に迷いました。 깊은 산속에서 길을 잃었습니다.

0193

腕

팔뚝 **완**

①팔뚝 ②팔 ③재주

음 わん

わんりょく
腕力 완력　　腕白 어린아이가 장난이 심한 모양, 장난꾸러기

しゅわん　　　びんわん
手腕 수완　　敏腕 민완(일을 척척 처리하는 수완)

훈 うで

うで　　　うで ど けい　　　うで ずもう　　りょううで
腕 팔　　腕時計 손목시계　　腕相撲 팔씨름　　両腕 양팔

き　　うで
利き腕 잘 쓰는 쪽의 팔

かれ　びんわん　き しゃ
彼は敏腕の記者です。 그는 일처리가 능숙한 기자입니다.

うで ずもう　　しょう ぶ
腕相撲で勝負しました。 팔씨름으로 승부를 가렸습니다.

0194

腰

허리 **요**

①허리 ②중요한 곳

음 よう

ようつう　　ようつい
腰痛 요통　　腰椎 요추

훈 こし

こし　　　こし か　　　ほんごし
腰 허리　　腰掛ける 걸터앉다　　本腰 본격적인 마음가짐

よわごし
弱腰 약한 태도, 소극적

せいけい げ か　　ようつう　　ち りょう
整形外科で腰痛の治療をします。 정형외과에서 요통치료를 합니다.

こし か　　　やす
ベンチに腰掛けて休みます。 벤치에 걸터앉아 쉽니다.

0195

謡

노래 **요** (謠)

①노래 ②가요

음 よう

どうよう　　か よう　　みんよう
童謡 동요　　歌謡 가요　　民謡 민요

훈 うたい

うたい
謡 고전 예능인 노(能)의 가사

うたう

うた　　のう
謡う (能의 가사를) 부르다

がいこく　みんよう　き
外国の民謡を聞きました。 외국의 민요를 들었습니다.

のう　うたい　かくべつ　れんしゅう　ひつよう
能の謡は格別な練習が必要です。 能의 가사는 특별한 연습이 필요합니다.

Tip うたう

うた　　のう
謡う (能의 가사를) 부르다

のうがく し　　うた
能楽師が謡う。 노가쿠(能樂)의 연기자가 노가쿠를 노래하다.

うた
歌う 노래하다

か しゅ　　うた
歌手が歌う。 가수가 노래를 부르다.

0196

음 **よう**

よう 溶岩 용암	よう 溶液 용액	よう 溶接 용접	よう 溶融 용해, 용해

훈 **とける** 　　溶ける (액체에) 녹다, 풀리다

とかす 　　溶かす 녹이다

とく 　　　溶く 용해시키다, 풀다

녹을 **용**

녹다, 용해하다

溶接の技術を習います。 용접 기술을 배웁니다.

フライパンにバターを溶かします。 프라이팬에 버터를 녹입니다.

Tip とく

溶く 액체 따위에 섞어서 풀다, 개다

絵の具を水に溶く。 그림물감을 물에 풀다.

解く 문제, 엉크러짐을 풀다

荷物の紐を解く。 짐의 끈을 풀다.

0197

음 **よう**　　舞踊 무용

훈 **おどる**　　踊る 춤추다

おどり　　踊り 춤　　盆踊り 봉오도리(백중맞이날 밤 모여서 추는 춤)

뛸 **용**

①뛰다 ②춤추다

舞踊学科でダンスの勉強をしています。 무용학과에서 댄스 공부를 하고 있습니다.

お祭りで多くの人が踊っています。 축제에서 많은 사람들이 춤추고 있습니다.

0198

훈 **いも**

いも 芋 감자·고구마·토란 등의 총칭	いもむし 芋虫 나비, 나방 등의 애벌레

さつま芋 고구마　　じゃが芋 감자　　里芋 토란

토란 **우**

토란

芋虫が葉っぱを食べています。 애벌레가 잎을 먹고 있습니다.

じゃが芋を収穫します。 감자를 수확합니다.

0199

수컷 **웅**

①수컷 ②두목 ③씩씩하다

음 ゆう

雄弁 웅변　雄大 웅대함　雄姿 웅자(씩씩한 모습)

英雄 영웅

훈 おす

雄 수컷　雄犬 수캐(おいぬ로도 읽음)

お

雄花 수꽃　雄々しい 사내답다, 씩씩하다

ここでは雄大な富士山が見えます。 여기서는 웅대한 후지산이 보입니다.

雄々しい姿の像が立っています。 씩씩한 모습의 동상이 서 있습니다.

0200

도울 **원**

①돕다 ②구원하다

음 えん

援助 원조　応援 응원　支援 지원　救援 구원, 구호

資金援助を通して開発を助けました。 자금 원조를 통해서 개발을 도왔습니다.

地震の被災地に救援活動に向かいました。 지진 피해지에 구호활동을 하러 갔습니다.

0201

넘을 **월**

①넘다, 건너가다 ②넘기다, 넘어가다 ③초과하다

음 えつ

越冬 월동　越権 월권　優越 우월　超越 초월

훈 こす

越す 넘다, 넘기다

こえる

越える 넘(어가)다, 건너다

その政治家は越権行為で捕まりました。 그 정치인은 월권행위로 체포되었습니다.

丘を越えていけば小さな家があります。 언덕을 넘어서 가면 작은 집이 있습니다.

Tip こえる

越える 넘(어가)다, 건너다
峠を越える。 고개를 넘어가다.

超える 기준을 넘다
限界を超える。 한계를 넘다.

威

위엄 **위**

①위엄, 권위 ②세력, 힘
③으르다, 협박하다

음 い　威**厳** 위엄　威**嚇** 위협　**脅**威 협위, 위협　**権**威 권위

リンカーン大統領の像はとても威厳のある顔をしています。
링컨대통령 동상은 매우 위엄있는 얼굴을 하고 있습니다.

地球温暖化が人類の脅威になっています。
지구온난화가 인류의 위협이 되고 있습니다.

為

할 **위** (爲)

①하다 ②위하다

음 い　為**政者** 위정자(정치를 하는 사람)　**行**為 행위　**人**為 인위

　　　無作為 무작위　특이 為**替** 환율

훈 ため　為 위함, 때문, 이유

　　なす/なる　為**す** 하다, 행하다　為**る** 이루어지다, 되다

電車の中で迷惑な行為をするのはやめましょう。
전철 안에서 폐를 끼치는 행위를 하는 것은 그만둡시다.

雨天の為、運動会は中止になりました。 비 때문에 운동회는 중지(취소)되었습니다.

偉

클 **위**

①크다 ②훌륭하다
③위대하다

음 い　偉**人** 위인　偉**大** 위대함　偉**業** 위업

　　　偉**才** 위재(뛰어난 재능을 가진 사람)

훈 えらい　偉**い** 훌륭하다

彼は偉大な業績を残しました。 그는 위대한 업적을 남겼습니다.

エジソンはとても偉い発明家です。 에디슨은 매우 훌륭한 발명가입니다.

違

어긋날 **위**

①어긋나다 ②어기다
③다르다

음 い　違**反** 위반　違**法** 위법　違**約金** 위약금　**相**違 상이, 서로 다름

훈 ちがう　違**う** 다르다

　　ちがえる　違**える** ①달리하다 ②잘못 ～하다

違約金を払って、スマホを変えました。 위약금을 내고 스마트폰을 바꿨습니다.

彼は私と違う意見を言いました。 그는 나와 다른 의견을 말했습니다.

0206

씨 위

①씨, 씨줄 ②가로

음 い　　　緯度 위도　　北緯 북위　　経緯 경위

北緯66度33分より以北を北極圏と言います。
북위 66도 33부보다 이북을 북극권이라고 합니다.

警察官に事故の経緯を話します。 경찰관에게 사고의 경위를 말합니다.

0207

부드러울 유

①부드럽다 ②순하다
③연약하다

음 じゅう　　　柔道 유도　　柔軟 유연함　　柔軟剤 유연제　　懐柔 회유

にゅう　　　柔和 온유함

훈 やわらか　　　柔らか 유연함, 폭신함

やわらかい　　　柔らかい 부드럽다, 푹신하다

洗濯機に柔軟剤を入れます。 세탁기에 유연제를 넣습니다.

柔らかいベッドで寝ました。 푹신한 침대에서 잤습니다.

Tip 0773 やわらかい 참조

0208

벼리 유

①벼리 ②밧줄 ③유지하다

음 い　　　維持 유지　　維新 유신　　明治維新 메이지유신　　繊維 섬유

食べ物に気をつけて、体重を維持します。 음식에 신경써서 체중을 유지합니다.

1868年に明治維新が起きました。 1868년에 메이지유신이 일어났습니다.

0209

숨을 은 (隱)

①숨다 ②가리다

음 いん　　　隠居 은거　　隠退 은퇴　　隠蔽 은폐　　隠喩 은유

훈 かくす　　　隠す 숨기다, 감추다

かくれる　　　隠れる 숨다　　隠れん坊 숨바꼭질

公務員が不正を隠蔽しました。 공무원이 부정을 은폐했습니다.

隠れん坊をして遊びました。 숨바꼭질을 하며 놀았습니다.

0210

☐☐☐

그늘 음

①그늘, 응달 ②음기, 음

음	いん	陰暦 음력　陰謀 음모　陰性 음성　陰極 음극
훈	かげ	陰 그늘　木陰 나무 밑, 나무 그늘　日陰 응달, 음지
		物陰 가려서 보이지 않는 곳, 그늘진 곳
	かげる	陰る 그늘지다

その事件は政府の陰謀でした。 그 사건은 정부의 음모였습니다.

誰かが物陰からこちらを見ています。 누군가 보이지 않는 곳에서 이쪽을 보고 있습니다.

Tip かげ

陰 그늘

木の陰に隠れる。 나무 그늘에 숨다.

影 그림자

カーテンに人の影が映る。 커튼에 사람의 그림자가 비치다.

0211

☐☐☐

의지할 의

①의지하다, 기대다
②전과 같다

음	い	依頼 의뢰　依存 의존(いぞん으로도 읽음)　依拠 의거
		依然 여전
	え	帰依 귀의(부처와 불법(佛法), 승가로 돌아가 의지하여 구원을 청함)

薬物に依存してはいけません。 약물에 의존해서는 안 됩니다.

新聞記事に依拠して主張をします。 신문기사에 의거하여 주장을 합니다.

0212

☐☐☐

거동 의

①거동 ②법도, 법식
③예절 ④천문 기계

음	ぎ	儀式 의식　儀礼 의례　葬儀 장의, 장례식　地球儀 지구본
		行儀 예의 범절, 행동거지의 예절

多くの人が葬儀に参列しました。 많은 사람들이 장례식에 참석했습니다.

父が地球儀を買ってくれました。 아버지가 지구본을 사 주었습니다.

0213

두/갖은두 **이 (貳)**

두, 둘

음 に 　　弐 이, 둘　　弐万円 2만 엔

「二」の代わりに使う「弐」の漢字を大字と言います。
「二」 대신에 사용하는 「弐」 한자를 갖은 한숫자라고 합니다.

0214

날개 **익 (翼)**

①날개 ②정치적인 파벌

음 よく 　　主翼 주익(비행기의 주날개)　　尾翼 미익(비행기의 꼬리날개)

右翼 우익　　左翼 좌익

훈 つばさ 　　翼 날개

飛行機の主翼を点検します。 비행기의 주날개를 점검합니다.
孔雀が翼を広げています。 공작이 날개를 펼치고 있습니다.

0215

한/갖은한 **일 (壹)**

한, 하나

음 いち 　　壱 일, 하나　　壱万円 만 엔

「壱」は「一」の大字です。 「壱」는 「一」의 갖은 한숫자입니다.

0216

담을 **입**

①담다 ②끼다 ③차다

훈 こむ 　　込む ①몰리다, 붐비다 ②복잡하다　 ～込み ～을 포함

こめる 　　込める 채우다, 담다

消費税込みで1100円です。 소비세를 포함해서 1100엔입니다.
愛情を込めてパンを作ります。 애정을 담아 빵을 만듭니다.

0217

찌를 **자**

①찌르다, 찔러 죽이다
②꾸짖다, 비난하다

음	し	刺激 자극　刺繍 자수　名刺 명함　風刺 풍자
훈	さす	刺す 찌르다, 꿰다　刺し身 생선회
	ささる	刺さる 찔리다, 박히다

ハンカチに刺繍をしました。 손수건에 자수를 놓았습니다.
マグロの刺し身を食べました。 참치회를 먹었습니다.

Tip さす

刺す 찌르다, 꿰다
鶏肉を串に刺す。
닭고기를 꼬챙이에 꿰다.

差す 가리다, (우산을) 쓰다
日傘を差す。 양산을 쓰다.

挿す 꽂다
かんざしを頭に挿す。
비녀를 머리에 꽂다.

指す 가리키다
磁石が北を指す。
자석이 북쪽을 가리키다.

0218

삶을 **자**

①삶다 ②끓이다

음	しゃ	煮沸 자비(펄펄 끓임)　煮沸消毒 자비소독, 열탕소독
훈	にる	煮る 삶다
	にえる	煮える 삶아지다, 익다
	にやす	煮やす 삶다, 끓이다

実験に使う器具を煮沸消毒します。 실험에 사용하는 기구를 열탕소독합니다.
日本では冬至に、かぼちゃを煮て食べます。
일본에서는 동지에 호박을 삶아서 먹습니다.

0219

자주빛 **자**

자줏빛

| 음 | し | 紫外線 자외선　특이紫陽花 수국 |
| 훈 | むらさき | 紫 보라색　紫色 보라색 |

夏は紫外線が強いです。 여름은 자외선이 강합니다.
ソウルの地下鉄5号線は紫色で表示されています。
서울 지하철 5호선은 보라색으로 표시되어 있습니다.

0220

암컷 **자**

암컷

- **음** し
  雌**雄** しゆう ①자웅(암컷과 수컷) ②우열
- **훈** めす
  雌 めす 암컷　　雌**犬** めすいぬ 암캐
  め
  雌**花** めばな 암꽃

ミミズは雌_{しゆう}雄同体の生き物_{もの}です。 지렁이는 자웅동체 생물입니다.
生_うまれた子犬_{こいぬ}は雌_{めす}です。 태어난 강아지는 암컷입니다.

0221

어른 **장**

①어른 ②장자 ③길이
④남자의 키

- **음** じょう
  丈**夫** じょうぶ 건강함, 튼튼함　　大**丈夫** だいじょうぶ ①괜찮음 ②대장부
  頑**丈** がんじょう 튼튼함, 단단함　　気**丈** きじょう 마음이 굳센 모양
- **훈** たけ
  丈 たけ 키, 기장, 길이　　背**丈** せたけ 신장, 키　　身**の丈** みのたけ 신장, 키

この建物_{たてもの}は頑丈_{がんじょう}に建_たてられています。 이 건물은 튼튼하게 지어졌습니다.
私の背丈_{せたけ}に合_あった服_{ふく}を探_{さが}しています。 내 키에 맞는 옷을 찾고 있습니다.

0222

실을 **재**

①싣다 ②등재하다

- **음** さい
  連**載** れんさい 연재　　掲**載** けいさい 게재　　記**載** きさい 기재　　搭**載** とうさい 탑재
- **훈** のせる
  載**せる** のせる 싣다, 게재하다
  のる
  載**る** のる 실리다, 게재되다

学術誌_{がくじゅっし}に論文_{ろんぶん}の掲載_{けいさい}が決_きまりました。
학술지에 논문 게재가 결정되었습니다.
ボランティア募集_{ぼしゅう}の広告_{こうこく}を載_のせます。 자원봉사자 모집 광고를 게재합니다.

0223

막을 **저**

①막다, 배척하다
②거스르다 ③저촉되다

- **음** てい
  抵**抗** ていこう 저항　　抵**触** ていしょく 저촉　　大**抵** たいてい 대강, 대개
  並**大抵** なみたいてい 보통, 예사임

国会_{こっかい}で野党_{やとう}が与党_{よとう}に対_{たい}して抵抗_{ていこう}しています。
국회에서 야당이 여당에게 저항하고 있습니다.
私は大抵_{たいてい}、10時_じくらいに寝_ねます。 나는 대개 10시쯤에 잡니다.

0224

고요할 **적**

①고요하다, 조용하다
②쓸쓸하다, 적막하다

음	せき/じゃく	<ruby>寂寞<rt>せきばく</rt></ruby> 적막함　<ruby>静寂<rt>せいじゃく</rt></ruby> 정적, 조용함　<ruby>閑寂<rt>かんじゃく</rt></ruby> 한적함
훈	さび	<ruby>寂<rt>さび</rt></ruby> 예스럽고 아취가 있음
	さびしい	<ruby>寂<rt>さび</rt></ruby>しい 쓸쓸하다, 한적하다
	さびれる	<ruby>寂<rt>さび</rt></ruby>れる 쇠퇴하다, 쓸쓸해지다

<ruby>静寂<rt>せいじゃく</rt></ruby>な<ruby>森<rt>もり</rt></ruby>の<ruby>中<rt>なか</rt></ruby>を<ruby>歩<rt>ある</rt></ruby>きます。 조용한 숲속을 걷습니다.

<ruby>夜<rt>よる</rt></ruby>の<ruby>町<rt>まち</rt></ruby>は<ruby>人<rt>ひと</rt></ruby>がいなくて<ruby>寂<rt>さび</rt></ruby>しいです。 밤거리는 사람이 없어서 한적합니다.

0225

발자취 **적**

①발자취, 자취 ②행적
③뒤따르다

음	せき	<ruby>遺跡<rt>いせき</rt></ruby> 유적　<ruby>追跡<rt>ついせき</rt></ruby> 추적　<ruby>筆跡<rt>ひっせき</rt></ruby> 필적　<ruby>奇跡<rt>きせき</rt></ruby> 기적
훈	あと	<ruby>跡<rt>あと</rt></ruby> ①유적 ②자취, 흔적 ③(발)자국　<ruby>跡継<rt>あとつ</rt></ruby>ぎ 대를 잇는 사람, 후사
		<ruby>足跡<rt>あしあと</rt></ruby> 발자국, 행방, 종적(そくせき로도 읽음)

<ruby>貴重<rt>きちょう</rt></ruby>な<ruby>遺跡<rt>いせき</rt></ruby>を<ruby>保存<rt>ほぞん</rt></ruby>します。 귀중한 유적을 보존합니다.

<ruby>雪<rt>ゆき</rt></ruby>の<ruby>上<rt>うえ</rt></ruby>にウサギの<ruby>足跡<rt>あしあと</rt></ruby>があります。 눈 위에 토끼 발자국이 있습니다.

Tip あと

<ruby>跡<rt>あと</rt></ruby> 유적, 자취, 흔적

<ruby>研究者<rt>けんきゅうしゃ</rt></ruby>が<ruby>城<rt>しろ</rt></ruby>の<ruby>跡<rt>あと</rt></ruby>を<ruby>発掘<rt>はっくつ</rt></ruby>する。 연구자가 성의 유적을 발굴하다.

<ruby>後<rt>あと</rt></ruby> 뒤, 후방

<ruby>子鴨<rt>こがも</rt></ruby>が<ruby>親鴨<rt>おやがも</rt></ruby>の<ruby>後<rt>あと</rt></ruby>を<ruby>付<rt>つ</rt></ruby>いて<ruby>歩<rt>ある</rt></ruby>く。 아기오리가 엄마오리의 뒤를 따라가다.

0226

물방울 **적**

물방울

음	てき	<ruby>一滴<rt>いってき</rt></ruby> 한 방울　<ruby>水滴<rt>すいてき</rt></ruby> 물방울　<ruby>点滴<rt>てんてき</rt></ruby> 링겔
훈	しずく	<ruby>滴<rt>しずく</rt></ruby> 물방울
	したたる	<ruby>滴<rt>したた</rt></ruby>る 방울져 떨어지다

<ruby>病院<rt>びょういん</rt></ruby>で<ruby>点滴<rt>てんてき</rt></ruby>を<ruby>受<rt>う</rt></ruby>けました。 병원에서 링겔을 맞았습니다.

ガラス<ruby>窓<rt>まど</rt></ruby>に<ruby>滴<rt>しずく</rt></ruby>が<ruby>付<rt>つ</rt></ruby>いています。 유리창에 물방울이 묻어 있습니다.

0227

딸 **적**
① 손가락으로 따다
② 들추어내다 ③ 가리키다

음 てき
摘**出** 적출, 빼냄　摘**発** 적발　指摘 지적

훈 つむ
摘**む** 따다, 뜯다

税務署が脱税した人を摘発します。 세무서가 탈세한 사람을 적발합니다.
花を摘んで、首飾りを作ります。 꽃을 따서 목걸이를 만듭니다.

0228

전각 **전**
① 전각, 궁궐 ② 큰 집
③ 절, 사찰 ④ 전하

음 でん
殿**堂** 전당　宮殿 궁전　**神**殿 신전

てん
御殿 호화로운 저택

훈 との
殿 주군　殿**様** 주군　殿**方** 남자분

どの
湯殿 욕실

ここは昔、王様がいた宮殿です。 여기는 옛날에 임금님이 있었던 궁전입니다.
男性は「殿方」と書かれた方の風呂を利用してください。
남성은 「殿方」라고 쓰여진 쪽의 목욕탕을 이용해 주세요.

0229

점령할/점칠 **점**
① 점령하다 ② 차지하다
③ 점치다

음 せん
占**拠** 점거　占**領** 점령　占**星術** 점성술　**独**占 독점

훈 しめる
占**める** 차지하다

うらなう
占**う** 점치다　占**い** 점　占**い師** 점쟁이　**星**占**い** 점성술

１位から３位までをアメリカ人選手が独占しました。
1위부터 3위까지를 미국인 선수가 독점했습니다.
参加者の８割を女性が占めました。 참가자의 80%를 여성이 차지했습니다.

0230

칠 **정**
① 치다, 때리다 ② 정벌하다

음 せい
征**服** 정복　征**伐** 정벌, 토벌　**遠**征 원정　**出**征 출정

660年、唐と新羅は百済を征服しました。
660년, 당나라와 신라는 백제를 정복했습니다.
野球チームが訓練をしに遠征に行きました。 야구팀이 훈련을 하러 원정갔습니다.

0231

약제 제 (劑)

①약제 ②조제하다

음 ざい

薬剤師 약사　解熱剤 해열제　鎮痛剤 진통제
殺虫剤 살충제　接着剤 접착제

薬剤師になるための勉強をしています。 약사가 되기 위한 공부를 하고 있습니다.
熱が出たので解熱剤を飲みました。 열이 나서 해열제를 먹었습니다.

0232

둑 제

둑, 방죽

음 てい

堤防 제방, 둑　防潮堤 방조제(밀려드는 조수를 막기 위해 쌓은 둑)
防波堤 방파제(밀려드는 파도를 막기 위해 쌓은 둑)

훈 つつみ

堤 둑, 제방

大雨で堤防が決壊しました。 폭우로 둑이 무너졌습니다.
川に沿って堤が築かれています。 강을 따라 제방이 구축되어 있습니다.

0233

마를 조

①마르다, 말리다
②애태우다, 초조하다

음 そう

乾燥 건조　乾燥機 건조기　焦燥 초조　焦燥感 초조감

洗濯物を乾燥機に入れます。 빨래를 건조기에 넣습니다.
深呼吸をして、焦燥感を鎮めました。 심호흡을 해서 초조감을 진정시켰습니다.

0234

야청 통견 조

①야청 통견 ②감색 비단

훈 くる

繰る 차례로 넘기다　繰り返す 반복하다, 되풀이하다
繰り広げる 펼치다, 벌이다　繰越金 이월금

この前の失敗を繰り返してしまいました。 일전의 실패를 반복하고 말았습니다.
繰越金が23,000円あります。 이월금이 23,000엔 있습니다.

0235

朱

붉을 주

붉다, 붉게 하다

음 しゅ 朱肉 인주 朱印 주인(붉은 인주로 찍은 도장)
しゅにく   しゅいん
  朱書き 주서(붉은 글씨로 씀)
  しゅ が

文房具店で朱肉を買いました。 문방구에서 인주를 샀습니다.
ぶんぼう ぐ てん しゅにく か

朱書きの部分を記入してください。 빨간 글씨 부분을 기입해 주세요.
しゅ が   ぶぶん きにゅう

0236

舟

배 주

배, 선박

음 しゅう 舟航 항해 呉越同舟 오월동주(서로 적의를 품은 사람이 서로 협력함)
しゅうこう   ご えつどうしゅう
훈 ふね 舟 배 小舟 작은 배 丸木舟 통나무배
ふね   こ ぶね   まる き ぶね
  ふな 舟歌 뱃노래
ふなうた

私は彼が嫌いですが、呉越同舟で今は協力しています。
かれ きら   ご えつどうしゅう いま きょうりょく
나는 그 사람이 싫지만, 오월동주로 지금은 협력하고 있습니다.

船頭が舟歌を歌っています。 뱃사공이 뱃노래를 부르고 있습니다.
せんどう ふなうた うた

Tip ふね

舟 작은 배
ふね
舟で池を一周する。 배로 연못을 한바퀴 돌다.
ふね いけ いっしゅう

船 큰 배
ふね
船で世界一周をする。 배로 세계일주를 하다.
ふね せ かいいっしゅう

0237

即

곧 즉 (卽)

①곧 ②이제

음 そく 即位 즉위 即答 즉답 即席 즉석 即興 즉흥
そく い   そくとう   そくせき   そっきょう
훈 すなわち 即ち 즉, 곧, 바꿔 말하면
すなわ

田中さんは即答を避けました。 다나카 씨는 즉답을 피했습니다.
た なか   そくとう さ

子どもが幸せに暮らせるようにすること、即ち、福祉政策が重要です。
こ   しあわ く   すなわ ふく し せいさく じゅうよう
어린이가 행복하게 살 수 있도록 하는 것, 즉 복지정책이 중요합니다.

줄 증 (贈)

①주다 ②선사하다 ③선물

음	ぞう	贈呈 증정	贈与 증여	贈賄 증회, 뇌물을 줌
	そう	寄贈 기증(きぞう로도 읽음)		
훈	おくる	贈る 보내다, 선물하다	贈り物 선물	

優勝者に記念品を贈呈しました。 우승자에게 기념품을 증정했습니다.

親戚から贈り物が届きました。 친척으로부터 선물이 도착했습니다.

Tip **おくる**

贈る 보내다, 선물하다(주다)

プレゼントを贈る。 선물을 주다.

送る 보내다

Eメールを送る。 이메일을 보내다.

뜻 지

①뜻 ②조서 ③맛이 있다

음	し	要旨 요지	趣旨 취지	論旨 논지
		諭旨 유지(취지를 깨우쳐 타이름)		
훈	むね	旨 취지, 뜻		
	うまい	旨い ①좋다, 바람직하다 ②맛있다		

論文の内容を要旨にまとめます。 논문의 내용을 요지로 정리합니다.

顧客からクレームが来た旨を上司に伝えます。
고객으로부터 클레임이 온 취지를 상사에게 전합니다.

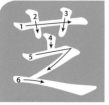

지초 지 (芝)

지초(지칫과의 여러해살이 풀)

훈	しば	芝 잔디	芝生 잔디밭	芝居 연극	紙芝居 그림 연극

柵を作って芝生を保護します。 울타리를 만들어 잔디밭을 보호합니다.

子どもたちが紙芝居を見ています。 아이들이 그림 연극을 보고 있습니다.

0241

脂

기름 **지**

①기름 ②비계

음 し ｜ 脂肪 지방 ｜ 脂質 지질, 지방분 ｜ 皮脂 피지

樹脂 수지(나무에서 분비되는 액체)

훈 あぶら ｜ 脂 기름, 비계 ｜ 脂身 비계, 기름살 ｜ 脂汗 진땀

특이 脂 진(나무껍질 등에서 나오는 끈끈한 물질)

運動をして脂肪を落とします。 운동을 해서 지방을 뺍니다.

脂身を取ってください。 비계를 떼 주세요.

0242

遲

더딜/늦을 **지** (遲)

①더디다 ②늦다, 느리다

음 ち ｜ 遅刻 지각 ｜ 遅延 지연 ｜ 遅滞 지체

훈 おくれる ｜ 遅れる ①늦다, 늦어지다 ②못하다, 뒤지다 ｜ 手遅れ 때늦음, 시기를 놓침

おくらす ｜ 遅らす 늦추다, 늦게 하다

おそい ｜ 遅い 늦다 ｜ 遅番 늦게 근무하는 당번

電車が遅延しています。 열차가 지연되고 있습니다.

手遅れになる前に手術をして、病気を治します。
때를 놓치기 전에 수술을 해서 병을 치료합니다.

Tip おくれる

遅れる 정해진 날·시각에 늦어지다

コンサートの開始時間が遅れる。 콘서트의 시작 시간이 늦어지다.

後れる 뒤지다, 뒤떨어지다

ランナーが先頭集団から後れる。 주자가 선두그룹에서 뒤쳐지다.

0243

尽

다할 **진** (盡)

①다하다 ②완수하다
③극치에 달하다

음 じん ｜ 尽力 진력, 힘씀 ｜ 理不尽 불합리함

縦横無尽 종횡무진, 자유자재임 ｜ 一網打尽 일망타진

훈 つくす/つきる ｜ 尽くす ①다하다 ②애쓰다 ｜ 尽きる 다하다, 떨어지다

つかす ｜ 尽かす 다하여 없어지다, 소진하다

上司は理不尽な理由で同僚を解雇しました。
상사는 불합리한 이유로 동료를 해고했습니다.

私は彼に愛想を尽かしました。 나는 그에게 정나미가 떨어졌습니다.

0244

珍
보배 **진**

①보배, 보물 ②맛있는 음식
③진귀하다, 희귀하다

- 음 **ちん** 珍妙 _{ちんみょう} 기묘함, 묘함　珍味 _{ちん み} 진미　珍品 _{ちんぴん} 진품　珍奇 _{ちん き} 진기함
- 훈 **めずらしい** 珍しい _{めずら} 드물다, 희귀하다

クイズ番組で芸能人が珍妙な解答をしました。
퀴즈프로그램에서 연예인이 묘한 대답을 했습니다.

日本には珍しい姓を持った人が多いです。
일본에는 희귀한 성을 가진 사람이 많습니다.

0245

陣
진칠 **진**

①진을 치다 ②진, 대열
③무리

- 음 **じん** 陣地 _{じん ち} 진지(부대를 배치하여 둔 곳)　陣痛 _{じんつう} 진통　敵陣 _{てきじん} 적진
　円陣 _{えんじん} 원진(둥글게 줄지어 섬)　報道陣 _{ほうどうじん} 보도진

敵の陣地に侵入します。 적의 진지에 침입합니다.

試合の前に選手が円陣を組んでいます。
시합 전에 선수가 둥글게 둘러 서 있습니다.

0246

振
떨칠 **진**

①떨치다 ②떨다
③진동하다

- 음 **しん** 振動 _{しんどう} 진동　振幅 _{しんぷく} 진폭　振興 _{しんこう} 진흥(떨치어 일으킴)　三振 _{さんしん} 삼진
- 훈 **ふる** 振る _ふ 흔들다　振替休日 _{ふりかえきゅうじつ} 대체휴일　身振り _{み ぶ} 몸짓
- **ふるう** 振るう _ふ 흔들다, 휘두르다
- **ふれる** 振れる _ふ 흔들리다

三振になりバッターが替わりました。 삼진이 되어 타자가 바뀌었습니다.

振替休日で今日は休みです。 대체휴일이라 오늘은 쉽니다.

0247

震
우레 **진**

①우레, 천둥 ②지진
③(두려워)떨다 ④흔들리다

- 음 **しん** 震災 _{しんさい} 진재(지진으로 인한 재해)　震度 _{しん ど} 진도　震動 _{しんどう} 진동
　地震 _{じ しん} 지진　余震 _{よ しん} 여진
- 훈 **ふるう** 震う _{ふる} 떨리다　身震い _{み ぶる} 몸을 떪
- **ふるえる** 震える _{ふる} 흔들리다, 떨리다, 떨다

震度5の地震が発生しました。 진도 5의 지진이 발생했습니다.

寒さで犬が震えています。 추위로 개가 떨고 있습니다.

잡을 **집**

①잡다 ②가지다
③처리하다

음	しつ	しっこう **執行** 집행	しっぴつ **執筆** 집필	しっとう **執刀** 집도	こしつ 固**執** 고집
	しゅう	しゅうねん **執念** 집념	しゅうちゃく **執着** 집착		
훈	とる	と **執**る 취급하다, 맡다			

かれ　　かね　しゅうちゃく
彼はお金に執着しています。 그는 돈에 집착하고 있습니다.
げんば　　　　　　　　　こうじ　しき　と
現場のリーダーが工事の指揮を執っています。
현장의 리더가 공사의 지휘를 맡고 있습니다.

Tip **とる**

と
執る 취급하다, 맡다
しき　と
指揮を執る。 지휘를 하다.

と
捕る (동물 등을) 잡다
さかな　と
魚を捕る。 물고기를 잡다.

と
撮る 촬영하다, 찍다
しゃしん　と
写真を撮る。 사진을 찍다.

と
取る 취하다, 받다, 따다, 잡다
めんきょ　と
免許を取る。 면허를 따다.

と
採る 채취하다
こうざん　きん　と
鉱山で金を採る。 광산에서 금을 채취하다.

부를 **징** (徵)

①부르다 ②징집하다
③징수하다 ④현상

음	ちょう	ちょうしゅう **徴収** 징수	ちょうへい **徴兵** 징병	しょうちょう 象**徴** 상징	とくちょう 特**徴** 특징

かんこく　　　ちょうへいせいど
韓国には徴兵制度があります。 한국에는 징병제도가 있습니다.
けいさつ　はんにん　とくちょう　しら
警察が犯人の特徴を調べています。 경찰이 범인의 특징을 조사하고 있습니다.

맑을 **징**

①물이 맑다 ②맑고 깨끗
하다

음	ちょう	せいちょう 清**澄** 맑고 깨끗함
훈	すむ	す **澄**む 맑다
	すます	す **澄**ます 맑게 하다

あさ　くうき　せいちょう　きも
朝の空気は清澄で気持ちいいです。 아침공기는 맑고 깨끗해서 기분이 좋습니다.
かわ　みず　　　　　す
川の水がとても澄んでいます。 강물이 매우 맑습니다.

1학년한자

연습 문제 ⑤

[/ 20]

■ 밑줄 친 한자를 바르게 읽은 것을 고르시오.

1 　自己紹介をした後、握手をしました。

① あくしゅ　　② あくす　　③ はくしゅ　　④ はくす

2 　とんでもない事件が起きて、人々は仰天しました。

① ぎょうでん　② おうでん　③ ぎょうてん　④ おうてん

3 　会社や団体に手紙を送るときは、宛て名に「御中」と書きます。

① おちゅう　　② おんちゅう　③ ごちゅう　　④ ごんちゅう

4 　ニュースが事件を報道していますが、すべて憶測に過ぎません。

① おうちく　　② おうそく　③ おくちく　　④ おくそく

5 　この鉱山では鉛が採れます。

① てつ　　　　② どう　　　③ なまり　　　④ ぎん

6 　新入生の歓迎会が開かれました。

① かんげい　　② がんげい　③ かんけい　　④ がんけい

7 　秋になって稲刈りの時期になりました。

① いなかり　　② いねかり　③ いながり　　④ いねがり

8 　人間が捨てたゴミが海を汚しています。

① まわして　　② とおして　③ おろして　　④ よごして

9 　探検家がアマゾンの奥地を探検しています。

① おうじ　　　② おくじ　　③ おうち　　　④ おくち

10 　もうすぐ期末試験が始まるので本腰を入れて勉強します。

① もとごし　　② もとこし　③ ほんごし　　④ ほんこし

정답　1 ①　　2 ③　　3 ②　　4 ④　　5 ③　　6 ①　　7 ②　　8 ④　　9 ④　　10 ③

11 ガスバーナーで鉄を溶接します。

① ようせつ　　　② よんせつ　　　③ ようそつ　　　④ よんそつ

12 広場にはこの国の英雄の像が建っています。

① えいゆん　　　② えいゆう　　　③ おうゆん　　　④ おうゆう

13 私は障害者の生活を支援する仕事をしています。

① ちがん　　　　② ちえん　　　　③ しがん　　　　④ しえん

14 猫が犬を威嚇しています。

① えがく　　　　② えかく　　　　③ いかく　　　　④ いがく

15 アンケート調査の対象者を無作為に選出します。

① むさい　　　　② むさくい　　　③ むさじ　　　　④ むさくじ

16 田中さんはいつも柔和な表情で話します。

① じゅうわ　　　② にゅうわ　　　③ じゅうゆう　　　④ にゅうゆう

17 とても暑いので、木陰で少し休みました。

① こかげ　　　　② こいん　　　　③ もくかげ　　　　④ もくいん

18 色々な治療をしましたが、患者は依然として良くなりません。

① いぞん　　　　② いぜん　　　　③ ゆぞん　　　　④ ゆぜん

19 ここは古代の儀式が行われた遺跡です。

① いせき　　　　② ぎせき　　　　③ いしき　　　　④ ぎしき

20 右翼団体が集会を開いています。

① ゆよく　　　　② ゆいく　　　　③ うよく　　　　④ ういく

정답　11 ①　12 ②　13 ④　14 ③　15 ②　16 ②　17 ①　18 ②　19 ④　20 ③

[/ 20]

■ 밑줄 친 한자를 바르게 읽은 것을 고르시오.

1   「壱万円」と書かれた商品券をもらいました。
    ① せんまん   ② いちまん   ③ じゅうまん   ④ ひゃくまん

2   新聞に社会を風刺した漫画が載っています。
    ① ふうし   ② ふうさ   ③ ふし   ④ ふさ

3   きれいな紫色のちょうちょが飛んでいます。
    ① だいだい   ② るり   ③ むらさき   ④ みどり

4   ズボンの丈がとても長いので、少し短くしました。
    ① すそ   ② はば   ③ そで   ④ たけ

5   新型のカーナビが搭載された車が発売されました。
    ① とうせい   ② とせい   ③ とうさい   ④ とさい

6   運動したので汗が滴ります。
    ① したたり   ② たまり   ③ ひるがえり   ④ とびちり

7   警察が逃げた犯人を追跡しています。
    ① すうせき   ② ついせき   ③ すうそく   ④ ついそく

8   デモの集団が広場を占拠しています。
    ① てんきょ   ② てんこ   ③ せんきょ   ④ せんこ

9   洪水で堤が崩壊しました。
    ① つつみ   ② せき   ③ ひらや   ④ かわせ

10 ハンドクリームを塗って、乾燥を防ぎます。
    ① けんしょう   ② かんしょう   ③ けんそう   ④ かんそう

정답 1 ②   2 ①   3 ③   4 ④   5 ③   6 ①   7 ②   8 ③   9 ①   10 ④

11 <u>繰越金</u>を銀行口座に入金します。

① くりこしきん　　② くるこしきん　　③ くりこすきん　　④ くるこすきん

12 新しい王の<u>即位</u>式が開かれました。

① ちくい　　　　　② そくい　　　　　③ ちくゆ　　　　　④ そくゆ

13 その人は政治家に賄賂を<u>贈与</u>して警察に捕まりました。

① じょうよ　　　　② じょうお　　　　③ ぞうよ　　　　　④ ぞうお

14 プロジェクトの<u>趣旨</u>を説明します。

① ちゅし　　　　　② ちゅじ　　　　　③ しゅし　　　　　④ しゅじ

15 友だちと一緒に<u>芝居</u>を見ました。

① しきょ　　　　　② しい　　　　　　③ しばきょ　　　　④ しばい

16 近くに大きな道路があるので、車が通ると<u>振動</u>します。

① しんどう　　　　② ちんどう　　　　③ しんとう　　　　④ ちんとう

17 妻が<u>陣痛</u>を訴えたので、病院に連れていきました。

① ちんつう　　　　② じんつう　　　　③ ちんすう　　　　④ じんすう

18 警察が詐欺集団を<u>一網打尽</u>にしました。

① いちもうだしん　　　　　　　　② いちもうだじん

③ いちもうたしん　　　　　　　　④ いちもうたじん

19 裁判所は刑罰の<u>執行</u>を猶予しました。

① しつぎょう　　　② しっぎょう　　　③ しつこう　　　　④ しっこう

20 参加者から参加料を<u>徴収</u>しました。

① ちょしゅう　　　② ちょしゅ　　　　③ ちょうしゅう　　④ ちょうしゅ

 정답　11 ①　　12 ②　　13 ③　　14 ③　　15 ④　　16 ①　　17 ②　　18 ②　　19 ④　　20 ③

63 자

慘	彩	拓	疊	添	替	触	蓄
참혹할 참	채색 채	넓힐 척 / 박을 탁	거듭 첩	더할 첨	바꿀 체	닿을 촉	모을 축
吹	趣	恥	致	沈	侵	浸	寢
불 취	뜻 취	부끄러울 치	이를 치	잠길 침	침노할 침	잠길 침	잘 침
称	濁	嘆	弾	脱	塔	沢	吐
일컬을 칭	흐릴 탁	탄식할 탄	탄알 탄	벗을 탈	탑 탑	못 택	토할 토
鬪	透	販	怖	抱	捕	砲	舖
싸움 투	사무칠 투	팔 판	두려워할 포	안을 포	잡을 포	대포 포	펼/가게 포
幅	爆	彼	疲	被	避	匹	汗
폭 폭	불터질 폭	저 피	피곤할 피	입을 피	피할 피	짝 필	땀 한
含	抗	恒	項	響	軒	玄	狹
머금을 함	겨룰 항	항상 항	항목 항	울릴 향	집 헌	검을 현	좁을 협
惠	互	豪	惑	婚	歡	環	況
은혜 혜	서로 호	호걸 호	미혹할 혹	혼인할 혼	기쁠 환	고리 환	상황 황
荒	獲	朽	輝	凶	戲	詰	
거칠 황	얻을 획	썩을 후	빛날 휘	흉할 흉	놀이 희	물을/꾸짖을 힐	

0251

참혹할 참 (惨)
①참혹하다 ②비참하다

음 さん

- 惨劇 참극
- 惨状 참상
- 悲惨 비참함

　　ざん

- 惨殺 참살
- 無惨 무참, 잔인함, 잔혹함

훈 みじめ

- 惨め 비참함, 참담함

　　むごい

- 惨い 잔인하다, 잔혹하다(＝惨たらしい)

戦争の惨劇を忘れてはいけません。 전쟁의 참극을 잊어서는 안 됩니다.

幼い頃は家が貧乏で惨めな思いをしました。
어렸을 때는 집이 가난해서 비참했습니다.

0252

채색 채
①채색, 고운 빛깔 ②모양

음 さい

- 色彩 색채
- 多彩 다채로움
- 迷彩 미채(채색을 하여 위장함)
- 油彩 유채
- 油彩画 유채화

훈 いろどる

- 彩る ①색칠하다, 채색하다 ②장식하다, 꾸미다

油彩画の勉強をしています。 유채화 공부를 하고 있습니다.

パーティー会場を華麗なドレスが彩っています。
파티장을 화려한 드레스가 장식하고 있습니다.

0253

넓힐 척 / 박을 탁
①넓히다, 확장하다
②개척하다 ③박다, 새기다

음 たく

- 拓殖 척식(개척과 식민)
- 開拓 개척
- 干拓 간척
- 拓本 탁본

森林を開拓して畑を作っています。 삼림을 개척해서 밭을 만들고 있습니다.

石碑の拓本を取ります。 비석의 탁본을 뜹니다.

0254

거듭 첩 (疊)
①거듭 ②겹쳐지다, 포개다

음 じょう

- 畳語 첩어(같은 단어를 겹친 복합어)
- 一畳 1조(다다미 한 장)

훈 たたむ

- 畳む ①개다 ②접다

　　たたみ

- 畳 다다미

「我々」「人々」「時々」のような言葉を畳語と言います。
「我々」「人々」「時々」와 같은 단어를 첩어라고 합니다.

布団を畳んで押入れに入れます。 이불을 개어 벽장에 넣습니다.

0255

더할 **첨**

①더하다, 보태다
②덧붙이다

음 **てん**　添**加** 첨가　添**付** 첨부　添**削** 첨삭　添**乗員** 투어 가이드

훈 **そえる**　添**える** 첨부하다, 곁들이다

　そう　添**う** 따르다　添**い寝** (자는 사람) 곁에 붙어 잠

　　　　　付**き**添**い** 시중드는 사람

学生が書いた作文を添削します。 학생이 쓴 작문을 첨삭합니다.

母親が赤ちゃんの横で添い寝をしています。 엄마가 아기 옆에 붙어서 자고 있습니다.

Tip そう

添う (기대·목적·바람에) 따르다

顧客の要望に添って製品を開発する。 고객의 바람에 따라 제품을 개발하다.

沿う ①(강·도로 등에) 따르다 ②(방침·기준에) 따르다

川に沿って遊歩道を歩く。 강을 따라 산책로를 걷다.

基準に沿って作品を評価する。 기준에 따라 작품을 평가하다.

0256

바꿀 **체**

바꾸다

음 **たい**　交**替** 교체, 교대　代**替** 대체

훈 **かえる**　替**える** 바꾸다, 교체하다　両**替** 환전

　かわる　替**わる** 바뀌다, 교체되다　**특이** 為**替** 외환

アルバイトの学生と仕事を交替します。 아르바이트 학생과 일을 교대합니다.

ウォンを円に両替します。 원을 엔으로 환전합니다.

Tip かえる

替える 바꾸다, 교환하다(교체, 대체 등)

商品券をお金に替える。
상품권을 돈으로 바꾸다.

換える 바꾸다, 교환하다(치환, 전환 등)

部屋の空気を換える。
방의 공기를 바꾸다.

変える 바꾸다(변화, 변경 등)

話題を変える。
화제를 바꾸다.

代える 대신하다(교대, 대리 등)

拍手で承認に代える。
박수로 승인을 대신하다.

0257

음 **しょく** 　触発 촉발, 자극받음　触覚 촉각　感触 감촉　接触 접촉

훈 **ふれる** 　触れる 닿다, 접촉하다

　　さわる 　触る 손을 대다, 만지다

닿을 촉 (觸)

닿다, 접촉하다

ウィルスに感染しないように、人と接触しないでください。
바이러스에 감염되지 않도록 다른 사람과 접촉하지 마세요.

展示品に手を触れないでください。 전시품에 손을 대지 마세요.

Tip **さわる**

触る 손을 대다, 만지다
ATMの画面を触る。 ATM 화면을 만지다.

障る 방해가 되다, 해롭다
働きすぎは体に障る。 과로는 몸에 해롭다.

0258

음 **ちく** 　蓄電 축전(전기를 모아둠)　蓄積 축적　備蓄 비축
　　　　　　貯蓄 저축

훈 **たくわえる** 　蓄える 모아두다, 저축하다

모을 축 (蓄)

①모으다 ②쌓다, 쌓아두다

論文を書くためにデータを蓄積します。 논문을 쓰기 위해서 데이터를 축적합니다.

お金を蓄えて老後に備えます。 돈을 저축해 노후에 대비합니다.

0259

음 **すい** 　吹奏楽 취주악　鼓吹 고취

훈 **ふく** 　吹く ①(바람이) 불다 ②(입으로) 불다　吹き回し 그때의 형편
　　　예외 吹雪 눈보라　吹聴 말을 퍼뜨림, 선전함

불 취

①(숨 바람, 악기를)불다
②퍼뜨리다

吹奏楽部でトランペットを担当します。 취주악부에서 트럼펫을 담당합니다.

外は猛烈な吹雪が吹いています。 밖은 맹렬한 눈보라가 불고 있습니다.

Tip 0138 ふく 참조

105

0260

뜻 취

①뜻 ②취지, 내용
③풍취, 멋, 자태

음 しゅ　趣味 취미　趣旨 취지, 뜻　趣向 취향

훈 おもむき　趣 ①멋, 정취 ②느낌, 분위기

写真を撮ることが私の趣味です。 사진을 찍는 것이 제 취미입니다.

趣がある伝統的な日本の旅館に泊まりました。
정취있는 전통적인 일본 여관에 묵었습니다.

0261

부끄러울 치

부끄러워하다, 부끄럽게
여기다

음 ち　恥辱 치욕　羞恥心 수치심　破廉恥 파렴치

훈 はじ　恥 부끄러움, 창피　赤っ恥 큰 창피

はじる/はじらう　恥じる (자신의 죄·잘못)부끄러이 여기다　恥じらう 수줍어하다

はずかしい　恥ずかしい 부끄럽다

彼は全く反省をせず、羞恥心がないようです。
그는 전혀 반성하지 않아 수치심이 없는 것 같습니다.

私だけ歌が下手で、恥ずかしかったです。 나만 노래를 못해서 부끄러웠습니다.

0262

이를 치

①이르다, 도달하다
②다하다 ③이루다

음 ち　致命傷 치명상　致命的 치명적　致死 치사

誘致 유치, 불러들임　拉致 납치

훈 いたす　致す 하다(する의 겸사말)

その医師は致命的な判断ミスをしてしまいました。
그 의사는 치명적인 판단 미스를 하고 말았습니다.

後ほど、ご連絡致します。 나중에 연락드리겠습니다.

0263

잠길 침

①잠기다 ②가라앉다
③빠지다

음 ちん　沈没 침몰　沈黙 침묵　撃沈 격침　意気消沈 의기소침

훈 しずむ　沈む 가라앉다, 지다

しずめる　沈める 가라앉히다

船が沈没する事故が発生しました。 배가 침몰하는 사고가 발생했습니다.

海底に地震計を沈めます。 해저에 지진계를 가라앉힙니다.

0264

침노할 침 (侵)
①침노하다 ②범하다
③엄습하다

| 음 | しん | 侵入 침입　侵害 침해　侵犯 침범　侵略 침략　侵攻 침공 |
| 훈 | おかす | 侵す ①침범하다 ②침해하다 |

その国は海から敵国へ侵攻しました。 그 나라는 바다로부터 적국으로 침공했습니다.
外国の戦闘機が領空を侵しました。 외국 전투기가 영공을 침범했습니다.

Tip 0099 おかす 참조

0265

잠길 침 (浸)
①잠기다 ②담그다
③스며들다

음	しん	浸水 침수　浸透 침투　浸食 침식　浸潤 침윤(스며들어 젖음)
훈	ひたす	浸す 담그다, 흠뻑 적시다
	ひたる	浸る 잠기다, 빠지다

雨が地下に浸透して、地下水になります。 비가 지하로 침투해서 지하수가 됩니다.
フィルムを現像液に浸します。 필름을 현상액에 담급니다.

0266

잘 침 (寝)
①자다 ②쉬다, 휴식하다

음	しん	寝室 침실　寝台 침대　寝具 침구　就寝 취침
훈	ねる	寝る 자다　寝言 잠꼬대　寝坊 늦잠　寝巻き 잠옷
	ねかす	寝かす 재우다

就寝時間は午後10時です。 취침시간은 오후 10시입니다.
寝坊して授業に遅刻しました。 늦잠 자서 수업에 지각했습니다.

0267

일컬을 칭 (称)
①일컫다 ②부르다
③칭찬하다

음	しょう	称賛 칭찬　名称 명칭　対称 대칭　一人称 1인칭　称する 칭하다
훈	となえる	称える 칭하다, 일컫다
	たたえる	称える 기리다, 칭송하다

そのピアニストはコンクールで称賛を浴びました。
그 피아니스트는 콩쿠르에서 칭찬을 받았습니다.
世界平和に貢献した彼の偉業を称えるために記念碑が建てられました。
세계평화에 공헌한 그의 위업을 기리기 위해 기념비가 세워졌습니다.

0268

濁

흐릴 **탁**

①흐리다 ②혼탁하다

음	だく	濁音 탁음　濁点 탁점　汚濁 오탁, 오염　混濁 혼탁, 흐릿함
훈	にごる	濁る 탁해지다
	にごす	濁す 탁하게 하다

手術は成功しましたが、意識が混濁しています。
수술은 성공했지만, 의식이 흐릿합니다.

濁った川をきれいにします。 탁해진 강을 깨끗하게 합니다.

0269

嘆

탄식할 **탄** (嘆)

①탄식하다 ②한탄하다
③칭찬하다

음	たん	嘆息 탄식　悲嘆 비탄　感嘆 감탄
훈	なげく	嘆く 한탄하다, 슬퍼하다
	なげかわしい	嘆かわしい 한심스럽다

会社を解雇されて悲嘆に暮れました。 회사를 해고당해 비탄에 잠겼습니다.

テストで0点を取った息子が嘆かわしいです。
시험에서 0점 받은 아들이 한심스럽습니다.

0270

弾

탄알 **탄** (彈)

①탄알 ②튀기다
③탄핵하다 ④연주하다

음	だん	弾丸 탄환, 총알　弾劾 탄핵　爆弾 폭탄　防弾 방탄　糾弾 규탄
훈	ひく	弾く (악기를) 치다, 켜다
	はずむ	弾む ①튀다 ②탄력이 붙다, 신이 나다
	たま	弾 총알

防弾チョッキを着て、戦地を取材します。 방탄조끼를 입고 전쟁터를 취재합니다.

何か楽器を弾くことができますか。 뭔가 악기를 연주할 수 있습니까?

Tip ひく

弾く 악기를 연주하다

ギターを弾く。 기타를 치다.

引く 끌다, 당기다

ロープを引く。 밧줄을 당기다.

0271

벗을 **탈** (脱)

①벗다, 벗기다 ②벗어나다

음 だつ 　脱出 탈출 　脱水 탈수 　離脱 이탈 　逸脱 일탈

훈 ぬぐ 　脱ぐ 벗다

　ぬげる 　脱げる 벗겨지다

緊急着陸した飛行機から脱出します。 긴급 착륙한 비행기에서 탈출합니다.

転んで靴が脱げてしまいました。 넘어져서 신발이 벗겨져 버렸습니다.

0272

탑 **탑** (塔)

①탑 ②절, 사찰

음 とう 　塔 탑 　電波塔 전파탑 　管制塔 관제탑 　給水塔 급수탑

　象牙の塔 상아탑(속세를 떠나 오로지 학문이나 예술에만 잠기는 경지)

東京タワーは電波塔の役割も果たしています。
도쿄 타워는 전파탑의 역할도 해내고 있습니다.

最近は給水塔が見えません。 최근에는 급수탑이 보이지 않습니다.

0273

못 **택** (澤)

①못 ②늪 ③윤, 윤택

음 たく 　沢山 많이 　沢庵 단무지 　光沢 광택

훈 さわ 　沢 ①습지, 얕은 못 ②산골짜기의 작은 계곡

指輪を磨いて光沢を出します。 반지를 닦아서 광택을 냅니다.

この沢でワサビを栽培しています。 이 습지에서 와사비(고추냉이)를 재배하고 있습니다.

0274

토할 **토**

토하다, 게우다, 뱉다

음 と 　吐息 한숨 　吐血 토혈 　吐瀉物 토사물 　嘔吐 구토

훈 はく 　吐く 토하다, 내뱉다

とてもすてきな映画を見て、彼女は吐息をもらしました。
아주 멋진 영화를 보고 그녀는 (감탄의) 한숨을 쉬었습니다.

お酒を飲みすぎて吐いてしまいました。 과음을 해서 토하고 말았습니다.

싸움 **투 (鬪)**

①싸우다 ②승패를 겨루다

| 음 | **とう** | 鬪**争** 투쟁 | 鬪**病** 투병 | **戦**鬪 전투 | **乱**鬪 난투 |

훈 **たたかう** 鬪**う** 싸우다, 투쟁하다

国境地帯で戦鬪が始まりました。 국경지대에서 전투가 시작되었습니다.

キング牧師は差別と鬪った人です。 킹목사는 차별과 투쟁한 사람입니다.

Tip たたかう

鬪う 곤란 등에 맞서다, 싸우다

病と鬪う。 병과 싸우다(투병하다).

戦う 전쟁하다, 싸우다

アメリカチームと戦う。 미국팀과 싸우다.

사무칠 **투**

①사무치다, 다하다
②꿰뚫다 ③투명하다

| 음 | **とう** | 透**明** 투명함 | 透**過** 투과 | **浸**透 침투 |

훈 **すく** 透**く** 틈이 생기다

すかす 透**かす** 틈새를 만들다, 비쳐 보이게 하다

すける 透**ける** 들여다 보이다, 비쳐 보이다

水が透明になるまで、よくすすいでください。 물이 투명해질 때까지 잘 헹구세요.

医師がレントゲン写真を光に透かして見ています。
의사가 엑스레이 사진을 빛에 비춰 보고 있습니다.

팔 **판**

①팔다 ②장사하다

| 음 | **はん** | 販**売** 판매 | 販**路** 판로 | **市**販 시판, 시중 판매 | **通**販 통판, 통신 판매 |

新商品の販路の開拓を支援します。 신상품의 판로 개척을 지원합니다.

熱が出たので、市販の薬を飲んで休みました。
열이 나서, 시판되는 약을 먹고 쉬었습니다.

0278

두려워할 怖

두려워하다, 두렵다

음	ふ	恐怖 공포　畏怖 두려워함
훈	こわい	怖い 무섭다
	특이	怖気付く 겁이 나다, 겁먹다

映画を見て恐怖感を感じました。 영화를 보고 공포감을 느꼈습니다.

怖気付いて、好きな子に告白できません。
겁이 나서 좋아하는 아이에게 고백할 수 없습니다.

0279

안을 抱 (抱)

①안다, 품다 ②둘러싸다

음	ほう	抱負 포부　抱擁 포옹　介抱 병구완, 간호　辛抱 참음, 인내
훈	だく	抱く 안다
	いだく	抱く 안다, (마음에) 품다
	かかえる	抱える (껴)안다, 끼다, 감싸 쥐다

今年の抱負は何ですか。 올해 포부는 무엇입니까?

先生が本をたくさん抱えて歩いています。 선생님이 책을 많이 껴안고 걷고 있습니다.

0280

잡을 捕

①잡다, 붙잡다 ②사로잡다

음	ほ	捕手 포수　捕獲 포획　逮捕 체포
		拿捕 나포(사람이나 배, 비행기 등을 사로잡음)
훈	とらえる	捕らえる ①잡다, 붙잡다 ②인식·파악하다
	とらわれる	捕らわれる 붙잡히다, 사로잡히다
	とる	捕る 잡다
	つかまえる	捕まえる 잡다, 붙잡다
	つかまる	捕まる 잡히다, 붙잡히다

クジラの捕獲を制限します。 고래잡이를 제한합니다.

逃げていた犯人が逮捕されました。 도망쳤던 범인이 체포되었습니다.

通信社の記者がテロ集団に捕らわれました。
통신사의 기자가 테러집단에 붙잡혔습니다.

外野手がフライボールを捕ります。 외야수가 뜬공을 잡습니다.

0281

대포 포 (砲)

대포

음 ほう

砲弾 _{ほうだん} 포탄　砲撃 _{ほうげき} 포격　大砲 _{たいほう} 대포　発砲 _{はっぽう} 발포

その国は報復として砲撃を開始しました。 그 나라는 보복으로 포격을 개시했습니다.
けいさつ はんにん たい はっぽう
警察は犯人に対して発砲しました。 경찰은 범인에게 발포했습니다.

0282

펼/가게 포 (鋪)

①펴다 ②가게, 점포

음 ほ

舗装 _{ほそう} 포장　店舗 _{てんぽ} 점포

특이 老舗 _{しにせ} 노포(전통이 있는 오래된 점포)

駅の前に新しい店舗を出しました。 역 앞에 새로운 점포를 냈습니다.
この店は100年の歴史を持つ老舗です。
이 가게는 100년의 역사를 가진 노포입니다.

0283

폭 폭

①폭, 너비 ②넓이

음 ふく

増幅 _{ぞうふく} 증폭　振幅 _{しんぷく} 진폭　恰幅 _{かっぷく} 풍채, 몸매

幅員 _{ふくいん} (도로, 선박, 차량 등의) 폭, 나비

훈 はば

幅 _{はば} 폭　肩幅 _{かたはば} 어깨통, (옷의) 품　歩幅 _{ほはば} 보폭

走り幅跳び _{はしはばと} 멀리뛰기

これは電波を増幅する装置です。 이것은 전파를 증폭하는 장치입니다.
かれ はし はばと せんしゅ
彼は走り幅跳びの選手です。 그는 멀리뛰기 선수입니다.

0284

불터질 폭

①불이 터지다 ②폭발하다

음 ばく

爆弾 _{ばくだん} 폭탄　爆発 _{ばくはつ} 폭발　爆破 _{ばくは} 폭파　起爆 _{きばく} 기폭(폭발을 일으킴)

戦闘機が爆弾を投下しました。 전투기가 폭탄을 투하했습니다.
か がくこうじょう ばくはつ おお ひがい で
化学工場が爆発して大きな被害が出ました。
화학공장이 폭발하여 큰 피해가 났습니다.

0285

저 **피**

①저 ②그 ③저쪽

음	ひ	彼岸 춘분/추분을 중심으로 한 7일간
훈	かれ	彼 그, 남자친구　彼氏 남자친구
	かの	彼女 그녀, 여자친구

春の彼岸の時に、ぼた餅を食べます。 봄의 히간 때(춘분 전후) 팥떡을 먹습니다.

彼女は大学で英語を専攻しています。 그녀는 대학에서 영어를 전공하고 있습니다.

0286

피곤할 **피**

피곤하다, 지치다

음	ひ	疲労 피로　疲弊 피폐
훈	つかれる	疲れる 피곤하다, 힘들다　疲れ 피로

疲労のせいで体調を崩してしまいました。
피로 탓에 컨디션이 무너져버렸습니다.

今日はたくさん働いたので疲れました。 오늘은 일을 많이 해서 피곤합니다.

0287

입을 **피**

①옷을 입다 ②당하다
③씌우다, 덮다

음	ひ	被害 피해　被告 피고　被災 재해를 입음
		被疑者 피의자
훈	こうむる	被る (은혜나 손해를) 입다, 받다

政府は地震の被害状況を調査しました。 정부는 지진의 피해 상황을 조사했습니다.

株価が暴落して会社は損害を被りました。
주식이 폭락해서 회사는 손해를 입었습니다.

0288

피할 **피**

①피하다 ②벗어나다
③회피하다

음	ひ	避難 피난, 대피　避暑 피서　回避 회피
		退避 퇴피(위험을 피하기 위해 그 자리에서 물러남)
훈	さける	避ける 피하다, 꺼리다

地震が発生したので避難します。 지진이 발생해서 대피합니다.

渋滞を避けて遅く出発しました。 정체를 피해서 늦게 출발했습니다.

짝 필

①짝, 배우자 ②상대, 맞수
③마리(동물을 세는 단위)

음 ひつ

匹敵 필적(능력이나 세력이 엇비슷하여 서로 맞섬), 맞먹음

훈 ひき

一匹 한 마리　二匹 두 마리　三匹 세 마리　何匹 몇 마리

その金額は今のお金に換算すると10億円に匹敵します。
그 금액은 지금 돈으로 환산하면 10억 엔에 맞먹습니다.

二匹の猫がケンカをしています。 고양이 두 마리가 싸우고 있습니다.

땀 한

땀, 땀이 나다

음 かん

汗腺 땀샘　発汗 발한, 땀이 남

훈 あせ

汗 땀　脂汗 진땀

最近は汗腺除去手術をする人がいます。
최근에는 땀샘 제거 수술을 하는 사람이 있습니다.

暑くて汗が止まりません。 더워서 땀이 멈추지 않습니다.

머금을 함

①머금다 ②품다

음 がん

含有 함유　含有量 함유량　含意 함의(특별한 뜻을 갖게 함)
含量 함량　包含 포함

훈 ふくむ

含む 포함하다, 지니다

ふくめる

含める 포함하다, 포함시키다

いつも塩の含有量が少ない食品を買っています。
늘 소금의 함유량이 적은 식품을 사고 있습니다.

価格は消費税を含めて22,000円です。 가격은 소비세를 포함해서 22,000엔입니다.

겨룰 항

①겨루다 ②대항하다
③막다, 저지하다

음 こう

抗議 항의　抗争 항쟁　抵抗 저항　対抗 대항　反抗 반항

新しいダムの建設に住民が抗議をしています。
새로운 댐 건설에 주민이 항의를 하고 있습니다.

与党の候補者に対抗できる人物を候補者にします。
여당 후보자에 대항할 수 있는 인물을 후보자로 합니다.

0293

항상 항

①항상 ②변하지 않고 늘 그렇게 하다

음 こう

こうれい
恒例 항례(정기적인 의식이나 행사)

こうきゅう
恒久 항구, 영구

こうせい
恒星 항성, 붙박이별

にほん　　　ねんまつ　　ことし　かんじ　　　き　　　　　こうれい
日本では年末に「今年の漢字」を決めるのが恒例です。
일본에서는 연말에 정기적으로 「올해의 한자」를 정합니다.

たいよう　　こうせい　　　ひと
太陽は恒星の一つです。 태양은 항성의 하나입니다.

0294

항목 항

항목, 조목

음 こう

こうもく
項目 항목

じこう
事項 사항

ようこう
要項 요강, 줄거리

じょうこう
条項 조항

しよう　　まえ　ちゅうい じこう　　　　　よ
使用の前に注意事項をよく読んでください。 사용 전에 주의사항을 잘 읽어주세요.

きそく　　じょうこう　　かくにん
規則の条項を確認します。 규칙의 조항을 확인합니다.

0295

울릴 향 (響)

①울리다 ②소리가 진동 하다

음 きょう

こうきょうきょく
交響曲 교향곡

えいきょう
影響 영향

おんきょう
音響 음향

훈 ひびく

ひび
響く 울리다

こうきょうきょく　　　きょくさっきょく
ベートーベンは交響曲を9曲作曲しました。 베토벤은 교향곡을 9곡 작곡했습니다.

やま　　　　ひび　　　かえ
山びこが響いて返ってきました。 메아리가 울려 되돌아왔습니다.

0296

집 헌

①집 ②처마

음 けん

けん
軒 건물을 세는 말, ~채, ~집

いっけん
一軒 한 채

にけん
二軒 두 채

훈 のき

のき
軒 처마

のきした
軒下 처마 밑

のきな
軒並み 모두, 다같이

まち　はず　　　ちい　　　　みせ　　いっけん
町の外れに小さなお店が一軒あります。 마을 외곽에 작은 가게가 한 채 있습니다.

すうがく　てんすう　のき な　　てんだい
クラスの数学の点数は軒並み30点台でした。
학급의 수학점수는 모두 30점대였습니다.

0297

玄
검을 **현**

①검다, 검붉다 ②깊다
③통달하다

음 **げん**　玄関 현관　玄米 현미　玄武岩 현무암(화산암의 하나)

　　　　幽玄 유현(깊고 그윽함)

특이 玄人 전문가, 능숙자

玄関を掃除します。 현관을 청소합니다.

この釣り竿は玄人たちがよく使います。 이 낚싯대는 전문가들이 자주 사용합니다.

0298

狭
좁을 **협** (狹)

좁다, 좁아지다

음 **きょう**　狭義 협의, 좁은 뜻　狭心症 협심증　偏狭 편협

훈 **せまい**　狭い 좁다

　　せばめる　狭める 좁히다

　　せばまる　狭まる 좁아지다

祖父は狭心症の薬を飲んでいます。 할아버지는 협심증 약을 먹고 있습니다.

車間距離を狭めます。 차간거리를 좁힙니다.

0299

恵
은혜 **혜** (惠)

①은혜, 사랑 ②슬기롭다

음 **けい**　恩恵 은혜

　　え　　知恵 지혜

훈 **めぐむ**　恵む 은혜를 베풀다　恵み 은혜, 혜택

効率よく仕事をするために知恵を絞りました。
효율적으로 일을 하기 위해 지혜를 짰습니다.

彼は恵まれた環境で育ちました。 그는 혜택받은 환경에서 자랐습니다.

0300

互
서로 **호**

①서로 ②번갈아 들다

음 **ご**　互換 호환　互角 호각, 막상막하　交互 번갈아 함

　　　　相互 상호, 서로

훈 **たがい**　互い 서로, 쌍방, 상호　お互いに 서로

　　　　互い違い 엇갈림, 번갈아(함)

両チームは互角の戦いを見せました。 두 팀은 막상막하의 경기를 보여주었습니다.

男性と女性が互い違いに並んでいます。 남성과 여성이 번갈아 서 있습니다.

0301

豪
호걸 호

①호걸 ②성하다
③뛰어나다

음 ごう

豪雨 호우　豪雪 폭설　豪快 호쾌함　強豪 강호

酒豪 주호(주량이 센 사람)

日本の北陸地方は豪雪地帯です。　일본의 호쿠리쿠지방은 폭설지대입니다.

この学校はバスケットの強豪校です。　이 학교는 농구의 강호교입니다.

0302

惑
미혹할 혹

미혹하다, 미혹케하다

음 わく

惑星 혹성　迷惑 폐, 불쾌함　困惑 곤혹, 난처함　魅惑 매혹

훈 まどう

惑う 갈팡거리다, 망설이다　戸惑う 당황하다

吉田さんの無理な要求に私は困惑しました。
요시다 씨의 무리한 요구에 나는 난처했습니다.

いきなり外国人が道を尋ねてきて戸惑いました。
갑자기 외국인이 길을 물어서 당황했습니다.

0303

婚
혼인할 혼

혼인하다, 결혼하다

음 こん

婚約 약혼　婚姻 혼인　婚礼 혼례　結婚 결혼

離婚 이혼

婚約指輪を二人で一緒に選びます。　약혼반지를 둘이서 같이 고릅니다.

ドレスを着て婚礼パーティーに出席します。　드레스를 입고 웨딩파티에 참석합니다.

0304

歓
기쁠 환 (歡)

①기쁘다, 기뻐하다
②좋아하다

음 かん

歓迎 환영　歓声 환성, 환호성　歓喜 환희　歓談 환담

歓楽街 환락가, 유흥가

韓国チームが優勝して、市民が歓声を上げています。
한국팀이 우승하여, 시민이 환호성을 지르고 있습니다.

仕事の後に、歓楽街に行ってお酒を飲みました。
일을 마친 후에, 유흥가에 가서 술을 마셨습니다.

0305

☐ ☐

음 かん 　環境 환경　一環 일환　循環 순환

訓練の一環としてランニングをします。 훈련의 일환으로 달리기를 합니다.

地下鉄2号線はソウル市内を循環しています。
지하철 2호선은 서울 시내를 순환하고 있습니다.

고리 환

①고리 ②둘레 ③돌다, 순회하다

0306

☐ ☐

음 きょう 　状況 상황　実況 실황　不況 불황, 불경기　近況 근황

ニュースが事故の状況を伝えています。 뉴스가 사고상황을 전하고 있습니다.

アナウンサーがマラソンを実況中継しています。
아나운서가 마라톤을 실황중계하고 있습니다.

상황 황

①상황, 정황 ②형편

0307

☐ ☐

음 こう 　荒廃 황폐　荒天 거친 날씨, 악천후　破天荒 전대미문, 미증유

훈 あらい 　荒い 거칠다, 난폭하다

　 あれる 　荒れる 거칠어지다

　 あらす 　荒らす 어지럽게 하다, 휩쓸다

거칠 황 (荒)

①거칠다 ②흉년이 들다 ③덮다

荒天にも関わらず、船は出航しました。 악천후에도 불구하고, 배는 출항했습니다.

寝不足で肌が荒れてしまいました。 수면 부족으로 피부가 거칠어졌습니다.

Tip あらい

荒い 거칠다, 난폭하다
気性が荒い。 성품이 거칠다.

粗い 거칠다, 성기다
壁の表面が粗い。 벽의 표면이 거칠다.

0308

얻을 **획** (獲)

①얻다 ②잡다
③사냥하여 잡은 짐승

음 かく 　獲得 획득　捕獲 포획　漁獲量 어획량

　　　　　乱獲 남획(새·짐승·물고기 등을 마구 잡음)

훈 える　　獲る 잡다, 사냥하다　獲物 사냥감

アメリカチームが先制点を獲得しました。 미국팀이 선제점을 획득했습니다.

ライオンが獲物を狙っています。 사자가 사냥감을 노리고 있습니다.

Tip える

獲る 잡다, 사냥하다
魚を獲る。 물고기를 잡다.

得る 얻다, 획득하다
利益を得る。 이익을 얻다.

0309

썩을 **후**

①썩다 ②늙다 ③소멸하다

음 きゅう　　不朽 불후　老朽 노후　老朽化 노후화

훈 くちる　　朽ちる ①썩다 ②쇠퇴하다

水道管の老朽化が問題になっています。 수도관의 노후화가 문제가 되고 있습니다.

つり橋の手すりが朽ちて危ないです。 출렁다리의 난간이 썩어서 위험합니다.

0310

빛날 **휘**

①빛나다 ②빛

음 き　　輝石 휘석　光輝 광휘, 빛

훈 かがやく　　輝く 빛나다

光輝を放つネックレスが美しいです。 빛을 발하는 목걸이가 아름답습니다.

彼女は輝く太陽のような存在です。 그녀는 빛나는 태양과 같은 존재입니다.

흉할 **흉**

①흉하다 ②흉악하다
③흉년 ④운수가 나쁘다

음 **きょう**

きょうあく
凶悪 흉악함　凶器 흉기　凶作 흉작　吉凶 길흉

きょうあく　じ けん　はっせい
凶悪な事件が発生しました。 흉악한 사건이 발생했습니다.

はんにん　　　　　　　　　　　　　　　きょう き　　つか
犯人はゴルフクラブを凶器に使いました。 범인은 골프채를 흉기로 사용했습니다.

놀이 **희 (戲)**

①놀이 ②놀다 ③희롱하다

음 **ぎ**

ぎ きょく　　　　　　　ゆう ぎ
戯曲 희곡　遊戯 유희, 놀이

げ さく
예외 戯作 희작(에도시대 후기의 통속 오락 소설)

いたずら
특이 悪戯 장난

훈 **たわむれる**

たわむ
戯れる 장난치다, 놀다

　　　　　　　ちゅうごく　　　つた　　　　ゆう ぎ
マージャンは中国から伝わった遊戯です。 마작은 중국에서 전해진 놀이입니다.

こ　　　　　　　　　みずあそ　　　　　　たわむ
子どもたちが水遊びをして戯れています。 아이들이 물놀이를 하면서 놀고 있습니다.

물을/꾸짖을 **힐**

①묻다 ②따지다 ③꾸짖다

음 **きつ**

きつもん　　　　　　　 きっせき　　　　　　きつなん
詰問 힐문, 추궁　詰責 힐책　詰難 힐난

훈 **つめる**

つ　　　　　　　　　　　　　　　　　　　　　かんづめ
詰める 채우다, 채워넣다, 담다　缶詰 통조림

つまる

つ　　　　　　　　　　　　　　　　 はな づ
詰まる 가득 차다, 막히다　鼻詰まり 코막힘

つむ

つ
詰む 막히다, 궁해지다

む せきにん　　はつげん　　　　　　 せい じ か　　きつなん　　う
無責任な発言でその政治家は詰難を受けています。
무책임한 발언으로 그 정치인은 힐난을 받고 있습니다.

べんとうばこ　　　　　　　　　　つ
弁当箱におかずを詰めます。 도시락통에 반찬을 담습니다.

연습 문제 ⑦

■ 밑줄 친 한자를 바르게 읽은 것을 고르시오.

1 悲惨な事故で多くの人が亡くなりました。

① びさん   ② ひさん   ③ びざん   ④ ひざん

2 紅葉が山を彩っています。

① いろどって   ② さえぎって   ③ みかぎって   ④ こだわって

3 とんかつにキャベツの千切りを添えてテーブルに出しました。

① ふえて   ② ささえて   ③ かえて   ④ そえて

4 乾いた洗濯物を畳んでタンスにしまいました。

① しぼんで   ② たたんで   ③ ねたんで   ④ かさんで

5 毒がある虫なので、手を触れないでください。

① もどれない   ② こもれない   ③ ふれない   ④ さわれない

6 りすが冬に備えて、食べ物を蓄えます。

① たくわえます   ② そなえます   ③ かなえます   ④ たずさえます

7 私は学生の時、吹奏楽部のクラブ活動をしました。

① すいそうがく   ② ちゅうそうがく   ③ すいすうがく   ④ ちゅうすうがく

8 致死量を超えなければ、この薬は安全に使うことができます。

① じさ   ② ちさ   ③ じし   ④ ちし

9 その泥棒はベランダから家の中に侵入しました。

① ちんにゅう   ② しんにゅう   ③ ちんりゅう   ④ しんりゅう

10 その政治家はどんな質問をされても沈黙を貫きました。

① ちんもん   ② じんもん   ③ ちんもく   ④ じんもく

정답 1 ②   2 ①   3 ④   4 ②   5 ③   6 ①   7 ①   8 ④   9 ②   10 ③

11 子どもが寝言を言っています。

① しんごと   ② しんごん   ③ ねごと   ④ ねごん

12 山から流れてきた泥水が湖を濁しています。

① にごして   ② よごして   ③ とばして   ④ けがして

13 不正を働いた政治家を市民が糾弾しています。

① くうたん   ② くうだん   ③ きゅうたん   ④ きゅうだん

14 バッターがデッドボールを受けて、両チームの乱闘が起きました。

① なんとう   ② らんとう   ③ なんどう   ④ らんどう

15 日本には創業100年を超える老舗が多いです。

① おみせ   ② おにせ   ③ しみせ   ④ しにせ

16 彼はラグビー選手なので、とても恰幅が良いです。

① ごうふく   ② ごうぷく   ③ かっふく   ④ かっぷく

17 ビルを爆破して解体しました。

① ばくは   ② ぼくは   ③ ばくぱ   ④ ぼくぱ

18 あまりにも多くのお客さんが来るので従業員は疲弊していました。

① びへい   ② びべい   ③ ひへい   ④ ひべい

19 この高原には避暑のために多くの人が来ます。

① ひしょ   ② びしょ   ③ ひそ   ④ びそ

20 脂汗が出て体調が悪いです。

① しあせ   ② あぶらあせ   ③ しかん   ④ あぶらかん

정답 11 ③   12 ①   13 ④   14 ②   15 ④   16 ④   17 ①   18 ③   19 ①   20 ②

21 カップラーメンには塩分の含有量が多いです。

① はんうりょう　　② がんうりょう　　③ はんゆうりょう　　④ がんゆうりょう

22 アメリカの経済制裁に対して、相手の国は対抗措置を取りました。

① だいこう　　　　② だいはん　　　　③ たいこう　　　　④ たいはん

23 ボランティア活動の募集要項を確認しました。

① よこう　　　　　② ようこう　　　　③ よこ　　　　　　④ よこう

24 温暖化の影響で、年々、降水量が増えています。

① ようこう　　　　② ようきょう　　　③ えいきょう　　　④ えいこう

25 昨夜はとても寒かったので、軒の下につららができました。

① のき　　　　　　② ゆか　　　　　　③ はしら　　　　　④ はり

26 車道の幅を狭めて、歩道の幅を広めます。

① せばめて　　　　② せまめて　　　　③ へばめて　　　　④ へまめて

27 このコンピューターは古いタイプのコンピューターと互換性がありません。

① ほはん　　　　　② ごはん　　　　　③ ほかん　　　　　④ ごかん

28 韓流スターが魅惑の笑顔でファンの心を捉えています。

① めわく　　　　　② みわく　　　　　③ めほく　　　　　④ みほく

29 耕作する人がいなくて、畑が荒廃しました。

① こうかい　　　　② ほうかい　　　　③ こうはい　　　　④ ほうはい

30 長く続いた梅雨のため、今年は米が凶作です。

① きょうさく　　　② こうさく　　　　③ きょうさ　　　　④ こうさ

정답　21 ④　　22 ③　　23 ②　　24 ③　　25 ①　　26 ①　　27 ④　　28 ②　　29 ③　　30 ①

2

중학교

학년 한자

284

중학교 2학년 한자는 총 284자이며,
일본의 한자검정시험(漢検)의 3급
정도에 해당된다.

佳	架	嫁	肝	墾	勘	紺	敢	甲
아름다울 가	시렁 가	시집 갈 가	간 간	개간할 간	헤아릴 감	감색 감	감히/구태여 감	갑옷 갑
綱	慨	概	坑	儉	揭	憩	隔	硬
벼리 강	슬퍼할 개	대개 개	구덩이 갱	검소할 검	높이 들/걸 게	쉴 게	사이 뜰 격	굳을 경
鯨	契	啓	鷄	孤	雇	顧	孔	控
고래 경	맺을 계	열 계	닭 계	외로울 고	품 팔 고	돌아볼 고	구멍 공	당길 공
郭	冠	貫	掛	怪	塊	巧	郊	絞
둘레 곽	갓 관	꿸 관	걸 괘	괴이할 괴	덩어리 괴	공교할 교	들 교	목맬 교
毆	歐	拘	菊	軌	克	斤	企	忌
때릴 구	토할/칠 구	잡을 구	국화 국	바퀴자국 궤	이길 극	근 근	꾀할 기	꺼릴 기
旣	棋	欺	棄	騎	緊	吉	喫	尿
이미 기	바둑 기	속일 기	버릴 기	말탈 기	긴할 긴	길할 길	먹을 끽	오줌 뇨
匿	壇	鍛	膽	袋	陶	塗	篤	豚
숨길 닉	단 단	불릴 단	쓸개 담	자루 대	질그릇 도	칠할 도	도타울 독	돼지 돈
凍	斗	痘	裸	諾	濫	浪	廊	糧
얼 동	말 두	역질 두	벗을 라	허락할 락	넘칠 람	물결 랑	사랑채/행랑 랑	양식 량
勵	鍊	裂	廉	獵	零	靈	炉	滝
힘쓸 려	불릴/단련할 련	찢을 렬	살필 렴	사냥 렵	떨어질/영 령	신령 령	화로 로	비 올 롱
瀬	了	楼	漏	隆	陵	吏	厘	
여울 뢰	마칠 료	다락 루	샐 루	높을 륭	언덕 릉	관리 리	다스릴 리	

0314

아름다울 **가**

①아름답다 ②좋다, 훌륭하다

음 **か** 佳作 가작

フォトコンクールに応募した写真が佳作に選ばれました。
사진 콘테스트에 응모한 사진이 가작에 선정되었습니다.

2 학년 한자

0315

시령 **가**

①시령 ②횃대 ③가설하다

음 **か** 架線 가선(송전선, 전화선 등의 선을 가설하는 일)
架橋 가교, 다리를 놓음 書架 서가, 책장 担架 들것

훈 **かける** 架ける 가설하다, 놓다

かかる 架かる 가설되다, 놓이다

書架の本を整理します。 책장의 책을 정리합니다.
橋を架ける工事をしています。 다리를 가설하는 공사를 하고 있습니다.

Tip かける

架ける 가설하다, 놓다
谷につり橋を架ける。
계곡에 현수교를 놓다.

懸ける (상으로서) 걸다
賞金を懸ける。 상금을 걸다.

掛ける 걸다, 달다
壁に絵を掛ける。 벽에 그림을 걸다.

0316

시집갈 **가**

①시집가다 ②떠넘기다

음 **か** 転嫁 전가, 남에게 덮어씌움 責任転嫁 책임전가

훈 **よめ** 嫁 신부, 며느리 花嫁 신부

とつぐ 嫁ぐ 시집가다 嫁ぎ先 시집(간 곳)

彼は私に責任を転嫁しました。 그는 나에게 책임을 전가했습니다.
花嫁がヴァージンロードを歩いています。 신부가 버진로드를 걷고 있습니다.

0317

간 **간**

①간 ②마음 ③요긴함

- 음 **かん** 肝臓 간(장기) 肝心 중요함, 요긴함 肝要 가장 중요함
- 훈 **きも** 肝 ①간(장기) ②담력 肝試し 담력 테스트 肝っ玉 담력, 배짱

健康のためには運動をすることが肝要です。
건강을 위해서는 운동을 하는 것이 가장 중요합니다.

友だちと肝試しをしました。 친구와 담력 테스트를 했습니다.

0318

개간할 **간**

개간하다

- 음 **こん** 開墾 개간

この畑は森を開墾して作られました。 이 밭은 숲을 개간해서 만들어졌습니다.

0319

헤아릴 **감**

①헤아리다 ②생각하다

- 음 **かん** 勘 육감, 직감 勘定 셈, 계산 勘弁 ①용서함 ②더 이상 그만
  勘案 감안 勘違い 착각, 잘못 생각함

もう失恋は勘弁です。 이제 실연은 그만하고 싶습니다.

子どもの年齢を勘案して食事の量を決めます。
아이의 나이를 감안하여 식사량을 정합니다.

0320

감색 **감**

①감색 ②야청빛

- 음 **こん** 紺 감색 紺色 감색 濃紺 짙은 감색

紺色のワンピースを着て式に参加しました。
감색의 원피스를 입고 식에 참석했습니다.

0321

敢

감히/구태여 **감**

①감히 ②구태여
③감히 하다 ④굳세다

음 かん 敢行 감행 敢闘 과감하게 싸움 果敢 과감함 勇敢 용감함

훈 あえて 敢えて 감히, 억지로, 무리하게, 굳이

そのボクサーは勇敢に戦いました。 그 복서는 용감하게 싸웠습니다.

お金はあるので、敢えてアルバイトをする必要はありません。
돈이 있기 때문에, 굳이 아르바이트를 할 필요는 없습니다.

0322

甲

갑옷 **갑**

①갑옷 ②딱지 ③첫째 천간

음 こう 甲羅 등딱지 甲乙 갑을, 우열 亀甲 거북의 등딱지

かん 甲板 갑판 甲高い 새되다, (목소리가) 날카롭고 높다

良い作品ばかりで甲乙を付けるのが難しいです。
좋은 작품만 있어서 우열을 가리기가 어렵습니다.

子どもが甲高い声で歌っています。 아이가 가늘고 높은 목소리로 노래하고 있습니다.

0323

綱

벼리 **강**

①벼리(그물코를 꿴 굵은 줄)
②대강 ③줄

음 こう 大綱 대강(근본적인 사항, 골자), 개요 要綱 요강

훈 つな 綱 밧줄 綱引き 줄다리기 命綱 생명선

横綱 요코즈나(일본 씨름꾼의 최고의 지위)

経営改善計画の大綱を株主に発表しました。
경영개선계획의 개요를 주주에게 발표했습니다.

綱引き大会が開かれました。 줄다리기 대회가 열렸습니다.

0324

慨

슬퍼할 **개** (慨)

①슬퍼하다 ②분개하다
③탄식하다

음 がい 慨然 분개하는 모양 感慨 감개 感慨深い 감개무량하다

憤慨 분개, 분하게 여김

大きくなった娘を見ると感慨深いです。
성장한 딸을 보면 감개무량합니다.

格差が広がる社会に憤慨します。 격차가 벌어지는 사회에 분개합니다.

0325

음 がい

概して 대체로, 일반적으로　概要 개요　概略 개략, 대략
概念 개념　概論 개론　概観 개관(대충 살펴봄)

대개 **개 (概)**

①대개 ②대강, 대략

韓国料理には概して辛い物が多いです。 한국요리에는 대체로 매운 것이 많습니다.

経済学概論の授業を受講しました。 경제학개론 수업을 수강했습니다.

0326

음 こう

坑道 갱도(지하에 낸 통로)　坑夫 광산의 갱내 노동자, 광부
廃坑 폐광　炭坑 석탄을 캐는 구덩이

구덩이 **갱**

①구덩이 ②광혈 ③갱도

坑道をトロッコが進みます。 갱도를 탄차(광차)가 지나갑니다.

この鉱山ではたくさんの坑夫が働いていました。
이 광산에서는 많은 광부가 일하고 있었습니다.

0327

음 けん

倹約 검약, 절약　倹素 검소함

검소할 **검 (倹)**

검소하다, 낭비하지 않다

倹約して旅行のためのお金を作ります。 절약해서 여행을 위한 돈을 마련합니다.

その学生は倹素に暮らして、勉強に励みました。
그 학생은 검소하게 살며 공부에 힘썼습니다.

0328

음 けい

掲載 게재　掲示 게시　掲揚 게양　別掲 따로 게재함

훈 かかげる

掲げる ①내걸다, 달다 ②싣다, 게재하다

높이 들/걸 **게 (掲)**

①높이 들다 ②걸다, 게시
하다

国旗を掲揚します。 국기를 게양합니다.

この専門学校は就職率90％達成の目標を掲げています。
이 전문대는 취업률 90% 달성 목표를 내걸고 있습니다.

0329

憩
쉴 게
쉬다, 휴식하다

- 음 けい　　休憩 휴게, 휴식　　小憩 잠깐 쉼
- 훈 いこう　　憩う 쉬다, 휴식하다　　憩い 휴식

少し休憩して、作業を再開しました。 조금 쉬고 작업을 재개했습니다.

週末の漢江には憩う人がたくさんいます。
주말의 한강에는 쉬는 사람들이 많이 있습니다.

0330

隔
사이 뜰 격
①사이가 뜨다, 사이를 떼다
②막다, 막히다

- 음 かく　　隔離 격리　　隔年 격년(한 해씩 거름)　　間隔 간격　　遠隔 원격
- 훈 へだてる　　隔てる ①사이에 두다, 거리를 두다 ②가로막다
　　へだたる　　隔たる ①사이가 떨어지다 ②(세월이) 지나다

新型ウィルスに感染した人を隔離します。 신형바이러스에 감염된 사람을 격리합니다.

隣の村は山を隔てた所にあります。 이웃 마을은 산을 사이에 둔 곳에 있습니다.

0331

硬
굳을 경
①굳다 ②단단하다

- 음 こう　　硬貨 동전　　硬直 경직　　硬式 경식(딱딱한 공으로 경기하는 방식)
　　動脈硬化 동맥경화
- 훈 かたい　　硬い 단단하다, 딱딱하다

国が新しい硬貨を発行しました。 국가가 새로운 동전을 발행했습니다.

祖父は硬い物でもよく食べます。 할아버지는 딱딱한 것도 잘 드십니다.

Tip 0017 かたい 참조

0332

鯨
고래 경
고래

- 음 げい　　鯨肉 고래 고기　　捕鯨 포경, 고래잡이
- 훈 くじら　　鯨 고래

環境団体が捕鯨の反対運動をしています。
환경단체가 고래잡이 반대운동을 하고 있습니다.

漁船が鯨を追っています。 어선이 고래를 쫓고 있습니다.

0333

맺을 **계 (契)**

①인연을 맺다 ②약속하다

음 けい　　契約 계약　　契約書 계약서　　契機 계기

훈 ちぎる　　契る 굳게 약속하다　　契り 약속, 언약

その事故を契機に法律が改正されました。　그 사고를 계기로 법률이 개정되었습니다.

結婚式で新郎新婦が夫婦の契りを結びました。

결혼식에서 신랑신부가 부부의 약속을 맺었습니다.

0334

열 **계 (啓)**

①열다 ②일깨워주다
③웃어른께 말씀을 올리다

음 けい　　啓発 계발　　啓蒙 계몽

拝啓 배계('삼가 아룀'의 뜻으로 편지 첫머리에 쓰는 말)

謹啓 근계, 배계

人権啓発のための活動をしています。　인권계발을 위한 활동을 하고 있습니다.

拝啓　田中様、お元気でいらっしゃいますか。

삼가 아룁니다. 다나카 님, 잘 지내십니까?

0335

닭 **계 (鷄)**

닭

음 けい　　鷄卵 계란　　鷄肉 닭고기　　鷄舍 닭장　　養鷄 양계　　養鷄場 양계장

훈 にわとり　　鷄 닭

祖父は養鷄場を営んでいます。　할아버지는 양계장을 운영하고 있습니다.

朝になって鷄がこけこっこうと鳴いています。

아침이 되어서 닭이 '꼬끼오'하고 울고 있습니다.

0336

외로울 **고**

①외롭다, 의지할 데가 없다
②떨어지다

음 こ　　孤独 고독(함)　　孤立 고립　　孤児 고아　　孤島 고도, 외딴 섬

彼は孤独な一生を生きました。　그는 고독한 일생을 살았습니다.

台風で道が寸断され、その村は孤立しました。

태풍으로 도로가 끊겨, 그 마을은 고립되었습니다.

0337

품 팔 **고 (雇)**

①품을 팔다 ②고용하다

음 こ

雇**用** 고용　**解**雇 해고

훈 やとう

雇う 고용하다　雇**い主** 고용주　雇**い人** 고용인
日雇**い** 일용, 날품팔이

横領した社員を解雇しました。 횡령한 사원을 해고했습니다.
その企業は外国人を雇いました。 그 기업은 외국인을 고용했습니다.

0338

돌아볼 **고 (顧)**

①돌아보다 ②품을 사다
③돌보다

음 こ

顧**客** 고객(こかく로도 읽음)　顧**問** 고문(자문에 응해 의견을 말하는 직책)
回顧 회고　**愛**顧 아끼고 돌보아 줌

훈 かえりみる

顧みる ①뒤돌아보다 ②되돌아보다, 회고하다

その弁護士は大企業の顧問を務めています。
그 변호사는 대기업의 고문을 맡고 있습니다.
歴史を顧みて、過ちを繰り返さないようにします。
역사를 되돌아보고 실수를 반복하지 않도록 합니다.

> **Tip** **かえりみる**

顧みる 되돌아보다, 회고하다
歴史を顧みる。 역사를 되돌아보다.

省みる 돌이켜보다, 반성하다
自分の発言を省みる。 자신의 발언을 반성하다.

0339

구멍 **공**

①구멍, 굴 ②공자의 약칭

음 こう

孔**子** 공자　**瞳**孔 동공　**気**孔 숨구멍　**鼻**孔 콧구멍

孔子の論語の言葉を学びます。 공자의 논어의 말씀을 배웁니다.
暗い所では瞳孔が広がります。 어두운 곳에서는 동공이 확장됩니다.

133

0340

당길 **공**

①당기다 ②고하다
③빼다, 제하다

- 음 **こう**
  - 控除 공제(받을 몫에서 뺌)　こうじょ
  - 控訴 공소(법원의 재판을 청구함)　こうそ
- 훈 **ひかえる**
  - 控える ①대기하다 ②삼가다 ③앞두다　ひか
  - 控え 예비, 사본　ひか
  - 控え室 대기실　ひか しつ

判決に納得できなくて控訴しました。 판결에 납득할 수 없어서 공소했습니다.
はんけつ　なっとく　　　　　　こうそ

歌手が舞台の端で控えています。 가수가 무대 가장자리에서 대기하고 있습니다.
かしゅ　ぶたい　はし　ひか

0341

둘레 **곽**

①둘레 ②가장자리 ③성곽

- 음 **かく**
  - 輪郭 윤곽　りんかく
  - 城郭 성곽　じょうかく
  - 胸郭 흉곽　きょうかく
  - 遊郭 유곽　ゆうかく

顔の輪郭を描きます。 얼굴의 윤곽을 그립니다.
かお　りんかく　か

大阪城は城郭がとても大きい城です。 오사카성은 성곽이 매우 큰 성입니다.
おおさかじょう　じょうかく　　　　　おお　しろ

0342

갓 **관**

①갓, 관 ②관례

- 음 **かん**
  - 冠婚葬祭 관혼상제　かんこんそうさい
  - 王冠 왕관　おうかん
  - 月桂冠 월계관　げっけいかん
- 훈 **かんむり**
  - 冠 관　かんむり

韓国の冠婚葬祭の文化について学びました。
かんこく　かんこんそうさい　ぶんか　　　　まな
한국의 관혼상제 문화에 대해 배웠습니다.

博物館で昔の王がかぶった冠を見ました。
はくぶつかん　むかし　おう　　　　　かんむり　み
박물관에서 옛날 왕이 쓴 왕관을 보았습니다.

0343

꿸 **관**

①꿰다 ②뚫다 ③통과하다

- 음 **かん**
  - 貫通 관통　かんつう
  - 貫徹 관철　かんてつ
  - 一貫 일관　いっかん
- 훈 **つらぬく**
  - 貫く ①관통하다 ②관철하다　つらぬ

念願のトンネルがついに貫通しました。 염원하던 터널이 드디어 관통되었습니다.
ねんがん　　　　　　　　　　かんつう

最後まで自分の意志を貫きました。 끝까지 자신의 의지를 관철했습니다.
さいご　じぶん　いし　つらぬ

0344

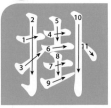

걸 **괘**

①걸다, 매달다 ②나누다, 구분하다

[훈] かける 　掛ける ①걸다 ②걸터앉다 ③곱하다 ④에누리하다
　　　　　　　掛け軸 족자　掛け算 곱셈　掛け値 에누리

　　　かかる 　掛かる ①걸리다, 매달리다 ②(날짜·시간·비용 등이) 걸리다, 들다

コートをハンガーに掛けました。 코트를 옷걸이에 걸었습니다.

ここからソウルまで2時間掛かります。 여기서부터 서울까지 2시간 걸립니다.

Tip 0315 かける 참조

0345

괴이할 **괴**

①괴이하다 ②기이하다 ③의심하다

[음] かい　怪奇 괴기　怪談 괴담　怪文書 괴문서　怪物 괴물
　　　　　　怪物級 괴물급　妖怪 요괴　예외 怪我 부상, 상처

[훈] あやしい 　怪しい ①괴상하다 ②의심스럽다, 수상하다

　　　あやしむ 　怪しむ 의심하다, 이상히 여기다

「怪物級」と言われる新人選手が登場しました。
'괴물급'이라 불리는 신인선수가 등장했습니다.

田中さんは私の証言を怪しみました。 다나카 씨는 나의 증언을 의심했습니다.

0346

덩어리 **괴**

①덩어리 ②흙덩이 ③뭉치

[음] かい　塊茎 덩이줄기　塊根 괴근, 덩이뿌리　団塊 덩어리, 덩이, 뭉치
　　　　　　金塊 금괴　氷塊 빙괴(얼음 덩어리)

[훈] かたまり 　塊 덩어리, 덩이

日本では1947～1949年生まれを「団塊の世代」と言います。
일본에서는 1947~1949년생을 '단카이 세대(베이비붐 세대)'라고 말합니다.

陶芸家が土の塊をこねています。 도예가가 흙덩이를 반죽하고 있습니다.

Tip かたまり

塊 덩어리, 덩이
肉の塊を切る。 고기 덩어리를 자르다.

固まり 집단, 무리, 떼
人気店の前に人の固まりができる。 인기상점 앞에 사람들이 무리지어 있다.

음 こう　巧妙 교묘함　技巧 기교　精巧 정교함
こうみょう　　ぎこう　　せいこう

巧言令色(환심을 사려고 아첨하는 교묘한 말과 얼굴 빛)
こうげんれいしょく

훈 たくみ　巧み 교묘함, 능숙함
たく

공교할 **巧**

①공교하다 ②솜씨가 있다

最近の詐欺はとても巧妙です。 최근의 사기는 매우 교묘합니다.
さいきん　　さぎ　　こうみょう

そのフィギュアスケートの選手は巧みな演技を見せました。
せんしゅ　　たく　　えんぎ　　み

그 피겨 스케이팅 선수는 능숙한 연기를 보여주었습니다.

음 こう　郊外 교외　近郊 근교
こうがい　　きんこう

들 **郊**

①들, 야외 ②근교

毎日、郊外から都心部に通勤します。 매일 교외에서 도심으로 출퇴근합니다.
まいにち　こうがい　　としんぶ　　つうきん

都市近郊の地価が上がりました。 도시 근교의 땅값이 올랐습니다.
とし きんこう　ちか　あ

음 こう　絞殺 교살　絞首刑 교수형　絞首台 교수대
こうさつ　　こうしゅけい　　こうしゅだい

훈 しぼる　絞る ①(쥐어)짜다 ②조르다, 죄다
しぼ

しめる　絞める 조르다, 목을 비틀다
し

しまる　絞まる 단단하게 죄이다
し

목맬 **絞**

①목매다 ②목매어 죽이다
③새끼를 꼬다

日本には絞首刑が存在します。 일본에는 교수형이 존재합니다.
に ほん　　こうしゅけい　　そんざい

ぶどうを絞ってワインを作ります。 포도를 짜서 와인을 만듭니다.
しぼ　　　　　　　つく

Tip しぼる

絞る (묘안을) 짜다
しぼ

知恵を絞る。 지혜를 짜다.
ち え　しぼ

搾る (액즙을) 짜다
しぼ

ぶどうの果汁を搾る。 포도즙을 짜다.
か じゅう　しぼ

Tip しめる

絞める 조르다, 목을 비틀다
し

首を絞める。 목을 조르다.
くび　し

締める 죄다, (졸라)매다
し

帯を締める。 띠를 (졸라)매다.
おび　し

閉める 문 등을 닫다
し

店を閉める。 가게를 닫다.
みせ　し

0350

때릴 **구** (毆)

때리다, 치다

음 おう   <ruby>殴<rt>おう</rt></ruby><ruby>打<rt>だ</rt></ruby> 구타

훈 なぐる   <ruby>殴<rt>なぐ</rt></ruby>る 때리다, 치다

<ruby>殴<rt>おう</rt></ruby><ruby>打<rt>だ</rt></ruby><ruby>事件<rt>じけん</rt></ruby>を<ruby>起<rt>お</rt></ruby>こした<ruby>犯人<rt>はんにん</rt></ruby>が<ruby>捕<rt>つか</rt></ruby>まりました。 구타사건을 일으킨 범인이 잡혔습니다.

<ruby>学生<rt>がくせい</rt></ruby>を<ruby>殴<rt>なぐ</rt></ruby>ることは<ruby>体罰<rt>たいばつ</rt></ruby>です。 학생을 때리는 것은 체벌입니다.

0351

토할/칠 **구** (歐)

①토하다 ②치다
③구라파(유럽)

음 おう   <ruby>欧<rt>おう</rt></ruby><ruby>米<rt>べい</rt></ruby> 구미(유럽과 미국)   <ruby>欧<rt>おう</rt></ruby><ruby>州<rt>しゅう</rt></ruby> 구주, 유럽주   <ruby>欧<rt>おう</rt></ruby><ruby>州<rt>しゅう</rt></ruby><ruby>連合<rt>れんごう</rt></ruby> 유럽연합

         <ruby>東<rt>とう</rt></ruby><ruby>欧<rt>おう</rt></ruby> 동유럽   <ruby>南<rt>なん</rt></ruby><ruby>欧<rt>おう</rt></ruby> 남유럽

1992<ruby>年<rt>ねん</rt></ruby>に<ruby>欧州連合<rt>おうしゅうれんごう</rt></ruby>が<ruby>誕生<rt>たんじょう</rt></ruby>しました。 1992년에 유럽연합이 탄생했습니다.

<ruby>東欧<rt>とうおう</rt></ruby>には<ruby>社会主義<rt>しゃかいしゅぎ</rt></ruby>の<ruby>国<rt>くに</rt></ruby>が<ruby>多<rt>おお</rt></ruby>くありました。 동유럽에는 사회주의국가가 많았습니다.

0352

잡을 **구**

①잡다, 잡히다 ②거리끼다,
구애받다

음 こう   <ruby>拘<rt>こう</rt></ruby><ruby>束<rt>そく</rt></ruby> 구속   <ruby>拘<rt>こう</rt></ruby><ruby>置<rt>ち</rt></ruby> 구치   <ruby>拘<rt>こう</rt></ruby><ruby>置<rt>ち</rt></ruby><ruby>所<rt>しょ</rt></ruby> 구치소

         <ruby>拘<rt>こう</rt></ruby><ruby>泥<rt>でい</rt></ruby> 구애(거리끼거나 얽매임)

<ruby>毎日<rt>まいにち</rt></ruby>、<ruby>会社<rt>かいしゃ</rt></ruby>に<ruby>拘束<rt>こうそく</rt></ruby>されて、したい<ruby>事<rt>こと</rt></ruby>ができません。
매일 회사에 구속되어, 하고 싶은 일을 못합니다.

その<ruby>選手<rt>せんしゅ</rt></ruby>は<ruby>勝敗<rt>しょうはい</rt></ruby>に<ruby>拘泥<rt>こうでい</rt></ruby>しないで、<ruby>思<rt>おも</rt></ruby>いきり<ruby>戦<rt>たたか</rt></ruby>いました。
그 선수는 승패에 구애받지 않고 마음껏 싸웠습니다.

0353

국화 **국** (菊)

국화

음 きく   <ruby>菊<rt>きく</rt></ruby> 국화   <ruby>野<rt>の</rt></ruby><ruby>菊<rt>ぎく</rt></ruby> 들국화   <ruby>春<rt>しゅん</rt></ruby><ruby>菊<rt>ぎく</rt></ruby> 쑥갓

ここは<ruby>菊<rt>きく</rt></ruby>の<ruby>栽培<rt>さいばい</rt></ruby>が<ruby>盛<rt>さか</rt></ruby>んです。 이곳은 국화 재배가 활발합니다.

きれいな<ruby>野菊<rt>のぎく</rt></ruby>が<ruby>咲<rt>さ</rt></ruby>いています。 예쁜 들국화가 피어 있습니다.

바퀴자국 **궤**

①바퀴의 자국 ②궤도
③길, 도로

음 き

軌道 궤도　軌跡 ①궤적 ②역정(거쳐 온 노정)

常軌 상궤(항상 따라야 할 바른 길), 상도

これはエジソンの軌跡をつづった本です。
이것은 에디슨의 역정을 엮은 책입니다.

犯人は常軌を逸した行動をしました。 범인은 상식을 벗어난 행동을 했습니다.

이길 **극**

①이기다 ②해내다
③참고 견디다

음 こく

克服 극복　克明 극명함(매우 분명함)　克己 극기

超克 고난을 극복함

ヘレン・ケラーは障害を克服して活躍しました。
헬렌 켈러는 장애를 극복하고 활약했습니다.

この写真集には戦争の様子が克明に記録されています。
이 사진집에는 전쟁의 모습이 극명하게 기록되어 있습니다.

근 **근**

①근 ②무게

음 きん

一斤 한 근　二斤 두 근　三斤 세 근　何斤 몇 근

パン一斤をまるごと買いました。 빵 한 덩어리를 통째로 샀습니다.

肉の二斤は1200グラムと同じです。 고기 두 근은 1200그램과 같습니다.

꾀할 **기**

①꾀하다 ②도모하다

음 き

企画 기획　企業 기업　企及 어깨를 나란히 함, 필적

企図 기도(일을 꾸며내려고 꾀함)

훈 くわだてる

企てる 꾀하다, 기도(계획)하다　企て 기도, 계획

たくらむ

企む 꾸미다, 획책하다　企み 기도, 계획

IT企業に就職することができました。 IT기업에 취직할 수 있었습니다.

相手チームは何かの作戦を企んでいるようです。
상대 팀은 뭔가 작전을 꾸미고 있는 것 같습니다.

0358

꺼릴 기

①꺼리다 ②기일

음 き

忌日 <ruby>き<rt></rt></ruby><ruby>じつ<rt></rt></ruby> 기일, 제삿날　忌憚 <ruby>き<rt></rt></ruby><ruby>たん<rt></rt></ruby> 기탄(거리낌)　禁忌 <ruby>きん<rt></rt></ruby><ruby>き<rt></rt></ruby> 금기(꺼리는 일)

忌引き <ruby>き<rt></rt></ruby><ruby>び<rt></rt></ruby> 근친자의 사망에 따라 학교나 회사를 쉼

훈 いむ

忌む <ruby>い<rt></rt></ruby>む 기피하다, 꺼리다

いまわしい　忌まわしい <ruby>い<rt></rt></ruby>まわしい 꺼림칙하다, 불길하다

田中さんは忌引きで今日は出勤しませんでした。
다나카 씨는 친척이 상을 당해서 오늘은 출근하지 않았습니다.

とても忌まわしい事件が起きました。 너무 꺼림칙한 사건이 일어났습니다.

0359

이미 기 (既)

이미, 벌써

음 き

既婚 <ruby>き<rt></rt></ruby><ruby>こん<rt></rt></ruby> 기혼　既決 <ruby>き<rt></rt></ruby><ruby>けつ<rt></rt></ruby> 기결(이미 결정되어 있음)　既存 <ruby>き<rt></rt></ruby><ruby>そん<rt></rt></ruby> 기존

既製品 <ruby>き<rt></rt></ruby><ruby>せいひん<rt></rt></ruby> 기성품

훈 すでに

既に <ruby>すで<rt></rt></ruby>に 이미, 벌써

既決した案を実行に移します。 이미 결정된 안을 실행에 옮깁니다.

連休は明日からですが、道路は既に渋滞していました。
연휴는 내일부터입니다만, 도로는 이미 정체되어 있었습니다.

0360

바둑 기

①바둑 ②말 ③장기

음 き

棋士 <ruby>き<rt></rt></ruby><ruby>し<rt></rt></ruby> (바둑·장기의) 기사　棋譜 <ruby>き<rt></rt></ruby><ruby>ふ<rt></rt></ruby> 기보(바둑·장기의 대국 기록)

棋院 <ruby>き<rt></rt></ruby><ruby>いん<rt></rt></ruby> 기원　将棋 <ruby>しょう<rt></rt></ruby><ruby>ぎ<rt></rt></ruby> 장기

碁の棋譜を分析します。 바둑의 대국 기록을 분석합니다.

祖父の趣味は将棋です。 할아버지의 취미는 장기입니다.

0361

속일 기

속이다

음 ぎ

欺瞞 <ruby>ぎ<rt></rt></ruby><ruby>まん<rt></rt></ruby> 기만　詐欺 <ruby>さ<rt></rt></ruby><ruby>ぎ<rt></rt></ruby> 사기

훈 あざむく　欺く <ruby>あざむ<rt></rt></ruby>く 속이다

新しい手口の詐欺事件が発生しました。 새로운 수법의 사기사건이 발생했습니다.

私を欺いた友人を許すことができません。 나를 속인 친구를 용서할 수 없습니다.

0362

棄 버릴 기
①버리다 ②그만두다

음 き

棄却 기각(문제삼지 않음)　棄権 기권　廃棄 폐기
破棄 파기　放棄 방기, 포기

レースの途中でしたが、その選手は棄権しました。
레이스 도중이었지만, 그 선수는 기권했습니다.

母国の国籍を放棄して、日本の国籍を取得しました。
모국의 국적을 포기하고, 일본 국적을 취득했습니다.

0363

騎 말탈 기
말을 타다

음 き

騎手 기수　騎士 기사　騎乗 말을 탐, 승마
騎馬 기마　騎馬戦 기마전

騎手が馬に乗っています。 기수가 말을 타고 있습니다.

運動会の騎馬戦はとても盛り上がりました。
운동회의 기마전은 매우 재미있었습니다.

0364

緊 긴할 긴
①요긴하다 ②팽팽하다
③급박하다

음 きん

緊張 긴장　緊急 긴급　緊密 긴밀함　緊迫 긴박함

明日は面接なので緊張します。 내일은 면접이라 긴장됩니다.

日本とアメリカは緊密な関係を維持しています。
일본과 미국은 긴밀한 관계를 유지하고 있습니다.

0365

吉 길할 길
길하다, 운이 좋다

음 きち
きつ

吉日 길일　大吉 대길, 아주 좋음
吉凶 길흉　吉兆 길조　吉報 희소식　不吉 불길함

吉日に引っ越しすることにしました。 길일에 이사하기로 했습니다.

外国にいる娘から吉報が届きました。 외국에 있는 딸에게서 희소식이 도착했습니다.

0366

먹을 끽 (喫)

①(음식을)먹다 ②(음료를)
마시다 ③(담배를)피우다

음 きつ

きつえん
喫煙 끽연, 흡연　　きっ さ てん
喫茶店 찻집, 카페　　まんきつ
満喫 만끽

ここでの喫煙は禁止されています。 여기서의 흡연은 금지되어 있습니다.

長い休暇を満喫しました。 긴 휴가를 만끽했습니다.

0367

오줌 뇨

①오줌 ②소변

음 にょう

にょう
尿 오줌　　にょうけん さ
尿検査 소변검사　　にょう い
尿意 요의(오줌이 마려운 느낌)

り にょう
利尿 이뇨(오줌을 잘 나오게 함)　　はいにょう
排尿 배뇨

尿検査で異常が見つかりました。 소변검사에서 이상이 발견되었습니다.

コーヒーには利尿作用があります。 커피에는 이뇨작용이 있습니다.

0368

숨길 닉

숨기다, 감추다

음 とく

とくめい
匿名 익명　　いんとく
隠匿 은닉　　いんとくざい
隠匿罪 은닉죄　　ひ とく
秘匿 몰래 감춤

このサイトは匿名で意見を書くことができません。
이 사이트는 익명으로 의견을 쓸 수 없습니다.

犯人をかくまう罪を「隠匿罪」と言います。
범인을 몰래 숨기는 죄를 '은닉죄'라고 합니다.

0369

단 단

단, 제단

음 だん
　　たん

だんじょう
壇上 단상　　きょうだん
教壇 교단　　さいだん
祭壇 제단　　ぶつだん
仏壇 불단

ど たん ば
土壇場 막판

青年は壇上から聴衆に訴えかけました。 청년은 단상에서 청중에게 호소했습니다.

韓国チームは土壇場で逆転しました。 한국팀은 막판에 역전했습니다.

0370

불릴 **단**

①(쇠를)불리다 ②두드리다

🔊 **たん**

<ruby>鍛<rt>たん</rt></ruby><ruby>錬<rt>れん</rt></ruby> 단련

<ruby>鍛<rt>たん</rt></ruby><ruby>造<rt>ぞう</rt></ruby> 단조(금속을 두들기거나 눌러서 필요한 형체로 만드는 일)

🔊 **きたえる**

<ruby>鍛<rt>きた</rt></ruby>える ①(쇠를) 불리다 ②단련하다

<ruby>鍛<rt>たん</rt></ruby><ruby>錬<rt>れん</rt></ruby>を<ruby>積<rt>つ</rt></ruby>んで、プロの<ruby>野<rt>や</rt></ruby><ruby>球<rt>きゅう</rt></ruby><ruby>選<rt>せん</rt></ruby><ruby>手<rt>しゅ</rt></ruby>になりたいです。
단련을 쌓아 프로 야구 선수가 되고 싶습니다.

<ruby>病<rt>びょう</rt></ruby><ruby>気<rt>き</rt></ruby>をきっかけに<ruby>体<rt>からだ</rt></ruby>を<ruby>鍛<rt>きた</rt></ruby>え<ruby>始<rt>はじ</rt></ruby>めました。 병을 계기로 몸을 단련하기 시작했습니다.

0371

쓸개 **담 (膽)**

①쓸개, 담 ②담력 ③마음

🔊 **たん**

<ruby>胆<rt>たん</rt></ruby><ruby>囊<rt>のう</rt></ruby> 담낭, 쓸개　<ruby>胆<rt>たん</rt></ruby><ruby>石<rt>せき</rt></ruby> 담석　<ruby>大<rt>だい</rt></ruby><ruby>胆<rt>たん</rt></ruby> 대담함　<ruby>落<rt>らく</rt></ruby><ruby>胆<rt>たん</rt></ruby> 낙담

<ruby>彼<rt>かれ</rt></ruby>は<ruby>大<rt>だい</rt></ruby><ruby>胆<rt>たん</rt></ruby>な<ruby>方<rt>ほう</rt></ruby><ruby>法<rt>ほう</rt></ruby>で<ruby>問<rt>もん</rt></ruby><ruby>題<rt>だい</rt></ruby>を<ruby>解<rt>かい</rt></ruby><ruby>決<rt>けつ</rt></ruby>しました。 그는 대담한 방법으로 문제를 해결했습니다.

<ruby>試<rt>し</rt></ruby><ruby>験<rt>けん</rt></ruby>に<ruby>落<rt>お</rt></ruby>ちて<ruby>落<rt>らく</rt></ruby><ruby>胆<rt>たん</rt></ruby>しました。 시험에 떨어져서 낙담했습니다.

0372

자루 **대**

①자루 ②부대, 포대

🔊 **たい**

<ruby>有<rt>ゆう</rt></ruby><ruby>袋<rt>たい</rt></ruby><ruby>類<rt>るい</rt></ruby> 유대류(코알라 등과 같은 동물)

<ruby>足<rt>た</rt></ruby><ruby>袋<rt>び</rt></ruby> 일본식 버선

🔊 **ふくろ**

<ruby>袋<rt>ふくろ</rt></ruby> 주머니　<ruby>手<rt>て</rt></ruby><ruby>袋<rt>ぶくろ</rt></ruby> 장갑　ゴミ<ruby>袋<rt>ぶくろ</rt></ruby> 쓰레기 봉지　<ruby>紙<rt>かみ</rt></ruby><ruby>袋<rt>ぶくろ</rt></ruby> 종이 봉지

カンガルーやコアラを<ruby>有<rt>ゆう</rt></ruby><ruby>袋<rt>たい</rt></ruby><ruby>類<rt>るい</rt></ruby>と<ruby>言<rt>い</rt></ruby>います。 캥거루나 코알라를 유대류라고 합니다.

<ruby>寒<rt>さむ</rt></ruby>いので<ruby>手<rt>て</rt></ruby><ruby>袋<rt>ぶくろ</rt></ruby>をはめて<ruby>外<rt>がい</rt></ruby><ruby>出<rt>しゅつ</rt></ruby>します。 추워서 장갑을 끼고 외출합니다.

0373

질그릇 **도**

①질그릇 ②도공

🔊 **とう**

<ruby>陶<rt>とう</rt></ruby><ruby>磁<rt>じ</rt></ruby><ruby>器<rt>き</rt></ruby> 도자기　<ruby>陶<rt>とう</rt></ruby><ruby>器<rt>き</rt></ruby> 도기, 도자기　<ruby>陶<rt>とう</rt></ruby><ruby>芸<rt>げい</rt></ruby> 도예

<ruby>陶<rt>とう</rt></ruby><ruby>酔<rt>すい</rt></ruby> 도취　<ruby>製<rt>せい</rt></ruby><ruby>陶<rt>とう</rt></ruby> 도자기 제조

<ruby>利<rt>イ</rt></ruby><ruby>川<rt>チョン</rt></ruby>は<ruby>陶<rt>とう</rt></ruby><ruby>磁<rt>じ</rt></ruby><ruby>器<rt>き</rt></ruby>が<ruby>有<rt>ゆう</rt></ruby><ruby>名<rt>めい</rt></ruby>です。 이천은 도자기가 유명합니다.

<ruby>夏<rt>なつ</rt></ruby><ruby>目<rt>め</rt></ruby><ruby>漱<rt>そう</rt></ruby><ruby>石<rt>せき</rt></ruby>の<ruby>作<rt>さく</rt></ruby><ruby>品<rt>ひん</rt></ruby>に<ruby>陶<rt>とう</rt></ruby><ruby>酔<rt>すい</rt></ruby>しました。 나쓰메 소세키의 작품에 도취되었습니다.

0374

塗 칠할 **도**

칠하다, 바르다

| 음 | と | 塗料 도료, 칠감　塗装 도장(칠을 함)　塗布 도포 |
| 훈 | ぬる | 塗る 바르다　塗り薬 바르는 약 |

環境にやさしい塗料を開発しました。 친환경 도료를 개발했습니다.

傷口に薬を塗ります。 상처에 약을 바릅니다.

0375

篤 도타울 **독**

①도탑다 ②두터이 하다
③(병이)위중하다

| 음 | とく | 篤実 독실함　温厚篤実 성격이 온화하고 성실함 篤学 학문에 크게 힘씀　危篤 위독, 중태 |

彼はとても篤実な信者です。 그는 매우 독실한 신자입니다.

危篤の状態から回復しました。 위독한 상태에서 회복되었습니다.

0376

豚 돼지 **돈**

돼지

| 음 | とん | 豚カツ 돈가스　豚舎 돼지우리　養豚 양돈 |
| 훈 | ぶた | 豚 돼지　豚肉 돼지고기　子豚 새끼돼지　黒豚 흑돼지 |

好きな食べ物は豚カツです。 좋아하는 음식은 돈가스입니다.

済州島は黒豚が有名です。 제주도는 흑돼지가 유명합니다.

0377

凍 얼 **동**

①얼다 ②춥다, 차다

음	とう	凍傷 동상　凍死 동사　冷凍 냉동　解凍 해동
훈	こおる	凍る 얼다
	こごえる	凍える 얼다, 추위로 몸에 감각이 없어지다

電子レンジで解凍します。 전자레인지로 해동합니다.

冬になって池が凍りました。 겨울이 되어 연못이 얼었습니다.

0378

음 と

斗酒 두주, 말술(한 말 정도의 술)　北斗七星 북두칠성

漏斗 실험용 깔대기(じょうご라고 읽으면 일반 깔대기)

北斗七星を観察します。 북두칠성을 관찰합니다.

漏斗を使って瓶にお酒を入れます。 깔대기를 사용하여 병에 술을 넣습니다.

말 **두**

①말(용량의 단위) ②구기(자루가 달린 술 따위를 푸는 용기)

0379

음 とう

痘瘡 천연두　天然痘 천연두

특이 痘痕 마맛자국, 곰보자국

昔の人は天然痘をとても恐れました。 옛날 사람들은 천연두를 매우 두려워했습니다.

日本には「痘痕もえくぼ」という諺があります。

일본에는 '곰보자국도 보조개(제 눈에 안경)'이라는 속담이 있습니다.

역질 **두**

①역질 ②마마 ③천연두

0380

음 ら

裸眼 맨눈　裸子植物 나자식물(겉씨 식물)

全裸 전라　赤裸々 적나라

훈 はだか

裸 알몸　丸裸 맨몸, 알몸뚱이　素っ裸 알몸뚱이

예외 裸足 맨발

벗을 **라**

①벗다 ②벌거벗다

松や銀杏を裸子植物と言います。 소나무나 은행나무를 나자식물이라고 합니다.

とても暑いので裸になって寝ました。 너무 더워서 벌거벗고 잤습니다.

0381

음 だく

承諾 승낙, 동의　受諾 수락　許諾 허락　快諾 흔쾌히 승낙함

唯唯諾諾 유유낙낙(조금도 거스르지 않고 고분고분함)

規約に承諾してサインします。 규약에 동의하고 사인합니다.

図書館に入るためには許諾が必要です。

도서관에 들어가기 위해서는 허락이 필요합니다.

허락할 **락**

①허락하다, 승낙하다
②동의하다

144

0382

음 らん 濫用 남용　濫造 남조(함부로 만듦)　氾濫 범람

넘칠 **람**

職権濫用を告発しました。 직권남용을 고발했습니다.
川の氾濫を防ぐための工事をします。 강의 범람을 막기 위한 공사를 합니다.

①넘치다 ②지나치다
③함부로 하다

0383

음 ろう 浪費 낭비　浪人 ①부랑인 ②재수(생)　波浪 물결, 파도
放浪 방랑

물결 **랑**

時間を浪費しないで、有効に使いましょう。
시간을 낭비하지 말고 효율적으로 사용합시다.
若い時、アメリカを放浪しました。 젊었을 때 미국을 방랑했습니다.

①물결 ②파도 ③함부로
④유랑하다

0384

음 ろう 廊下 복도　画廊 화랑
回廊 회랑(건물이나 뜰을 빙둘러 낸 긴 복도)

사랑채/행랑 **랑 (廊)**

廊下にワックスをかけます。 복도에 왁스 칠을 합니다.
画廊へ絵を売りに行きました。 화랑에 그림을 팔러 갔습니다.

①사랑채 ②행랑 ③복도

0385

음 りょう 食糧 식량
　ろう 兵糧 군량　兵糧攻め 식량 보급로를 끊어 전투력을 약화시키는 공격법
훈 かて 糧 양식, 식량

양식 **량**

貧困地域の食糧不足が問題です。 빈곤지역의 식량부족이 문제입니다.
不景気で、その日の糧を得るのも大変です。
불경기라 그 날의 식량을 구하는 것도 힘듭니다.

①양식 ②먹이

2학년 한자

145

0386

힘쓸 려 (勵)
①힘쓰다 ②권장하다 ③권면하다(권하고 격려하다)

음	れい	激励 격려　奨励 장려　勉励 열심히 노력함　励行 힘써 행함
훈	はげむ	励む 힘쓰다, 노력하다
	はげます	励ます 격려하다

保健所が手洗いの励行を呼びかけています。
보건소가 손을 열심히 씻도록 호소하고 있습니다.

失恋した友だちを励まします。 실연당한 친구를 격려합니다.

0387

불릴/단련할 련 (錬)
①(쇠를)불리다 ②(불에)달구다 ③단련하다

음	れん	鍛錬 단련　精錬 ①정련(불순물을 제거하여 순도를 높임) ②잘 훈련시킴
		錬金術 연금술
훈	ねる	錬る ①쇠붙이를 달구다 ②단련하다

製鉄所では鉄の精錬作業をします。 제철소에서는 철의 정련작업을 합니다.

よい日本刀を作るためには鉄をよく錬らなければなりません。
좋은 일본도를 만들기 위해서는 쇠를 잘 단련해야 합니다.

0388

찢을 렬
①찢다, 찢어지다
②쪼개다 ③터지다

음	れつ	裂傷 열상(피부가 찢어진 상처)　破裂 파열　分裂 분열　決裂 결렬
		支離滅裂 지리멸렬(갈가리 찢기어 갈피를 잡을 수 없이 됨)
훈	さく	裂く 찢다, 쪼개다
	さける	裂ける 찢어지다, 갈라지다

意見の違いで、その政党は分裂しました。 의견 차이로 그 정당은 분열되었습니다.

落雷を受けた木が裂けています。 번개를 맞은 나무가 갈라져 있습니다.

🔖 0153 さく 참조

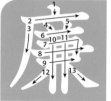

0389

살필 렴 (廉)
①살피다 ②값싸다

| 음 | れん | 廉価 염가　廉価版 염가판　廉売品 염가 판매품 |
| | | 破廉恥 파렴치함(염치를 모름)　低廉 저렴함(값이 쌈) |

廉価版のパソコンですが、とても良いです。 염가판 컴퓨터이지만 매우 좋습니다.

このスーパーでは色々な物を低廉な価格で売っています。
이 슈퍼마켓에서는 다양한 물건을 저렴한 가격으로 팔고 있습니다.

0390

사냥 **렵** (獵)

사냥, 사냥하다

음 りょう

りょうし 猟師 사냥꾼	りょうけん 猟犬 사냥개	しゅりょう 狩猟 수렵, 사냥	みつりょう 密猟 밀렵

がつ　　　　　しゅりょう　かいきん
11月になって狩猟が解禁されました。 11월이 되어 사냥 금지령이 풀렸습니다.

ぞう　みつりょう　もんだい
象の密猟が問題になっています。 코끼리의 밀렵이 문제가 되고 있습니다.

0391

떨어질/영 **령**

①떨어지다 ②영

음 れい

れいさい 零細 영세(함)	れいさい　き ぎょう 零細企業 영세기업	れいらく 零落 몰락
れい じ 零時 0시	れい ど 零度 0도	

し　れいさい　き ぎょう　　けいえいしゃ　　し えん
市が零細企業の経営者を支援しています。
시가 영세기업의 경영자를 지원하고 있습니다.

いえ　　　　　　　れいらく
その家はどんどん零落していきました。 그 집은 점점 몰락해 갔습니다.

0392

신령 **령** (靈)

①신령 ②혼령, 혼백
③귀신

음 れい
　　りょう

훈 たま

れいこん 霊魂 영혼	れいあんしつ 霊安室 영안실	ゆうれい 幽霊 유령
あくりょう 悪霊 악령, 귀신		
ことだま 言霊 말이 지닌 영력	こだま 木霊 나무의 정령	

びょういん　ち か　　　　れいあんしつ
病院の地下には霊安室があります。 병원 지하에는 영안실이 있습니다.

もり　　　　こだま
森には木霊がいると信じられていました。 숲에는 나무의 정령이 있다고 믿어졌습니다.

Tip **幽霊**

ゆうれい
幽霊○○ 유령○○(실제로는 없는 것을 마치 있는 것처럼 말할 때 쓰임)

ゆうれいがいしゃ　　　　　　　　　　　じ ぎょうしゃとうろく　　　　　　　ゆうれいがいしゃ
幽霊会社 유령회사　事業者登録がない幽霊会社 사업자등록이 없는 유령회사

ゆうれい ぶ いん　　　　　　　　　　かつどう　　　　　　　　　　ゆうれい ぶ いん
幽霊部員 유령부원　活動をしていない幽霊部員 활동을 하지 않는 유령부원

ゆうれいじんこう　　　　　　　　　　きょじゅうじったい　　　　　　　　ゆうれいじんこう
幽霊人口 유령인구　居住実態がない幽霊人口 거주실태가 없는 유령인구

0393

화로 로 (爐)

①화로 ②향로

음 ろ

炉端 화롯가, 노변 暖炉 난로 溶鉱炉 용광로
原子炉 원자로

暖炉の前で犬が寝ています。 난로 앞에서 개가 자고 있습니다.

原子炉の運転を開始しました。 원자로의 운전을 개시했습니다.

0394

비 올 롱 (瀧)

①비가 오다 ②적시다
③물소리

훈 たき

滝 폭포 滝壺 용소(폭포 밑의 웅덩이)
滝行 폭포에서 하는 수행

滝の周りはとても涼しいです。 폭포 주변은 매우 시원합니다.

お坊さんが滝行をしています。 스님이 폭포에서 수행을 하고 있습니다.

0395

여울 뢰 (瀨)

①여울 ②급류

훈 せ

瀬戸際 운명의 갈림길 瀬戸物 도자기
浅瀬 여울, (강, 바다 등의) 얕은 곳 年の瀬 연말

その登山家は吹雪で生死の瀬戸際にいました。
그 산악인은 눈보라로 생사의 갈림길에 있었습니다.

年の瀬で市場には人が多くいます。 연말이라 시장에는 사람이 많이 있습니다.

0396

마칠 료

마치다, 끝내다

음 りょう

了解 양해, 잘 이해함 了承 승낙함, 납득함 終了 종료
修了 수료 完了 완료

市民の了解を得て、工事を始めました。 시민의 양해를 얻어 공사를 시작했습니다.

今日の営業は終了しました。 오늘 영업은 종료했습니다.

0397

다락 **루** (樓)

①다락 ②망루

음 ろう

蜃気楼 신기루, 환상누각　摩天楼 마천루, 높은 건물
楼閣 누각　楼門 누문(2층으로 된 문)

この海では3月になると蜃気楼が見えます。
이 바다에서는 3월이 되면 신기루가 보입니다.

お寺の楼門の前で写真を撮りました。 사찰의 누문 앞에서 사진을 찍었습니다.

0398

샐 **루**

①새다 ②틈이 나다
③빠뜨리다

음 ろう

漏水 누수　漏電 누전　漏斗 실험용 깔때기

훈 もる

漏る 새다　雨漏り 비가 샘

もれる

漏れる ①새다 ②누설되다

もらす

漏らす ①새게 하다 ②누설하다

漏電による火災が発生しました。 누전에 의한 화재가 발생했습니다.

私の家は雨漏りがひどいです。 우리 집은 비가 많이 샙니다.

0399

높을 **륭** (隆)

높다, 높이다

음 りゅう

隆盛 융성　隆起 융기, 솟아오름　隆々 울퉁불퉁

室町時代に茶道文化が隆盛しました。 무로마치시대에 다도문화가 융성했습니다.

地震で地面が隆起しました。 지진으로 지면이 솟아올랐습니다.

0400

언덕 **릉**

①큰 언덕 ②능, 무덤

음 りょう

陵墓 능묘　丘陵 구릉, 언덕　王陵 왕릉

훈 みささぎ

陵 왕의 능묘

公州には百済の王の王陵があります。 공주에는 백제왕의 왕릉이 있습니다.

多摩陵は大正天皇の陵です。 다마능은 다이쇼천황의 능입니다.

149

관리 **리**

관리

음 り 　　官吏 관리
^{かん り}

「科挙」は昔、官吏登用試験でした。 '과거'는 옛날 관리등용시험이었습니다.

다스릴 **리**

①다스리다 ②리(수·길이
의 단위) ③1의 100분의 1

음 りん 　　一厘 1리　二厘 2리　三厘 3리
^{いちりん}　^{に りん}　^{さんりん}

九分九厘 9분9리, 99%, 거의
^{く ぶ く りん}

その選手の打率は二割五分三厘です。 그 선수의 타율은 2할5부3리입니다.

九分九厘、犯人は彼に違いありません。 99%, 범인은 그 사람이 틀림없습니다.

연습 문제 ⑧

■ 밑줄 친 한자를 바르게 읽은 것을 고르시오.

1 娘が嫁ぎ先から電話をかけてきました。

① よめぎさき　　② おめぎさき　　③ とつぎさき　　④ とうぎさき

2 健康のためにはストレスの管理をすることが肝心です。

① かんじん　　② かんしん　　③ きもごころ　　④ きもこころ

3 食事が終わったので、お店の人に勘定をお願いしました。

① かんてい　　② かんじょう　　③ がんてい　　④ がんじょう

4 彼は果敢にエベレスト登頂に挑戦しました。

① ががん　　② がかん　　③ かがん　　④ かかん

5 政府の説明に国民は憤慨しました。

① ぷんかい　　② ふんかい　　③ ぷんがい　　④ ふんがい

6 外国船が国旗を掲げて入港してきます。

① かかげて　　② あげて　　③ ひろげて　　④ とげて

7 この公園は市民の憩いの場として、多くの人が集まります。

① あわい　　② まとい　　③ いこい　　④ したい

8 研究者が鯨の行動を観察しています。

① いるか　　② くじら　　③ しゃち　　④ あざらし

9 彼は国民を啓蒙するために、多くの本を書きました。

① げいはつ　　② げいもう　　③ けいはつ　　④ けいもう

10 鶏が卵を抱いています。

① にわとり　　② つる　　③ つばめ　　④ すずめ

 정답　1 ③　2 ①　3 ②　4 ④　5 ④　6 ①　7 ③　8 ②　9 ④　10 ①

11 歴史を顧みると、悲惨な出来事がたくさん起きたことが分かります。

① あおぎみる　　② かいまみる　　③ かえりみる　　④ こころみる

12 関係者以外の入室は控えてください。

① たずさえて　　② そびえて　　③ かかえて　　④ ひかえて

13 怪我をした友だちを保健室に連れていきます。

① きず　　② けが　　③ やけど　　④ あざ

14 画家が巧みな技術で絵を描いています。

① たくみ　　② うまみ　　③ よしみ　　④ つよみ

15 日本は19世紀中ごろに欧米の技術を多く導入しました。

① くべい　　② くみ　　③ おうべい　　④ おうみ

16 周辺の住民が新しい拘置所を建設することに反対しています。

① こうちしょ　　② くちしょ　　③ こうじしょ　　④ くじしょ

17 ロケットで人工衛星を軌道に乗せます。

① ぎみち　　② ぎどう　　③ きみち　　④ きどう

18 内緒で友だちの誕生日パーティーを企てました。

① へだて　　② くわだて　　③ そだて　　④ おだて

19 田中さんは既婚者です。

① ぎこん　　② ぎほん　　③ きこん　　④ きほん

20 個人情報が流出しないように書類を破棄します。

① ぱぎ　　② はぎ　　③ ぱき　　④ はき

정답　11 ③　12 ④　13 ②　14 ①　15 ③　16 ①　17 ④　18 ②　19 ③　20 ④

연습 문제 ⑨

[/ 20]

■ 밑줄 친 한자를 바르게 읽은 것을 고르시오.

1　アメリカと韓国の大統領は緊急の会談を開きました。

① きっきゅう　　② きんきゅう　　③ きっきん　　④ きんきん

2　吉日を選んで、結婚式をすることにしました。

① きちじつ　　② きちにち　　③ きつじつ　　④ きつにち

3　喫茶店でコーヒーを飲みながら、友だちを待ちました。

① きつちゃてん　　② きっちゃてん　　③ きつさてん　　④ きっさてん

4　検査の結果、尿にタンパク質が見つかりました。

① だえき　　② にきび　　③ にょう　　④ しぶき

5　アンケート調査に匿名で回答しました。

① いくめい　　② いくみょう　　③ とくめい　　④ とくみょう

6　妻は週末に陶芸教室に通います。

① どうげい　　② とうげい　　③ どうえい　　④ とうえい

7　火傷の部分に薬を塗布します。

① とぷ　　② どぷ　　③ とふ　　④ どふ

8　今日は体が凍えるほどに寒いです。

① こごえる　　② こおえる　　③ ほどえる　　④ おもえる

9　その作家は自分の体験を赤裸々に綴りました。

① しゃくなな　　② しゃくらら　　③ せきなな　　④ せきらら

10　田中さんは私のお願いを快諾してくれました。

① かいたく　　② かいだく　　③ がいたく　　④ がいだく

정답　1 ②　2 ①　3 ④　4 ③　5 ③　6 ②　7 ③　8 ①　9 ④　10 ②

11 <u>浪人</u>をして大学に入学<ruby>入学<rt>にゅうがく</rt></ruby>しました。

   ① ろうにん   ② ろうじん   ③ るにん   ④ るじん

12 <ruby>働<rt>はたら</rt></ruby>く目的は<u><ruby>糧<rt>え</rt></ruby></u>を得るためだけではありません。

   ① あて   ② のぞみ   ③ かて   ④ かい

13 彼は<ruby>近頃<rt>ちかごろ</rt></ruby>、英語の勉強に<u>励んで</u>います。

   ① したしんで   ② からんで   ③ はげんで   ④ いそしんで

14 その人の<ruby>証言<rt>しょうげん</rt></ruby>は<u>支離滅裂</u>で、<ruby>信用<rt>しんよう</rt></ruby>できません。

   ① しりめいりょう ② しりめいれつ   ③ しりめつりょう ④ しりめつれつ

15 <u><ruby>幽霊<rt>そんざい</rt></ruby></u>の存在<ruby>存在<rt>しん</rt></ruby>を信じますか。

   ① ゆうりょう   ② ゆうれい   ③ ゆりょう   ④ ゆれい

16 <ruby>危険<rt>きけん</rt></ruby>なので、<u><ruby>滝<rt>ちか</rt></ruby></u>には近づかないでください。

   ① たき   ② せ   ③ みお   ④ よどみ

17 子どもたちが<u>浅瀬</u>で<ruby>水遊<rt>みずあそ</rt></ruby>びをしています。

   ① あさせ   ② あさぜ   ③ せんせ   ④ せんぜ

18 彼は私の<ruby>秘密<rt>ひみつ</rt></ruby>を<u>漏らし</u>ました。

   ① からしました   ② さらしました   ③ てらしました   ④ もらしました

19 彼はプロのスポーツ選手なので<ruby>筋肉<rt>きんにく</rt></ruby>が<u>隆々</u>としています。

   ① るうるう   ② るる   ③ りゅうりゅう ④ りゅりゅ

20 その野球チームの<ruby>勝率<rt>しょうりつ</rt></ruby>は4<ruby>割<rt>わり</rt></ruby>9<ruby>部<rt>ぶ</rt></ruby>3<u>厘</u>です。

   ① さんり   ② さんりん   ③ さんる   ④ さんるん

정답　11 ①　　12 ③　　13 ③　　14 ④　　15 ②　　16 ①　　17 ①　　18 ④　　19 ③　　20 ②

중학교 2학년 한자 ②

魔	膜	蛮	湾	埋	魅	免	滅
마귀 마	꺼풀/막 막	오랑캐 만	물굽이 만	묻을 매	매혹할 매	면할 면	멸할 멸
某	募	謀	慕	没	苗	墨	縛
아무 모	모을/뽑을 모	꾀 모	그릴 모	빠질 몰	모 묘	먹 묵	얽을 박
伴	畔	妨	芳	房	倣	邦	排
짝 반	밭두둑 반	방해할 방	꽃다울 방	방 방	본뜰 방	나라 방	밀칠 배
陪	藩	翻	伐	帆	癖	伏	覆
모실 배	울타리 번	번역할/날 번	칠 벌	돛 범	버릇 벽	엎드릴 복	다시 복/덮을 부
奉	封	縫	赴	符	簿	紛	墳
받들 봉	봉할 봉	꿰맬 봉	다다를/갈 부	부호 부	문서 부	어지러울 분	무덤 분
崩	泌	卑	碑	邪	卸	赦	削
무너질 붕	분비할 비	낮을 비	비석 비	간사할 사	풀 사	용서할 사	깎을 삭
桑	牲	徐	婿	惜	繕	摂	掃
뽕나무 상	희생 생	천천히 할 서	사위 서	아낄 석	기울 선	다스릴/잡을 섭	쓸 소
哀	寿	殊	粋	遂	随	穂	髄
쇠할 쇠	목숨 수	다를 수	순수할 수	드디어 수	따를 수	이삭 수	뼛골 수
湿	昇	侍	施	辛	伸	審	双
젖을 습	오를 승	모실 시	베풀 시	매울 신	펼 신	살필 심	두/쌍 쌍

0403

음 **ま**

魔法 마법　魔術 마술　悪魔 악마　邪魔 방해

마귀 **마 (魔)**

①마귀 ②악마 ③마술

量子コンピューターの技術は、まるで魔術のようです。
양자컴퓨터 기술은 마치 마술 같습니다.

邪魔なので、ここに駐車しないでください。 방해되니 여기에 주차하지 마세요.

0404

음 **まく**

膜 막　網膜 망막　粘膜 점막　角膜 각막　鼓膜 고막

꺼풀/막 **막 (膜)**

①꺼풀 ②얇은 막

眼科で網膜の検査を受けました。 안과에서 망막검사를 받았습니다.

この薬は胃の粘膜を保護します。 이 약은 위의 점막을 보호합니다.

0405

음 **ばん**

蛮行 만행　蛮勇 만용　野蛮 야만　野蛮人 야만인, 미개인

오랑캐 **만 (蠻)**

①오랑캐 ②미개민족

犯人の蛮行に人々はとても驚きました。 범인의 만행에 사람들은 매우 놀랐습니다.

彼はその人を野蛮人だと非難しました。 그는 그 사람을 미개인이라고 비난했습니다.

0406

음 **わん**

湾岸 만안(만의 연안), 페르시아만의 연안　湾曲 만곡(활처럼 굽음)

港湾 항만　台湾 대만

물굽이 **만 (灣)**

①물굽이 ②만

ここは港湾を管理する事務所です。 이곳은 항만을 관리하는 사무소입니다.

いつか台湾に行ってみたいです。 언젠가 대만에 가보고 싶습니다.

0407

묻을 매

①묻다 ②장사지내다

음 まい

埋設 매설　埋蔵 매장(묻어서 감추는 것)

埋葬 매장(송장을 땅에 묻음)　埋葬品 매장품　埋没 매몰

훈 うめる

埋める 묻다　埋め立て 매립

うまる／うもれる　埋まる・埋もれる 묻히다

古墳から埋葬品が発掘されました。 고분에서 매장품이 발굴되었습니다.

道路が雪に埋もれてしまいました。 도로가 눈에 묻혀버렸습니다.

0408

매혹할 매

①매혹하다 ②홀리다

음 み

魅力 매력　魅了 매료　魅惑 매혹

自己紹介では自分の魅力をアピールしてください。
자기소개에서는 자신의 매력을 어필해 주세요.

その演劇は多くの人を魅了しました。 그 연극은 많은 사람들을 매료시켰습니다.

0409

면할 면

①면하다 ②허가하다
③해직하다

음 めん

免許 면허　免除 면제　免税 면세　任免 임면(임명과 면직)

훈 まぬかれる

免れる 면하다, 모면하다, 피하다(まぬがれる로도 읽음)

夏休みに運転免許を取りました。 여름방학에 운전면허를 땄습니다.

幸運にも私は事故を免れました。 다행히도 나는 사고를 모면했습니다.

0410

멸할 멸

①멸하다 ②멸망하다
③죽다

음 めつ

滅亡 멸망　滅菌 멸균　撲滅 박멸　絶滅 절멸, 멸종

훈 ほろびる

滅びる 멸망하다

ほろぼす

滅ぼす 멸망하게 하다

日本ではカワウソが絶滅しました。 일본에서는 수달이 멸종되었습니다.

935年に新羅が滅びました。 935년에 신라가 멸망했습니다.

0411

아무 **모**

① 아무 ② 어느 ③ 아무개

[음] ぼう

ぼうしょ
某所 모처　某地 모지, 어느 곳　某氏 모씨, 어떤 분

ぼうこく
某国 모국, 어떤 나라

じ けん　とうきょう　ぼうしょ　お
事件は東京の某所で起きました。 사건은 도쿄의 모처에서 일어났습니다.

ぼうし　き ふ　かえ
某氏が寄附して帰りました。 어떤 분이 기부를 하고 돌아갔습니다.

0412

모을/뽑을 **모** (募)

① 모으다 ② 뽑다

[음] ぼ

ぼ しゅう
募集 모집　募金 모금　公募 공모　応募 응모

[훈] つのる

つの
募る ① 모으다, 모집하다 ② 점점 심해지다

がくせい　がいとう　ぼ きんかつどう
学生が街頭で募金活動をしています。 학생이 거리에서 모금 활동을 하고 있습니다.

さん か しゃ　つの
ボランティアの参加者を募っています。 자원봉사 참가자를 모집하고 있습니다.

0413

꾀 **모**

① 꾀 ② 지략 ③ 계책

[음] ぼう

ぼうりゃく　いんぼう　しゅぼう　しゅぼうしゃ
謀略 모략　陰謀 음모　首謀 주모　首謀者 주모자

[음] む

む ほん
謀反 모반, 반역

[훈] はかる

はか
謀る 꾀하다, 꾸미다

じ けん　しゅぼうしゃ　つか
事件の首謀者を捕まえました。 사건의 주모자를 잡았습니다.

しゅうじん　だっそう　はか
囚人が脱走を謀りました。 죄수가 탈주를 꾀했습니다.

Tip はかる

はか
謀る 꾀하다, 꾸미다
はんぎゃく　はか
反逆を謀る。 반역을 꾀하다.

はか
計る 시간이나 길이를 재다
にっしょう じ かん　はか
日照時間を計る。 일조시간을 재다.

はか
図る 계획하다, 도모하다
しんぼく　はか
親睦を図る。 친목을 도모하다.

はか
量る 무게를 달다
たいじゅう　はか
体重を量る。 체중을 재다.

はか
測る 길이나 양을 측정하다
しんちょう　はか
身長を測る。 키를 재다.

はか
諮る 자문하다, 상의하다
せんもん か　はか
専門家に諮る。 전문가에게 자문하다.

0414

그릴 모 (慕)

①그리다 ②그리워하다, 사모하다

음 ぼ

慕情 모정(사모하는 마음)　恋慕 연모　思慕 사모

훈 したう

慕う 연모하다, 사모하다　恋慕う 연모하다

故郷への慕情が溢れる歌です。 고향을 사모하는 마음이 넘치는 노래입니다.

その人は生涯、師匠を慕いました。 그 사람은 평생 스승을 사모했습니다.

0415

빠질 몰 (沒)

①(물에)빠지다, 가라앉다 ②죽다

음 ぼつ

没頭 몰두　没年 몰년, 향년(죽은 해)　沈没 침몰　日没 일몰

子どもがパズルに没頭しています。 아이가 퍼즐에 몰두하고 있습니다.

秋になって日没が早くなりました。 가을이 되어 일몰이 빨라졌습니다.

0416

모 묘 (苗)

①모, 모종 ②핏줄

음 びょう

育苗 육묘(묘목이나 모를 기름, 또는 그 일)

　みょう

苗字 성씨

훈 なえ

苗 모종

　なわ

苗代 못자리

ここに苗字を書いてください。 여기에 성을 적어주세요.

バラの苗を移植します。 장미 모종을 이식합니다.

0417

먹 묵 (墨)

①먹 ②그을음

음 ぼく

墨汁 먹물　水墨画 수묵화

훈 すみ

墨 먹물　靴墨 구두약　入れ墨 문신

朱墨 주묵, 붉은 빛깔의 먹(しゅぼく로도 읽음)

文房具店で墨汁を買いました。 문방구에서 먹물을 샀습니다.

墨を使って名前を書きます。 먹물을 사용하여 이름을 씁니다.

0418

얽을 **박**

① 얽다 ② 묶다

음 ばく

^{そくばく}
束縛 속박   ^{じゅばく}
呪縛 주박(주술의 힘으로 움직이지 못하게 함)

^{じじょうじばく}
自縄自縛 자승자박(자기가 한 말과 행동에 자신이 옭혀 곤란하게 됨)

훈 しばる

^{しば}
縛る 묶다, 매다

^{ひとじち}人質が^{そくばく}束縛から^{かいほう}解放されました。 인질이 속박에서 벗어났습니다.

^{くつ}靴ひもを^{かた}固く^{しば}縛りました。 구두 끈을 단단히 묶었습니다.

0419

짝 **반 (伴)**

① 짝 ② 반려 ③ 동반자

음 はん

^{はんりょ}
伴侶 반려   ^{どうはん}
同伴 동반

ばん

^{ばんそう}
伴奏 반주   ^{ばんそう}
伴走 (곁에서) 같이 따라 달림

훈 ともなう

^{ともな}
伴う 따라가다, 동반하다

^{せんせい}先生の^{ばんそう}伴奏に^あ合わせて^{うた}歌います。 선생님의 반주에 맞춰서 노래합니다.

この^{くすり}薬は^{だつもう}脱毛、^{ひんけつ}貧血などの^{ふくさよう}副作用を^{ともな}伴います。

이 약은 탈모, 빈혈 등의 부작용을 동반합니다.

0420

밭두둑 **반 (畔)**

① 밭두둑, 밭두렁 ② 물가

음 はん

^{こはん}
湖畔 호반, 호숫가   ^{かはん}
河畔 강가

^{みずうみ}湖 の^{こはん}湖畔を^{さんぽ}散歩する^{ひと}人が^{おお}多いです。 호숫가를 산책하는 사람이 많습니다.

^{かはん}河畔に^そ沿ってジョギングをしました。 강가를 따라 조깅을 했습니다.

0421

방해할 **방**

방해하다

음 ぼう

^{ぼうがい}
妨害 방해

훈 さまたげる

^{さまた}
妨げる 방해하다   ^{さまた}
妨げ 방해

^{はんたいは}反対派の^{しゅうだん}集団がデモ^{かつどう}活動を^{ぼうがい}妨害しています。

반대파 집단이 시위활동을 방해하고 있습니다.

^{たか}高い^{かんぜい}関税が^{じゆう}自由な^{ぼうえき}貿易を^{さまた}妨げています。

높은 관세가 자유로운 무역을 방해하고 있습니다.

0422

꽃다울 **방** (芳)

①꽃답다 ②향기가 나다
③이름이 빛나다

음 **ほう**　芳**香** 방향　芳**香剤** 방향제　芳**名録** 방명록

훈 **かんば**しい　芳しい 향기롭다, 좋다

芳名録に名前を書きます。 방명록에 이름을 적습니다.
新しいお店の評判は芳しくありません。 새로운 가게의 평판은 좋지 않습니다.

0423

방 **방** (房)

①방, 곁방 ②아내 ③송이,
꽃송이

음 **ぼう**　暖**房** 난방　冷**房** 냉방　厨**房** 주방　工**房** 공방
女房 아내, 마누라

훈 **ふさ**　**房** 송이　一**房** 한 송이　乳**房** 유방(にゅうぼう로도 읽음)

彫刻家が工房で作業をしています。 조각가가 공방에서 작업을 하고 있습니다.
バナナを一房買いました。 바나나를 한 송이 샀습니다.

0424

본뜰 **방**

본뜨다, 모방하다

음 **ほう**　模**倣** 모방　模**倣品** 모방품

훈 **ならう**　倣う 따르다, 모방하다, 흉내내다

美大生がピカソの絵を模倣しています。 미대생이 피카소의 그림을 모방하고 있습니다.
先生のお手本に倣って、ダンスを覚えます。 선생님의 시범에 따라 댄스를 익힙니다.

Tip **ならう**

倣う 모방하다, 흉내내다
母親に倣う。 엄마를 흉내내다.

習う 배우다, 익히다
バイオリンを習う。 바이올린을 배우다.

0425

나라 **방**

①나라 ②서울 수도

음 **ほう**

邦人 _{ほうじん} 자국민, 자기 나라 사람　邦訳 _{ほうやく} 다른 나라 말로 된 것을 자국 말로 번역함

異邦 _{いほう} 이방, 타국　連邦 _{れんぽう} 연방

戦闘地域_{せんとうちいき}から邦人_{ほうじん}を救出_{きゅうしゅつ}します。 전투 지역에서 자국민을 구출합니다.

人気小説家_{にんきしょうせつか}の邦訳_{ほうやく}が出版_{しゅっぱん}されました。 인기소설가의 일본어 번역판이 출판되었습니다.

0426

밀칠 **배**

①밀치다 ②밀어내다
③물리치다, 배척하다

음 **はい**

排水 _{はいすい} 배수　排出 _{はいしゅつ} 배출(불필요한 물질을 내보냄)　排気 _{はいき} 배기

排他的 _{はいたてき} 배타적

工場_{こうじょう}から出_でる排水_{はいすい}が問題_{もんだい}になっています。
공장에서 나오는 배수가 문제가 되고 있습니다.

車_{くるま}の排気_{はいき}ガスで空気_{くうき}が汚_{きたな}いです。 자동차의 배기가스로 공기가 나쁩니다.

0427

모실 **배**

①모시다, 수행하다
②돕다, 보좌하다

음 **ばい**

陪審 _{ばいしん} 배심　陪審員 _{ばいしんいん} 배심원　陪席 _{ばいせき} 배석(상급자를 따라 참석함)

裁判_{さいばん}の陪審員_{ばいしんいん}を選_{えら}びます。 재판의 배심원을 선발합니다.

上司_{じょうし}に陪席_{ばいせき}するように指示_{しじ}されました。 상사에게 배석하도록 지시받았습니다.

0428

울타리 **번** (藩)

①울타리 ②경계

음 **はん**

藩 _{はん} 에도(江戸)시대의 행정구분　日向藩 _{ひゅうがはん} 휴가번(지금의 宮崎県_{みやざきけん})

昔_{むかし}、宮崎県_{みやざきけん}は「日向藩_{ひゅうがはん}」と呼_よばれました。
옛날, 미야자키현은 '휴가번'이라고 불렸습니다.

0429

번역할/날 **번** (飜)

①번역하다 ②뒤집다, 뒤집히다 ③날다, 나부끼다

음 ほん

翻訳 번역　翻訳家 번역가　翻弄 가지고 놂, 농락함

훈 ひるがえる

翻る ①뒤집히다 ②휘날리다

ひるがえす

翻す 뒤집다, 번복하다

韓国語の形容詞は日本語に翻訳するのが難しいです。
한국어의 형용사는 일본어로 번역하는 것이 어렵습니다.

オリンピックの競技場で万国旗が翻っています。
올림픽경기장에서 만국기가 휘날리고 있습니다.

0430

칠 **벌**

①치다, 정벌하다 ②베다

음 ばつ

伐採 벌채　殺伐 살벌함(거칠고 무시무시함)　征伐 정벌

討伐 토벌(무력으로 쳐 없앰)

無計画な伐採は環境破壊につながります。　무계획적인 벌채는 환경파괴로 이어집니다.

意見が対立して殺伐とした雰囲気になりました。
의견이 대립되어 살벌한 분위기가 되었습니다.

0431

돛 **범**

①돛 ②돛단배

음 はん

帆船 범선(돛을 단 배)　出帆 출범

훈 ほ

帆 돛　帆柱 돛대　帆立貝 가리비

港に帆船が留まっています。　항구에 범선이 정박해 있습니다.

帆を上げたヨットが進んでいます。　돛을 올린 요트가 앞으로 가고 있습니다.

0432

버릇 **벽**

버릇, 습관

음 へき

潔癖 결벽　潔癖症 결벽증　病癖 병적인 버릇

훈 くせ

癖 버릇　口癖 입버릇　酒癖 술버릇

潔癖症を治療します。　결벽증을 치료합니다.

緊張すると髪を触る癖があります。　긴장하면 머리를 만지는 버릇이 있습니다.

0433

엎드릴 **복**

①엎드리다 ②굴복하다
③숨다, 감추다

음	ふく	伏線 복선	降伏 항복	起伏 기복	潜伏 잠복
훈	ふせる	伏せる 숙이다, 엎드리다
	ふす	伏す 엎드리다

ウィルスには潜伏期間があります。 바이러스에는 잠복기간이 있습니다.
芝生に伏せて本を読んでいます。 잔디에 엎드려 책을 읽고 있습니다.

0434

다시 **복**/덮을 **부**

①다시 ②엎어지다 ③덮다

음	ふく	覆面 복면	転覆 전복
훈	おおう	覆う 덮다
	くつがえす	覆す 뒤집(어 엎)다
	くつがえる	覆る 뒤집히다, 전복되다

覆面をした強盗が入りました。 복면을 한 강도가 들어왔습니다.
定説を覆す新しい学説が出ました。 정설을 뒤집는 새로운 학설이 나왔습니다.

0435

받들 **봉**

①받들다 ②바치다

음	ほう	奉仕 봉사	奉納 봉납	奉じる 바치다
	ぶ	供奉 수행
훈	たてまつる	奉る 바치다, 헌상하다

奉仕活動で広場を掃除しました。 봉사활동으로 광장을 청소했습니다.
神に供物を奉ります。 신에게 공양물을 바칩니다.

0436

봉할 **봉**

봉하다

| 음 | ふう | 封 봉함, 봉인 | 封印 봉인 | 開封 개봉 | 同封 동봉 |
| | ほう | 封建制度 봉건제도 |

封をして手紙を出しました。 봉인을 해서 편지를 보냈습니다.
封印されているので開けてはいけません。 봉인되어 있으니 열어서는 안 됩니다.

0437

꿰맬 **봉**

꿰매다, 바느질하다

음 ほう

縫合 봉합	縫製 봉제	縫製業 봉제업	裁縫 재봉, 바느질

훈 ぬう

縫う 꿰매다　縫い付ける 꿰매 붙이다, 달다

医師が手術の傷口を縫合しています。 의사가 수술의 상처 자리를 봉합하고 있습니다.

穴の開いた靴下を縫って直しました。 구멍 난 양말을 꿰매서 고쳤습니다.

0438

다다를/갈 **부**

①다다르다 ②나아가다,
향하여 가다

음 ふ

赴任 부임　赴任地 부임지

훈 おもむく

赴く 향하여 가다, 부임하다

新しい赴任地はシンガポールに決まりました。
새로운 부임지는 싱가포르로 정해졌습니다.

研究者が現地に赴いて調査をしています。
연구자가 현지에 부임하여 조사를 하고 있습니다.

0439

부호 **부**

부호, 기호

음 ふ

符号 부호	符合 부합	終止符 종지부	音符 음악 부호

判決が下って、事件に終止符が打たれました。
판결이 내려져, 사건에 종지부가 찍혔습니다.

譜面に音符を記します。 악보에 음악 부호를 기입합니다.

0440

문서 **부**

①문서 ②장부

음 ぼ

簿記 부기	名簿 명부	帳簿 장부	出席簿 출석부
家計簿 가계부			

名簿で出席者を確認します。 명부에서 출석자를 확인합니다.

帳簿の数字が合いません。 장부의 숫자가 맞지 않습니다.

0441

어지러울 **분**

①어지럽다 ②번잡하다
③엉클어지다

- 음 ふん
- 紛**糾** 분규(이해나 주장이 뒤얽힘)　紛**失** 분실　紛**争** 분쟁
- 훈 まぎれる
  紛れる ①혼동되다, (뒤섞여) 헷갈리다 ②딴것에 마음을 뺏겨 시름을 잊다
- まぎらす
  紛らす・紛らわす ①얼버무리다 ②달래다
- まぎらわす
- まぎらわしい
  紛らわしい 혼동하기 쉽다, 헷갈리기 쉽다

地下鉄で労使紛糾が起きました。 지하철에서 노사분규가 일어났습니다.

多忙に紛れてメールの返信を送るのが遅くなりました。
너무 바빠서 메일 답장을 보내는 것이 늦어졌습니다.

お菓子を食べて空腹を紛らわします。 과자를 먹어서 공복을 달랩니다.

地名が紛らわしくて降りる駅を間違えました。
지명이 헷갈려서 역을 잘못 내렸습니다.

Tip **관용구**

気が紛れる (딴것에 마음을 빼앗겨서) 우울한 기분이나 시름 등이 잊혀지다
嫌な事があった時は部屋の掃除をすると気が紛れます。
기분 나쁜 일이 있을 때는 방을 청소하면 그 우울한 기분이 없어집니다.

0442

무덤 **분**

무덤, 봉분

- 음 ふん
- 墳**墓** 분묘, 무덤　墳**丘** 봉분　**古**墳 고분

新しく発見された墳墓を調査します。 새롭게 발견된 무덤을 조사합니다.

奈良県にはたくさんの古墳があります。 나라현에는 많은 고분이 있습니다.

0443

무너질 **붕**

①무너지다 ②무너뜨리다
③(천자가)죽다

- 음 ほう
- 崩**壊** 붕괴　崩**落** 폭락
  崩**御** 붕어, 승하(천황・황후・황태후가 세상을 떠남)
- 훈 くずれる
  崩れる 무너지다
- くずす
  崩す 무너뜨리다　특이 **雪**崩 눈사태

橋が崩壊する事故がありました。 다리가 붕괴되는 사고가 있었습니다.

地震で家の壁が崩れました。 지진으로 집의 벽이 무너졌습니다.

0444

泌

분비할 **비**

분비하다

음 ひつ 　分泌 분비(ぶんぴ로도 읽음)

　　 ひ 　泌尿器科 비뇨기과

胆囊からは胆汁が分泌されます。 담낭(쓸개)에서는 담즙이 분비됩니다.

泌尿器科を受診しました。 비뇨기과에서 진찰받았습니다.

0445

卑

낮을 **비**

①낮다 ②비열하다
③저속하다

음 ひ 　卑怯 비겁함　卑劣 비열함　卑屈 비굴함

훈 いやしい 　卑しい ①상스럽다, 저속하다 ②(음식·금전 등에) 탐욕스럽다, 쩨쩨하다

　　 いやしむ 　卑しむ・卑しめる 경멸하다, 멸시하다

　　 いやしめる

新聞が卑劣な犯行を報道しています。 신문이 비열한 범행을 보도하고 있습니다.

彼は自分自身を卑しめました。 그는 자기자신을 경멸했습니다.

0446

碑

비석 **비**

비석

음 ひ 　碑石 비석　碑文 비문　記念碑 기념비　慰霊碑 위령비

碑文を解読します。 비문을 해독합니다.

慰霊碑に花をたむけました。 위령비에 꽃을 바쳤습니다.

0447

邪

간사할 **사**

①간사하다 ②사악하다

음 じゃ 　邪魔 방해　邪悪 사악

특이 風邪 감기

前の人の頭が邪魔で映画が見えません。
앞사람 머리가 방해가 되어 영화가 보이지 않습니다.

風邪を引いたので早く寝ます。 감기에 걸려서 빨리 잡니다.

풀 卸

①짐을 풀다 ②짐을 부리다

훈 おろす 　卸す 도매하다 　棚卸し 재고 정리

　　おろし 　卸 도매

父は野菜を卸す仕事をしています。 아버지는 채소를 도매하는 일을 하고 있습니다.

お店は棚卸しのために休業です。 가게는 재고정리를 위해 휴업합니다.

용서할 赦

①죄를 용서하다 ②죄수를
풀어주다 ③탕감하다

음 しゃ 　赦免 사면(죄를 용서함) 　容赦 용서 　大赦 일반 사면

　　　　特赦 특사, 특별 사면 　恩赦 은사, 특별 사면

荒波が容赦なく船を襲いました。 거친 파도가 사정없이 배를 덮쳤습니다.

国の独立100周年を祝って恩赦が行われました。
국가 독립 100주년을 축하하여 특별 사면이 이루어졌습니다.

깎을 삭 (削)

깎다

음 さく 　削除 삭제 　削減 삭감 　掘削 굴삭, 굴착 　添削 첨삭

훈 けずる 　削る ①깎다 ②삭제하다

国は教育のための予算を削減しました。 나라는 교육을 위한 예산을 삭감했습니다.

ナイフで鉛筆を削りました。 칼로 연필을 깎았습니다.

뽕나무 桑

뽕나무

음 そう 　桑園 뽕나무 밭

훈 くわ 　桑 뽕나무 　桑畑 뽕나무 밭 　桑の実 오디

丘には桑園が広がっています。 언덕에는 뽕나무 밭이 펼쳐져 있습니다.

蚕は桑の葉を食べます。 누에는 뽕잎을 먹습니다.

0452

희생 **생**

희생

음 せい

犠**牲** ぎ せい 희생　犠**牲**者 ぎ せいしゃ 희생자

事故の犠**牲**者に黙祷を捧げます。 じ こ ぎ せいしゃ もくとう ささ 사고 희생자에게 묵념을 합니다.

0453

천천히 할 **서**

천천히 하다

음 じょ

徐行 じょこう 서행　**徐**々に じょじょ 서서히

キャンパス内では**徐**行してください。 ない じょこう 캠퍼스 안에서는 서행해 주세요.
老眼が**徐**々に進行していきました。 ろうがん じょじょ しんこう 노안이 서서히 진행되었습니다.

0454

사위 **서**

①사위 ②남편

음 せい

女**婿** じょせい 사위

훈 むこ

婿 むこ 사위　**婿**養子 むこようし 데릴사위　花**婿** はなむこ 신랑

社長は女**婿**を探しています。 しゃちょう じょせい さが 사장은 사위를 찾고 있습니다.
花嫁と花**婿**はみんなの祝福を受けています。 はなよめ はなむこ しゅくふく う
신부와 신랑이 모두의 축복을 받고 있습니다.

0455

아낄 **석**

①아끼다, 소중히 여기다
②아깝다 ③아쉬워하다

음 せき

惜敗 せきはい 석패(아깝게 짐)　**惜**別 せきべつ 석별　哀**惜** あいせき 애석

훈 おしい

惜しい おしい 아깝다　名残**惜**しい なごりおしい 헤어지기 섭섭하다, 아쉽다

おしむ

惜しむ おしむ ①아까워하다 ②아끼다

惜敗した選手が泣いています。 せきはい せんしゅ な 아깝게 진 선수가 울고 있습니다.
交通費を**惜**しんで歩くことにしました。 こうつうひ お ある 교통비를 아껴서 걷기로 했습니다.

0456

기울 선

①깁다 ②고치다

음 ぜん　修繕 수선, 수리

훈 つくろう　繕う 수선하다, 고치다

文化財の修繕作業をしています。 문화재 수선작업을 하고 있습니다.
穴が開いたジーンズを繕いました。 구멍 난 청바지를 수선했습니다.

0457

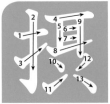

다스릴/잡을 섭 (攝)

①다스리다 ②잡다
③가지다

음 せつ　摂取 섭취　摂政 섭정　摂氏 섭씨 온도
　　　摂生 섭생(병에 걸리지 않도록 건강 관리를 잘하여 오래 살기를 꾀함)

たくさんの栄養を偏りなく摂取してください。 많은 영양을 골고루 섭취하세요.
今日の気温は摂氏20度です。 오늘 기온은 섭씨 20도입니다.

0458

쓸 소 (掃)

①비로 쓸다 ②제거하다

음 そう　掃除 청소　清掃 청소　一掃 일소(한꺼번에 싹 제거함)

훈 はく　掃く 쓸다

アメリカ軍がテロ組織を一掃しました。 미국 군이 테러조직을 일소했습니다.
床を掃いて拭きました。 마루를 쓸고 닦았습니다.

0459

쇠할 쇠

①쇠하다 ②약하다

음 すい　衰弱 쇠약　衰退 쇠퇴　老衰 노쇠
　　　栄枯盛衰 영고성쇠(인생이나 사물의 성함과 쇠함이 서로 바뀜)

훈 おとろえる　衰える 쇠약해지다, 쇠퇴하다

ストレスで神経衰弱になりました。 스트레스로 신경쇠약이 되었습니다.
最近、視力が衰えたように思います。 최근에 시력이 떨어진 것 같습니다.

0460

목숨 **수 (壽)**

①목숨 ②수명 ③장수

음 じゅ 寿命 수명 長寿 장수 米寿 미수, 88세 白寿 백수, 99세

훈 ことぶき 寿 축복, 축하

その人は90年の寿命を全うしました。 그 사람은 90년의 수명을 다했습니다.
ご祝儀袋に「寿」の文字が書いてあります。
축의금 봉투에 「寿」 글자가 써 있습니다.

0461

다를 **수**

①다르다 ②뛰어나다
③특히, 유달리

음 しゅ 特殊 특수함 殊勝 기특함 殊勲 수훈

훈 こと 殊に 특히 殊更 ①일부러 ②특(별)히, 새삼스레

弟の面倒をよく見る殊勝な兄です。 동생을 잘 보살피는 기특한 형입니다.
子どもが熱を出しても殊更、慌てる必要はありません。
아이가 열이 나도 딱히 당황할 필요는 없습니다.

0462

순수할 **수 (粹)**

①순수하다 ②아름답다
③정통하다

음 すい 純粋 순수 抜粋 발췌 生粋 순수
国粋 국수(한 나라가 지닌 고유한 정신적·물질적 장점)

훈 いき 粋 멋, 세련됨 粋だ 멋지다

論文の一部を抜粋しました。 논문의 일부를 발췌했습니다.
木村さんが粋にマフラーを巻いています。
기무라 씨가 세련되게 머플러를 감고 있습니다.

0463

드디어 **수 (遂)**

①드디어 ②이루다
③끝나다

음 すい 遂行 수행(생각하거나 계획한 대로 일을 해냄) 未遂 미수
既遂 기수(일을 이미 끝냄) 完遂 완수 예외 遂に 드디어

훈 とげる 遂げる 달성하다, 이루다

銀行強盗は未遂に終わりました。 은행강도는 미수에 그쳤습니다.
韓国チームは3連覇を遂げました。 한국팀은 3연패를 달성했습니다.

따를 **隨 (隨)**

①따르다 ②추종하다

음 ずい

随行 수행, 따라감　随分 몹시, 매우　随筆 수필

追随 추수, 추종　付随 부수, 관련됨

去年、この会社は他の追随を許さない業績を残しました。

작년 이 회사는 타의 추종을 불허하는 실적을 남겼습니다.

経済発展に付随する環境問題を考えます。

경제 발전에 관련된 환경 문제를 생각합니다.

이삭 **穗 (穗)**

①이삭 ②벼의 이삭

음 すい

出穂 출수(이삭이 밖으로 나옴)

훈 ほ

穂 이삭　稲穂 벼 이삭

日照不足のために出穂が遅れています。 일조량 부족 때문에 출수가 늦어지고 있습니다.

秋になって稲穂が実りました。 가을이 되어 벼 이삭이 여물었습니다.

뼛골 **髓 (髓)**

①뼛골 ②골수 ③정수

음 ずい

髄 뼛속　骨髄 골수　真髄 진수(가장 중요하고 본질적인 부분)

脳髄 뇌수

白血病の患者のために骨髄を提供しました。

백혈병 환자를 위해 골수를 제공했습니다.

会社経営の真髄はリーダーシップです。 회사 경영의 진수는 리더십입니다.

젖을 **濕 (濕)**

①젖다 ②축축하다

음 しつ

湿度 습도　湿気 습기　湿布 습포, 파스　湿疹 습진　多湿 다습

훈 しめる

湿る 축축해지다, 습기차다　湿っぽい 축축하다, 눅눅하다

しめす

湿す 적시다, 축이다

日本の夏は湿度が高いです。 일본의 여름은 습도가 높습니다.

汗をかいたので服が湿っぽいです。 땀을 흘려서 옷이 축축합니다.

0468

昇

오를 **승**

①해가 오르다 ②높은 곳에 오르다 ③지위가 오르다

음 しょう　昇進 승진　昇華 승화(더 높은 상태로 발전함)
　　　　　　昇級 승급　上昇 상승

훈 のぼる　昇る 떠오르다

ロケットがどんどん上昇していきます。 로켓이 점점 상승해 갑니다.

夜になって月が昇りました。 밤이 되어 달이 떴습니다.

0469

侍

모실 **시**

①모시다, 받들다
②시중들다

음 じ　　　侍従 시종　侍医 어의

훈 さむらい　侍 사무라이

侍医が王の容態を診ています。 어의가 왕의 병세를 진찰하고 있습니다.

侍が出る映画を見ました。 사무라이가 나오는 영화를 봤습니다.

0470

施

베풀 **시**

①베풀다 ②실시하다

음 し　施設 시설　施行 시행　実施 실시

　　せ　布施 시주, 보시(절이나 승려에게 물건을 베품)

훈 ほどこす　施す 베풀다, (계획을) 세우다, 행하다

雨天でしたが、大会は実施されました。 비가 왔지만 대회는 실시되었습니다.

重症の患者に応急処置を施します。 중증 환자에게 응급처치를 합니다.

0471

辛

매울 **신**

①맵다 ②독하다 ③괴롭다

음 しん　辛抱 참음, 인내　辛酸 괴롭고 쓰라림　辛辣 신랄함
　　　　　　辛勝 간신히 이김

훈 からい　辛い 맵다　塩辛い 짜다　甘辛い 달고 짜다, 매콤달콤하다

その評論家は辛辣な批評を述べました。 그 평론가는 신랄한 비평을 했습니다.

トッポッキは甘辛いです。 떡볶이는 매콤달콤합니다.

173

0472

음	しん	伸縮 신축　屈伸 굴신(굽힘과 폄)　追伸 추신　특이 欠伸 하품
훈	のびる	伸びる 늘다, 자라다　背伸び 발돋움함
	のばす	伸ばす ①펴다, 늘리다 ②향상시키다
	のべる	伸べる 펴다, 뻗치다

펼 신

①펴다, 펼치다 ②늘이다
③내뻗다 ④진술하다

手紙の最後に追伸を書きました。 편지의 마지막에 추신을 썼습니다.

成績を伸ばすために勉強をがんばります。
성적을 향상시키기 위해 공부를 열심히 하겠습니다.

Tip のばす

伸ばす 펴다, 늘리다

パン生地を伸ばす。 빵 반죽을 늘리다.

営業時間延長
のお知らせ
8:00~20:00
↓
8:00~23:00
○○デパート

延ばす (시간·날짜를) 연장하다

終了時間を延ばす。 종료시간을 연장하다.

0473

음	しん	審査 심사　審議 심의　審判 심판　主審 주심　副審 부심

살필 심

①살피다 ②자세히 밝히다

融資を受けるための審査があります。 대출을 받기 위한 심사가 있습니다.

選手が審判に抗議しています。 선수가 심판에게 항의하고 있습니다.

0474

음	そう	双生児 쌍생아, 쌍둥이　双眼鏡 쌍안경　双璧 쌍벽　双方 쌍방
훈	ふた	双子 쌍둥이　双葉 떡잎

두/쌍 쌍 (雙)

①둘 ②한 쌍

事故の原因は歩行者とドライバーの双方にありました。
사고의 원인은 보행자와 운전자 쌍방에게 있었습니다.

双子なので育てるのが大変です。 쌍둥이라서 키우기가 힘듭니다.

■ 밑줄 친 한자를 바르게 읽은 것을 고르시오.

1 今、勉強しているので邪魔しないでください。

    ① じゃま   ② やま   ③ じゃあく   ④ やあく

2 海岸線^{かいがんせん}が湾曲しています。

    ① わんきょく   ② わんこく   ③ まんきょく   ④ まんこく

3 タイムカプセルを地中に埋めます。

    ① まめます   ② うめます   ③ やめます   ④ かめます

4 この地域は台風の被害を免れました。

    ① すたれました   ② よごれました   ③ けがれました   ④ まぬかれました

5 大学が英語を教える非常勤講師を募っています。

    ① したって   ② こだわって   ③ つのって   ④ ととのって

6 政府は事件が陰謀であることを否定しました。

    ① うんぼう   ② うんもう   ③ いんぼう   ④ いんもう

7 花屋でバラの苗を買いました。

    ① なえ   ② め   ③ くき   ④ ね

8 彼の言葉は自縄自縛の結果を招きました。

    ① じじょうじまく   ② じじょうじばく   ③ さじょうさまく   ④ さじょうさばく

9 子どもが入場するためには保護者同伴でなければなりません。

    ① どんばん   ② どんはん   ③ どうばん   ④ どうはん

10 田中さんに倣って、私もお酒をやめました。

    ① さわって   ② ならって   ③ ふるって   ④ つらなって

정답   1 ①   2 ①   3 ②   4 ④   5 ③   6 ③   7 ①   8 ②   9 ④   10 ②

11 厨房に新しい冷蔵庫を設置しました。

    ① ちゅうもう   ② ちゅんもう   ③ ちゅうぼう   ④ ちゅんぼう

12 高い山があるので、通信の妨げになります。

    ① さまたげ   ② さわげ   ③ たまげ   ④ わからげ

13 排他的な考え方をする人が増えて、国民が移民政策に反対しています。

    ① ばいたてき   ② はいたてき   ③ ばいだてき   ④ はいだてき

14 野球の審判員は判定を翻しました。

    ① たてなおしました   ② こころざしました
    ③ とりこぼしました   ④ ひるがえしました

15 木を伐採して、新しい道を作ります。

    ① ばっざい   ② ばつざい   ③ ばっさい   ④ ばつさい

16 帆に風を受けて、船が航行しています。

    ① とも   ② へさき   ③ かじ   ④ ほ

17 彼は「あ〜疲れた」が口癖です。

    ① くちぐせ   ② くちくせ   ③ こうへき   ④ くうへき

18 母は毎日、家計簿を付けています。

    ① かけいも   ② かけいぼ   ③ けけいも   ④ けけいぼ

19 審判は自分の判定を覆しました。

    ① くつがえしました   ② くりかえしました
    ③ よみがえしました   ④ みかえしました

20 ゼッケンをランニングウェアに縫い付けてレースに出場しました。

    ① おいつけて   ② すいつけて   ③ ぬいつけて   ④ かいつけて

정답　11 ③　　12 ①　　13 ②　　14 ④　　15 ③　　16 ④　　17 ①　　18 ②　　19 ①　　20 ③

연습 문제 ⑪

[　/ 20]

■ 밑줄 친 한자를 바르게 읽은 것을 고르시오.

1 「わ」や「れ」など、ひらがなには紛らわしい文字_{もじ}があります。

① ほこらわしい　　② あいらわしい　　③ つたらわしい　　④ まぎらわしい

2 この市にある古墳が世界遺産_{いさん}に認定_{にんてい}されました。

① ごふん　　　　② ごぶん　　　　③ こふん　　　　④ こぶん

3 彼は10円にもこだわる卑しい性格_{せいかく}をしています。

① いやしい　　　② けがらわしい　　③ さもしい　　　④ ねたましい

4 彼は泌尿器科の医者です。

① びようきか　　② ひようきか　　③ びにょうきか　　④ ひにょうきか

5 私は飲食店_{いんしょくてん}にお酒を卸す仕事をしています。

① かわす　　　　② おろす　　　　③ だます　　　　④ てらす

6 原稿_{げんこう}から不_ふ適切_{てきせつ}な表現を削除します。

① しゃくぜ　　　② しゃくじょ　　③ さくじょ　　　④ さくぜ

7 養蚕_{ようさん}をするには桑の葉_はが必要です。

① くわ　　　　　② しで　　　　　③ はぜ　　　　　④ たで

8 彼はプロジェクトを成功させるために、あらゆるものを犠牲にしました。

① きしょう　　　② ぎしょう　　　③ きせい　　　　④ ぎせい

9 激_{はげ}しく雨が降っていましたが、徐々に晴_はれてきました。

① ぞぞに　　　　② ぞうぞうに　　③ じょじょに　　④ じょうじょうに

10 友だちが惜別の歌を歌ってくれました。

① しゃくべつ　　② せきべつ　　　③ しゃくびょう　　④ せきびょう

 정답　1 ④　　2 ③　　3 ①　　4 ④　　5 ②　　6 ③　　7 ①　　8 ④　　9 ③　　10 ②

2 학년 하까

11 40代になって体力の衰えを感じました。

① おとろえ　　　② こころえ　　　③ よわえ　　　④ くわえ

12 コンピューターがフリーズしても、殊更、慌てなくても大丈夫です。

① こうざら　　　② こうさら　　　③ ことざら　　　④ ことさら

13 祖母が88歳を迎えたので米寿のお祝いをしました。

① めいじゅ　　　② めいす　　　③ べいじゅ　　　④ べいす

14 彼はニューヨークで生まれ、ニューヨークで育った生粋のニューヨーカーです。

① きっちゅう　　② せいちゅう　　③ きっすい　　④ せいすい

15 腰が痛いので、湿布薬を貼ります。

① しっぷ　　　② すっぷ　　　③ しっぶ　　　④ すっぶ

16 お寺でお坊さんにお布施しました。

① ぶせ　　　　② ふせ　　　③ ぶし　　　④ ふし

17 侍従が王の食事の用意をしています。

① じいじゅ　　② じいじゅう　　③ じじゅ　　④ じじゅう

18 彼は発表者に辛辣な意見を述べました。

① しんりょう　　② ちんりょう　　③ しんらつ　　④ ちんらつ

19 睡眠不足で欠伸がしきりに出ます。

① おくび　　　② あくび　　　③ せき　　　④ くしゃみ

20 船長が双眼鏡で水平線を確認しています。

① そうがんきょう　② さんがんきょう　③ そうあんきょう　④ さんあんきょう

정답 11 ①　　12 ④　　13 ③　　14 ③　　15 ①　　16 ②　　17 ④　　18 ③　　19 ②　　20 ①

중학교 2학년 한자 ③

餓	岳	哀	孃	揚	讓	抑	如
주릴 아	큰 산 악	슬플 애	아가씨 양	날릴 양	사양할 양	누를 억	같을 여
宴	悅	閱	炎	詠	娛	悟	獄
잔치 연	기쁠 열	볼 열	불꽃 염	읊을 영	즐길 오	깨달을 오	옥 옥
穩	擁	緩	搖	辱	冗	又	偶
편안할 온	낄 옹	느릴 완	흔들 요	욕될 욕	쓸데없을 용	또 우	짝 우
遇	愚	憂	慰	幽	誘	潤	乙
만날 우	어리석을 우	근심 우	위로할 위	그윽할 유	꾈 유	불을/윤택할 윤	새 을
凝	慈	諮	潛	暫	匠	掌	葬
엉길 응	사랑 자	물을 자	잠길 잠	잠깐 잠	장인 장	손바닥 장	장사지낼 장
賊	籍	粘	訂	晶	錠	帝	阻
도둑 적	문서 적	붙을 점	바로잡을 정	맑을 정	덩이 정	임금 제	막힐 조
措	粗	遭	彫	鐘	駐	鑄	遵
둘 조	거칠 조	만날 조	새길 조	쇠북 종	머무를 주	불릴 주	좇을 준
憎	祉	陳	鎭	疾	窒		
미울 증	복 지	베풀/묵을 진	진압할 진	병 질	막힐 질		

0475

음 **が**

餓死 아사(굶어 죽음)　飢餓 기아

餓鬼 ①아귀 ②어린아이를 낮추어 말하는 말, 개구쟁이

주릴 **아 (餓)**

①주리다 ②굶다, 굶주리다

食料を配って餓死を防ぎます。　식재료를 나눠주어 아사를 방지합니다.

彼は飢餓に苦しむ人々を救う活動をしています。
그는 기아에 허덕이는 사람들을 구원하는 활동을 하고 있습니다.

0476

음 **がく**

岳父 장인　山岳 산악　山岳地帯 산악지대

훈 **たけ**

岳 높은 산　剣岳 쓰루기타케(일본 도야마현(富山県)에 있는 산)

槍ヶ岳 야리가타케(일본 나가노현(長野県)과 기후현(岐阜県)에 걸친 산)

큰 산 **악**

큰 산, 높은 산

山岳地帯に道路を作ります。　산악지대에 도로를 만듭니다.

剣岳は富山県にあります。　쓰루기타케는 도야마현에 있습니다.

0477

음 **あい**

哀悼 애도　哀願 애원　哀愁 애수　悲哀 비애

훈 **あわれ**

哀れ 불쌍함, 가련함

あわれむ

哀れむ ①불쌍히 여기다 ②사랑하다

슬플 **애**

①슬프다 ②불쌍히 여기다
③사랑하다

カフェには哀愁を帯びた曲が流れていました。
카페에는 애수를 띤 곡이 흐르고 있었습니다.

親を亡くした子どもを哀れに思います。　부모를 잃은 아이를 불쌍하게 생각합니다.

0478

음 **じょう**

お嬢さん 아가씨　令嬢 영애, 따님

うぐいす嬢 야구장이나 극장 등에서 안내방송을 하는 여성

아가씨 **양 (嬢)**

①아가씨 ②여자아이

彼は社長の令嬢と結婚することになりました。
그는 사장님의 따님과 결혼하게 되었습니다.

野球場でアナウンスをする女性を「うぐいす嬢」と言います。
야구장에서 방송을 하는 여성을 '휘파람 아가씨'라고 합니다.

0479

날릴 양

①날리다, 바람에 흩날리다
②오르다, 올리다

음 **よう**　揚力 ようりょく 양력, 부양력　揚水 ようすい 양수(물을 퍼 올림)　高揚 こうよう 고양, 드높임

훈 **あげる**　揚げる あ ①높이 올리다, 게양하다 ②튀기다

　あがる　揚がる あ ①게양되다 ②튀겨지다

会場は若い人が多くて、高揚した雰囲気でした。
かいじょう わか ひと おお こうよう ふんいき
회의장은 젊은 사람이 많아 고양된 분위기였습니다.

オリンピックで優勝した選手の国の国旗を揚げます。
ゆうしょう せんしゅ くに こっき あ
올림픽에서 우승한 선수 나라의 국기를 게양합니다.

 Tip あがる

揚がる あ 게양되다
国旗が揚がる。
こっき あ
국기가 게양되다.

上がる あ 올라가다
階段を上がる。
かいだん あ
계단을 올라가다.

挙がる あ ①(범인이) 잡히다 ②(증거가) 드러나다
犯人が挙がる。 범인이 잡히다.
はんにん あ

0480

사양할 양 (讓)

①사양하다 ②양보하다
③넘겨주다

음 **じょう**　譲歩 じょうほ 양보　譲渡 じょうと 양도　分譲 ぶんじょう 분양

　　　　　割譲 かつじょう 할양(토지 또는 물건을 쪼개서 양도함)

훈 **ゆずる**　譲る ゆず 주다, 양도하다　親譲り おやゆず 부모에게서 물려받음

土地の利権を譲渡しました。 토지의 이권을 양도했습니다.
とち りけん じょうと

彼が涙もろいのは親譲りの性格です。
かれ なみだ おやゆず せいかく
그가 눈물이 많은 것은 부모에게서 물려받은 성격입니다.

0481

누를 억

누르다, 억누르다

음 **よく**　抑制 よくせい 억제　抑圧 よくあつ 억압　抑揚 よくよう 억양　抑止 よくし 억지, 억제

훈 **おさえる**　抑える おさ 억누르다, 참다

核兵器の拡散を抑止します。 핵무기의 확산을 억제합니다.
かくへいき かくさん よくし

与党が野党の躍進を抑えています。 여당이 야당의 약진을 억누르고 있습니다.
よとう やとう やくしん おさ

0482

같을 **여**

같다, 같게 하다

🔈 **じょ** 如才 ①빈틈, 실수 ②소홀함　突如 돌연, 갑자기
じょさい　　　　　　　　　　とつじょ

　にょ 如実 여실(있는 그대로임)　如来 여래(부처의 존칭)
にょじつ　　　　　　　　　にょらい

金さんは会議の司会を如才無く務めます。
キム　　　　かいぎ　しかい　　じょさいな　つと

김 씨는 회의의 사회를 실수없이 맡습니다(능숙하게 봅니다).

写真が戦争の悲劇を如実に物語っています。
しゃしん　せんそう　ひげき　にょじつ　ものがた

사진이 전쟁의 비극을 여실히 말해주고 있습니다.

0483

잔치 **연**

잔치, 술자리

🔈 **えん** 宴会 연회　宴席 연회석　披露宴 피로연　酒宴 술자리
えんかい　　えんせき　　ひろうえん　　しゅえん

宴会でたくさんお酒を飲みました。 연회에서 술을 많이 마셨습니다.
えんかい　　　　　さけ　の

披露宴はとても華やかな雰囲気でした。 피로연은 매우 화려한 분위기였습니다.
ひろうえん　　　　はな　　　ふんいき

0484

기쁠 **열 (悦)**

기쁘다, 기뻐하다

🔈 **えつ** 満悦 만족하여 기뻐함　法悦 황홀한 상태·기분
まんえつ　　　　　　　ほうえつ

当店の料理にご満悦していただけましたか。 저희 가게 요리에 만족하셨습니까?
とうてん　りょうり　まんえつ

クラシック音楽を聞きながら、彼女は法悦にひたりました。
おんがく　き　　　　　かのじょ　ほうえつ

클래식 음악을 들으며, 그녀는 황홀한 기분에 잠겼습니다.

0485

볼 **열 (閲)**

①보다 ②검열하다

🔈 **えつ** 閲覧 열람　閲覧室 열람실　検閲 검열　校閲 교열
えつらん　　えつらんしつ　　けんえつ　　こうえつ

試験期間なので、閲覧室は学生が多いです。
しけんきかん　　　　えつらんしつ　がくせい　おお

시험기간이라서 열람실은 학생이 많습니다.

刑務所では受刑者の郵便物を検閲します。
けいむしょ　　じゅけいしゃ　ゆうびんぶつ　けんえつ

교도소에서는 수감자의 우편물을 검열합니다.

0486

炎
불꽃 **염**
①불꽃 ②불타다

음 えん　炎症 염증　炎上 타오름　火炎 화염, 불길　肺炎 폐렴
훈 ほのお　炎 불꽃, 불길

新型ウィルスによる肺炎が流行しています。
신형 바이러스에 의한 폐렴이 유행하고 있습니다.

薪をくべると、炎は勢いを増しました。
장작을 지피자 불꽃은 기세를 더했습니다(화력이 세졌습니다).

0487

詠
읊을 **영**
①읊다, 노래하다
②시가를 짓다

음 えい　詠嘆 영탄, 감탄　詠唱 영창, 아리아　朗詠 낭영, 낭송
　　　　詠ずる・詠じる 읊다
훈 よむ　詠む 시가를 짓다, 읊다

詩の朗詠会が開かれました。 시 낭송회가 열렸습니다.
祖父は俳句を詠むのが趣味です。 할아버지는 하이쿠(일본의 단시)를 짓는 것이 취미입니다.

Tip よむ

詠む 시를 짓다, 읊다
俳句を詠む。 하이쿠를 짓다.

読む 읽다
雑誌を読む。 잡지를 읽다.

0488

娯
즐길 **오** (娯)
즐기다, 즐거워하다

음 ご　娯楽 오락

田舎なので娯楽施設がありません。 시골이라서 오락시설이 없습니다.

깨달을 **오**

깨닫다, 깨우쳐 주다

| 음 | ご | 覚悟 각오　悔悟 회오, 회개, 뉘우침 |
| 훈 | さとる | 悟る 깨닫다, 알아채다, 눈치채다 |

覚悟を決めて、面接試験に臨みます。 각오를 단단히 하고 면접시험에 임합니다.

人生の厳しさを悟りました。 인생의 험난함을 깨달았습니다.

옥 **옥**

옥, 감옥

| 음 | ごく | 獄中 옥중　獄死 옥사　地獄 지옥　脱獄 탈옥 |

彼は獄中で改心しました。 그는 옥중에서 마음을 바로 잡았습니다.

脱獄事件が発生しました。 탈옥사건이 발생했습니다.

편안할 **온** (穩)

편안하다, 평온하다

음	おん	穏当 온당함　穏便 온당하고 원만함, 모나지 않음　平穏 평온함
		安穏 안온함, 조용하고 편안함(あんのん으로도 읽음)
훈	おだやか	穏やか 온화함, 평온함, 잔잔함

平穏な生活が一番の幸せです。 평온한 생활이 가장 큰 행복입니다.

春の穏やかな海がとてもきれいです。 봄의 잔잔한 바다가 매우 아름답습니다.

낄 **옹**

①끼다 ②안다 ③들다

| 음 | よう | 擁護 옹호　擁立 옹립(받들어 모심)　抱擁 포옹 |
| | | 擁する ①안다 ②가지다, 수용하다 |

旧友とあつい抱擁を交わしました。 옛 친구와 뜨거운 포옹을 했습니다.

この会社は多くの従業員を擁しています。
이 회사는 많은 종업원(직원)을 고용하고 있습니다.

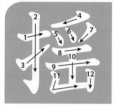

느릴 **완**

①느리다 ②느슨하다
③늦추다

음 かん 　緩和 완화　緩慢 완만함　緩急 완급(느림과 빠름)　弛緩 이완

훈 ゆるい 　緩い 느슨하다, 완만하다

ゆるやか 　緩やか 완만함

ゆるむ 　緩む 느슨해지다, 풀리다

ゆるめる 　緩める 느슨하게 하다, 늦추다

補助金を受けるための基準が緩和されました。
보조금을 받기 위한 기준이 완화되었습니다.

出生率が緩やかに上昇しています。 출생률이 완만하게 상승하고 있습니다.

春になって寒さが緩みました。 봄이 되어 추위가 풀렸습니다.

暑いのでネクタイを緩めました。 더워서 넥타이를 느슨하게 했습니다.

Tip 관용구

手を緩める 엄한 태도를 늦추다, 완화하다
相手チームは攻撃の手を緩めた。 상대팀은 공격을 늦추었다.

흔들 **요**

①흔들다, 흔들리다
②움직이다

음 よう 　動揺 동요　揺籃 요람　揺籃期 요람기

훈 ゆれる 　揺れる 흔들리다

ゆる 　揺る 흔들다

ゆらぐ 　揺らぐ 전체가 흔들리다, 요동하다

ゆるぐ 　揺るぐ 흔들리다, 동요하다

ゆする 　揺する 흔들다

ゆさぶる 　揺さぶる・揺すぶる 흔들다, 동요하다

ゆすぶる

試験を前にして、心が動揺しないように努力します。
시험을 앞두고, 마음이 동요하지 않도록 노력합니다.

地震が起きて、家が大きく揺れました。 지진이 나서, 집이 크게 흔들렸습니다.

理事の勢力が強くなって、社長の地位が揺らいでいます。
이사의 세력이 세져서, 사장의 지위가 흔들리고 있습니다.

終点が近づいたので、友だちを揺さぶって起こしました。
종점이 가까워져, 친구를 흔들어 깨웠습니다.

0495

욕될 **욕**

①욕되다 ②더럽히다
③모욕을 당하다

- 음 **じょく** 屈<ruby>辱<rt>くつじょく</rt></ruby> 굴욕 　雪<ruby>辱<rt>せつじょく</rt></ruby> 설욕 　侮<ruby>辱<rt>ぶじょく</rt></ruby> 모욕
- 훈 **はずかしめる** <ruby>辱<rt>はずかし</rt></ruby>める 창피를 주다, 모욕하다 　<ruby>辱<rt>はずかし</rt></ruby>め 창피, 모욕

<ruby>昨年<rt>さくねん</rt></ruby>はライバルチームに<ruby>負<rt>ま</rt></ruby>けましたが、<ruby>今年<rt>ことし</rt></ruby>はその<ruby>雪辱<rt>せつじょく</rt></ruby>を<ruby>果<rt>は</rt></ruby>たしました。
작년에는 라이벌 팀에게 졌습니다만, 올해는 그 설욕을 했습니다.

<ruby>私<rt></rt></ruby>は<ruby>彼<rt>かれ</rt></ruby>からひどい<ruby>辱<rt>はずかし</rt></ruby>めを<ruby>受<rt></rt></ruby>けました。 나는 그로부터 심한 모욕을 받았습니다.

0496

쓸데없을 **용**

쓸데없다, 무익하다

- 음 **じょう** 冗<ruby>談<rt>じょうだん</rt></ruby> 농담 　冗<ruby>長<rt>じょうちょう</rt></ruby> 장황함 　冗<ruby>漫<rt>じょうまん</rt></ruby> 장황함, 지루함

<ruby>木村<rt>きむら</rt></ruby>さんには<ruby>冗談<rt>じょうだん</rt></ruby>が<ruby>通<rt>つう</rt></ruby>じません。 기무라 씨에게는 농담이 통하지 않습니다.

<ruby>冗長<rt>じょうちょう</rt></ruby>な<ruby>文章<rt>ぶんしょう</rt></ruby>を<ruby>修正<rt>しゅうせい</rt></ruby>します。 장황한 문장을 수정합니다.

0497

또 **우**

①또, 다시 ②또한

- 훈 **また** <ruby>又<rt>また</rt></ruby> 또, 또한, 거듭 　<ruby>又<rt>また</rt></ruby>は 또는 　<ruby>又<rt>また</rt></ruby><ruby>聞<rt>ぎ</rt></ruby>き 간접적으로 들음, 전해 들음
<ruby>又<rt>また</rt></ruby><ruby>貸<rt>が</rt></ruby>し 전대(남에게 빌린 것을 다른 사람에게 빌려줌)

<ruby>黒色<rt>くろいろ</rt></ruby>、<ruby>又<rt>また</rt></ruby>は<ruby>紺色<rt>こんいろ</rt></ruby>のペンで<ruby>書<rt>か</rt></ruby>いてください。 검은색, 또는 짙은 파란색펜으로 써주세요.

<ruby>又<rt>また</rt></ruby><ruby>聞<rt>ぎ</rt></ruby>きの<ruby>話<rt>はなし</rt></ruby>ですが、<ruby>吉田<rt>よしだ</rt></ruby>さんが<ruby>結婚<rt>けっこん</rt></ruby>するそうです。
전해 들은 이야기입니다만, 요시다 씨가 결혼한다고 합니다.

0498

짝 **우**

①짝, 배필 ②짝수 ③우연

- 음 **ぐう** 偶<ruby>像<rt>ぐうぞう</rt></ruby> 우상 　偶<ruby>数<rt>ぐうすう</rt></ruby> 우수, 짝수 　偶<ruby>然<rt>ぐうぜん</rt></ruby> 우연(히)
<ruby>配<rt>はい</rt></ruby>偶<ruby>者<rt>ぐうしゃ</rt></ruby> 배우자

<ruby>偶然<rt>ぐうぜん</rt></ruby>、<ruby>街<rt>まち</rt></ruby>で<ruby>田中<rt>たなか</rt></ruby>さんに<ruby>会<rt>あ</rt></ruby>いました。 우연히 거리에서 다나카 씨를 만났습니다.

<ruby>夫<rt>おっと</rt></ruby>や<ruby>妻<rt>つま</rt></ruby>のことを<ruby>配偶者<rt>はいぐうしゃ</rt></ruby>と<ruby>言<rt>い</rt></ruby>います。 남편이나 부인을 배우자라고 합니다.

0499

만날 우
①우연히 만나다
②대접하다 ③예우, 대우

음 ぐう

きょうぐう 境遇 경우, 처지, 환경　ゆうぐう 優遇 우대　ふぐう 不遇 불우

しょぐう 処遇 처우, 대우

この会社は経験者を優遇します。 이 회사는 경험자를 우대합니다.

彼は不遇の一生を送りました。 그는 불우한 일생을 보냈습니다.

0500

어리석을 우
①어리석다 ②우직하다
③고지식하다

음 ぐ

ぐもん 愚問 우문(어리석은 질문)　ぐどん 愚鈍 우둔함

ぐちょく 愚直 우직함(어리석고 고지식함)　ぐち 愚痴 푸념

훈 おろか

おろ 愚か 어리석음　おろ もの 愚か者 어리석은 놈

酔った友人が会社の愚痴を言っています。
술취한 친구가 회사의 푸념을 하고 있습니다.

とても愚かなことをしてしまいました。 매우 어리석은 짓을 하고 말았습니다.

0501

근심 우
①근심, 걱정 ②근심하다,
괴로워하다

음 ゆう

ゆううつ 憂鬱 우울함　ゆうりょ 憂慮 우려　きゆう 杞憂 기우(쓸데없는 걱정)

いっきいちゆう 一喜一憂 일희일비

훈 うれえる

うれ 憂える 우려하다, 걱정하다

うれい/うい

うれ 憂い 근심, 걱정　う 憂い 괴롭다, 안타깝다

試験の時期が近づいてきて憂鬱です。 시험시기가 다가와 우울합니다.

世の中に利己的な人が増えたのを憂えます。
세상에 이기적인 사람이 늘어나서 걱정입니다.

0502

위로할 위
①위로하다 ②안심시키다

음 い

いろう 慰労 위로　いあん 慰安 위안　いもん 慰問 위문　いしゃりょう 慰謝料 위자료

훈 なぐさめる

なぐさ 慰める 위로하다, 달래다

なぐさむ

なぐさ 慰む 위안이 되다, 마음이 가벼워지다

多額の慰謝料を払うことになりました。 거액의 위자료를 지불하게 되었습니다.

ふられた友だちを慰めます。 이성에게 차인 친구를 위로합니다.

0503

음 ゆう
幽霊 유령, 귀신 幽閉 유폐(어떤 곳에 가둠)
幽玄 유현(정취가 깊고 그윽함)

風に揺れるカーテンを幽霊と間違えました。
바람에 흔들리는 커튼을 유령으로 착각했습니다.

秋史・金正喜は済州島に幽閉されました。 추사 김정희는 제주도에 유폐되었습니다.

Tip 0392 幽霊 참조

그윽할 유
①그윽하다 ②깊다
③가두다 ④귀신

0504

음 ゆう
誘致 유치(꾀어서 데려옴) 誘導 유도 誘惑 유혹
誘拐 유괴 勧誘 권유

훈 さそう
誘う 권유하다, 꾀다

オリンピックの誘致活動をします。 올림픽 유치활동을 합니다.

佐藤さんを誘って映画を見に行きました。 사토 씨를 권유해서 영화를 보러 갔습니다.

꾈 유
①꾀다, 유혹하다
②불러내다 ③권하다

0505

음 じゅん
潤滑油 윤활유 潤沢 윤택함 利潤 이윤 湿潤 습윤(습기가 많음)

훈 うるおう
潤う ①촉촉해지다 ②넉넉해지다

うるおす
潤す ①촉촉하게 하다, 축이다 ②윤택하게 하다

うるむ
潤む 축축해지다, 물기를 띠다

機械に潤滑油を差します。 기계에 윤활유를 칩니다.

アロエは肌を潤す効果があります。 알로에는 피부를 촉촉하게 하는 효과가 있습니다.

불을/윤택할 윤
①물에 불다, 축축하게 되다
②윤택하다 ③이득, 이익

0506

음 おつ
甲乙 갑을, 우열

특이 乙女 소녀, 처녀 乙女座 처녀자리

審査員たちが作品に甲乙を付けています。
심사위원들이 작품에 우열을 가리고 있습니다.

乙女座を描いた絵が飾られています。 처녀자리를 그린 그림이 장식되어 있습니다.

새 을
①새 ②둘째, 천간 ③아무

0507

엉길 **응**

①엉기다 ②모으다, 집중하다

음 ぎょう 凝視 응시 凝縮 응축 凝固 응고 凝結 응결

훈 こる 凝る ①엉기다 ②열중하다

こらす 凝らす ①엉기게 하다 ②(마음·눈·귀 등을) 한 곳에 집중시키다

この薬を使うと血液が凝固します。 이 약을 사용하면 피가 응고합니다.

契約書を目を凝らして読みます。 계약서를 집중해서 읽습니다.

0508

사랑 **자**

①사랑 ②자비

음 じ 慈悲 자비 慈善 자선 慈愛 자애

훈 いつくしむ 慈しむ 자애하다, 사랑하다

聖堂には慈悲深い顔のマリア像がありました。
성당에는 자비로운 얼굴의 마리아상이 있었습니다.

生き物を慈しむ心を育みます。 살아있는 생명을 사랑하는 마음을 기릅니다.

0509

물을 **자**

①묻다 ②상의하다

음 し 諮問 자문(전문가에게 의견을 물음)

훈 はかる 諮る 자문하다, 상의하다

方針を決める前に専門家に諮問します。 방침을 정하기 전에 전문가에게 자문합니다.

議案を幹部会議で諮ります。 의안을 간부회의에서 상의합니다.

Tip 0413 はかる 참조

0510

잠길 **잠** (潛)

①잠기다 ②가라앉다
③감추다, 숨기다

음 せん 潜伏 잠복 潜水 잠수 潜入 잠입 潜在 잠재

훈 ひそむ 潜む 숨다, 잠복하다

もぐる 潜る 잠수하다

記者が潜入取材をしています。 기자가 잠입취재를 하고 있습니다.

逃げた犯人がこの辺りに潜んでいるそうです。
달아난 범인이 이 근처에 숨어 있다고 합니다.

189

0511

잠깐 **잠**

잠깐, 잠시

음 ざん　　暫定 잠정　　暫時 잠시

韓国チームは現在、暫定１位です。 한국팀은 현재, 잠정 1위입니다.

暫時休憩をとった後、作業を再開しました。
잠시 휴식을 취한 후, 작업을 재개했습니다.

0512

장인 **장**

①장인 ②기술자

음 しょう　　師匠 선생, 스승　　巨匠 거장　　名匠 명장

師匠の下で修行します。 스승 밑에서 수행합니다.

黒澤明は巨匠と呼ばれる映画監督です。
구로사와 아키라는 거장이라고 불리는 영화감독입니다.

0513

손바닥 **장**

①손바닥 ②맡다, 주관하다

음 しょう　　掌握 장악　　掌中 수중, 손바닥 안　　車掌 차장
合掌 합장

その監督は映画界を掌握しています。 그 감독은 영화계를 장악하고 있습니다.

新しい社長は全ての人事権を掌中にしました。
새로운 사장은 모든 인사권을 수중에 넣었습니다.

0514

장사지낼 **장**

①장사지내다 ②매장하다

음 そう　　葬儀 장례식　　葬列 장례 행렬　　埋葬 매장　　火葬 화장
훈 ほうむる　　葬る 묻다, 장사지내다

知人の葬儀に参列しました。 아는 사람의 장례식에 참석했습니다.

遺骨を墓に葬りました。 유골을 무덤에 묻었습니다.

0515

도둑 적

도둑, 도둑질

음 ぞく

<ruby>盗<rt>とう</rt></ruby>賊 도적, 도둑　<ruby>山<rt>さん</rt></ruby>賊 산적　<ruby>海<rt>かい</rt></ruby>賊 해적　<ruby>国<rt>こく</rt></ruby>賊 역적

<ruby>昔<rt>むかし</rt></ruby>、この<ruby>山道<rt>やまみち</rt></ruby>には<ruby>山賊<rt>さんぞく</rt></ruby>が<ruby>出<rt>で</rt></ruby>たそうです。 옛날에 이 산길에는 산적이 나왔다고 합니다.

<ruby>貿易船<rt>ぼうえきせん</rt></ruby>を<ruby>海賊<rt>かいぞく</rt></ruby>から<ruby>守<rt>まも</rt></ruby>ります。 무역선을 해적으로부터 지킵니다.

0516

문서 적

①문서 ②서적 ③호적

음 せき

<ruby>戸<rt>こ</rt></ruby>籍 호적　<ruby>戸<rt>こ</rt></ruby>籍<ruby>謄本<rt>せきとうほん</rt></ruby> 호적등본　<ruby>書<rt>しょ</rt></ruby>籍 서적, 책

<ruby>入<rt>にゅう</rt></ruby>籍 입적(호적에 오름)　<ruby>本<rt>ほん</rt></ruby>籍 본적

<ruby>市役所<rt>しやくしょ</rt></ruby>で<ruby>戸籍謄本<rt>こせきとうほん</rt></ruby>を<ruby>取<rt>と</rt></ruby>りました。 시청에서 호적등본을 뗐습니다.

この<ruby>商品券<rt>しょうひんけん</rt></ruby>はCDや<ruby>書籍<rt>しょせき</rt></ruby>を<ruby>安<rt>やす</rt></ruby>く<ruby>買<rt>か</rt></ruby>えます。 이 상품권은 CD나 책을 싸게 살 수 있습니다.

0517

붙을 점

①붙다 ②끈끈하다
③차지다

음 ねん

<ruby>粘<rt>ねん</rt></ruby><ruby>土<rt>ど</rt></ruby> 점토, 찰흙　<ruby>粘<rt>ねん</rt></ruby>膜 점막　<ruby>粘<rt>ねん</rt></ruby>液 점액

<ruby>粘<rt>ねん</rt></ruby>着 점착(끈끈하게 달라붙음)

훈 ねばる

<ruby>粘<rt>ねば</rt></ruby>る 끈적거리다, 끈기있게 견디어내다

<ruby>粘<rt>ねば</rt></ruby>り<ruby>気<rt>け</rt></ruby> 찰기, 끈기　<ruby>粘々<rt>ねばねば</rt></ruby> 끈적끈적

これは<ruby>胃<rt>い</rt></ruby>の<ruby>粘膜<rt>ねんまく</rt></ruby>を<ruby>保護<rt>ほご</rt></ruby>する<ruby>薬<rt>くすり</rt></ruby>です。 이것은 위의 점막을 보호하는 약입니다.

<ruby>韓国<rt>かんこく</rt></ruby>チームはゲーム<ruby>終了<rt>しゅうりょう</rt></ruby>まで<ruby>諦<rt>あきら</rt></ruby>めず<ruby>粘<rt>ねば</rt></ruby>りました。

한국팀은 게임이 끝날 때까지 포기하지 않고 버티었습니다.

0518

바로잡을 정

①바로잡다 ②고치다

음 てい

<ruby>訂<rt>てい</rt></ruby>正 정정　<ruby>改<rt>かい</rt></ruby>訂 개정　<ruby>改<rt>かい</rt></ruby>訂<ruby>版<rt>ていばん</rt></ruby> 개정판　<ruby>校<rt>こう</rt></ruby>訂 교정

<ruby>間違<rt>まちが</rt></ruby>ったグラフの<ruby>数値<rt>すうち</rt></ruby>を<ruby>訂正<rt>ていせい</rt></ruby>します。 잘못된 그래프의 수치를 정정합니다.

<ruby>辞書<rt>じしょ</rt></ruby>の<ruby>改訂版<rt>かいていばん</rt></ruby>が<ruby>出版<rt>しゅっぱん</rt></ruby>されました。 사전의 개정판이 출판되었습니다.

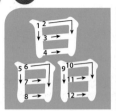

0519

음 しょう　水晶 수정, 크리스탈　結晶 결정

맑을 **정**
①맑다 ②밝다 ③수정

このシャンデリアは水晶でできています。
이 샹들리에는 크리스탈로 만들어져 있습니다.

小学生が雪の結晶を観察しています。 초등학생이 눈의 결정을 관찰하고 있습니다.

0520

음 じょう　錠剤 정제, 알약　一錠 한 알　手錠 수갑
施錠 자물쇠를 채움, 문을 잠금　南京錠 주머니 모양의 자물쇠

덩이 **정**
①덩이 ②정제, 알약

粉薬は飲みにくいので錠剤をください。 가루약은 먹기 힘드니 알약을 주세요.

警察は犯人に手錠をかけました。 경찰은 범인에게 수갑을 채웠습니다.

0521

음 てい　帝国 제국　帝政 제정　皇帝 황제　女帝 여제
특이 帝 천황, 황제

임금 **제**
①임금, 천자 ②하느님

ロシアには1917年まで帝国が存在しました。
러시아에는 1917년까지 제국이 존재했습니다.

武則天は中国の女帝です。 측천무후는 중국의 여제입니다.

0522

음 そ　阻害 저해, 가로막음　阻止 저지　특이 悪阻 입덧(おそ로도 읽음)
훈 はばむ　阻む 막다, 저지하다, 방해하다

막힐 **조**
①막히다 ②험하다

牽制球を投げて盗塁を阻止します。 견제구를 던져 도루를 저지합니다.

倒れた木が通行を阻んでいます。 쓰러진 나무가 통행을 방해하고 있습니다.

0523

둘 조

①두다 ②처리하다

음 そ   措**置** 조치

地震の被害にあった人を救済するための措置をとります。
지진의 피해를 입은 사람을 구제하기 위한 조치를 취합니다.

0524

거칠 조

①거칠다, 조잡하다
②크다 ③대략, 대강

음 そ   粗**品** 변변치 못한 물건   粗**雜** 조잡, 거칠고 엉성함

粗**悪** 조악함, 조잡함   粗**暴** 거칠고 난폭함

훈 あらい   粗い ①거칠다 ②성기다, 굵다   粗**筋** 줄거리, 개요

彼は粗暴な性格で困ります。 그는 거칠고 난폭한 성격이라 난처합니다.

網目を粗くして、マフラーを編んでいます。
그물코를 크게 해서 머플러를 짜고 있습니다.

Tip 0307 あらい 참조

0525

만날 조 (遭)

①우연히 만나다
②나쁜 일을 당하다

음 そう   遭**遇** 조우, 우연히 만남   遭**難** 조난   遭**難者** 조난자

훈 あう   遭う ①우연히 만나다 ②겪다, 당하다

高速道路を走っている時に事故に遭遇しました。
고속도로를 달리고 있을 때 사고를 만났습니다.

海で嵐に遭いました。 바다에서 폭풍우를 만났습니다.

Tip **あう**

遭う (어떤 일을) 당하다
事故に遭う。 사고를 당하다.

会う 만나다
恋人に会う。 애인을 만나다.

合う 맞다, 일치하다
意見が合う。 의견이 맞다.

0526

새길 **조**

새기다, 칼 따위로 파다

🔊 **ちょう** 彫刻 조각　彫像 조각상　木彫 목조

🖊 **ほる** 彫る 새기다, 조각하다

美術大学で彫刻を専攻しています。 미술대학에서 조각을 전공하고 있습니다.

岩に仏像を彫ります。 바위에 불상을 새깁니다.

Tip 0038 ほる 참조

0527

쇠북 **종**

①쇠북 ②종

🔊 **しょう** 鐘楼 종루, 종각(종을 달아두는 누각)　梵鐘 범종(종루에 매다는 종)
　　　　　警鐘 경종(위급할 때 알리는 종, 잘못된 일에 경계하여 주는 충고를 비유하는 말)

🖊 **かね** 鐘 종　釣り鐘 종, 범종

地球温暖化を防ぐために、国連が警鐘を鳴らしています。
지구온난화를 막기 위해서, 유엔이 경종을 울리고 있습니다.

除夜の鐘の音が聞こえてきます。 제야의 종소리가 들려옵니다.

0528

머무를 **주**

①(말이)머무르다 ②(말을)
머무르게 하다 ③체류하다

🔊 **ちゅう** 駐車 주차　駐在 주재　駐在員 주재원　常駐 상주
　　　　　進駐 진주(진군하여 머무름)

車を家の前に駐車します。 차를 집 앞에 주차합니다.

紛争地域から駐在員を避難させます。 분쟁지역으로부터 주재원을 대피시킵니다.

0529

불릴 **주** (鑄)

①(쇠를)불리다
②(쇠를)부어 만들다

🔊 **ちゅう** 鋳造 주조　鋳鉄 주철

🖊 **いる** 鋳る 주조하다　鋳型 거푸집(속이 비어 있어 쇠붙이를 녹여 붓는 틀)
　　　　　鋳物 주물

マンホールの蓋を鋳造します。 맨홀 뚜껑을 주조합니다.

鋳型に溶けた銅を流し込みます。 거푸집에 녹인 구리를 부어 넣습니다.

0530

좇을 준 (遵)

좇다, 따르다

음 じゅん 　遵守 준수

政府は憲法を遵守しなければなりません。 정부는 헌법을 준수해야 합니다.

0531

미울 증 (憎)

①밉다 ②미워하다
③밉살스럽다

음 ぞう 　憎悪 증오 　愛憎 애증 　愛憎劇 애증극

훈 にくむ 　憎む 미워하다, 증오하다

　にくい/にくらしい 　憎い 밉다 　憎らしい 얄밉다

　にくしみ 　憎しみ 미움, 증오

人気俳優が出演する劇の愛憎関係がおもしろいです。
인기 배우가 출연하는 연극의 애증관계가 재미있습니다.

嫌なことがあっても人を憎まないようにしましょう。
기분 나쁜 일이 있어도 사람을 미워하지 않도록 합시다.

0532

복 지 (祉)

복

음 し 　福祉 복지

福祉に関わる仕事がしたいです。 복지와 관련된 일을 하고 싶습니다.

0533

베풀/묵을 진

①베풀다 ②말하다
③늘어놓다 ④묵다

음 ちん 　陳列 진열 　陳述 진술 　陳腐 진부함

　陳謝 진사(까닭을 말하며 사과함)

裁判で証人が証言を陳述しました。 재판에서 증인이 증언을 진술했습니다.

陳腐な内容の小説でおもしろくないです。 진부한 내용의 소설이라 재미없습니다.

0534

진압할 **진** (鎭)

① 진압하다 ② 누르다
③ 진정하다

음	**ちん**	鎮**圧** 진압 鎮**静** 진정 鎮**魂** 진혼 鎮**魂歌** 진혼가
		鎮**痛剤** 진통제
훈	**しずめる**	鎮**める** 진압하다, 가라앉히다
	しずまる	鎮**まる** 진정되다, 가라앉다

聖歌隊が鎮魂歌を歌っています。 성가대가 진혼가를 부르고 있습니다.

薬を飲んでも頭痛が鎮まりません。 약을 먹어도 두통이 가라앉지 않습니다.

Tip **しずめる**

鎮**める** 진압하다, 가라앉히다

争いを鎮める。 싸움을 가라앉히다.

静**める** 가라앉히다, 조용하게 하다

会場を静める。 회장을 조용하게 하다.

0535

병 **질**

① 병, 질병 ② 괴로움, 아픔
③ 빠르다, 빨리

음	**しつ**	疾**病** 질병 疾**患** 질환 疾**走** 질주
		疾**風** 질풍 疾**風怒涛** 질풍노도

死因1位の疾病はガンです。 사망 원인 1위의 질병은 암입니다.

レースカーがコースを疾走しています。 레이스카가 코스를 질주하고 있습니다.

0536

막힐 **질**

막다, 막히다

음	**ちつ**	窒**息** 질식 窒**素** 질소

酸素不足で窒息事故が起きました。 산소부족으로 질식사고가 일어났습니다.

窒素の元素記号はNです。 질소의 원소기호는 N입니다.

연습 문제 ⑫

■ 밑줄 친 한자를 바르게 읽은 것을 고르시오.

1 昔は餓死で亡くなる人がたくさんいました。
①かし ②がし ③かさ ④がさ

2 遺族に哀悼の意を表しました。
①あいとう ②あいどう ③えとう ④えどう

3 土地を分譲して売ることにしました。
①ぶんよう ②ふんよう ③ぶんじょう ④ふんじょう

4 外国語を勉強する時は発音の抑揚を真似することが大切です。
①おくおう ②よくおう ③おくよう ④よくよう

5 友だちが宴席で歌を歌いました。
①えんせき ②よんせき ③えんぜき ④よんぜき

6 この本を閲覧するためには許可が必要です。
①えいえい ②えつえい ③えいらん ④えつらん

7 みんなで桜を見ながら俳句を詠みました。
①ながみました ②よみました ③こみました ④つつみました

8 努力しましたが、自分には無理だということを悟りました。
①こもりました ②たよりました ③さとりました ④あかりました

9 事故の現場は地獄のようでした。
①じごく ②ちごく ③じこく ④ちこく

10 私には賛同者がいませんでしたが、田中さんだけは擁護してくれました。
①おうご ②おうほ ③ようご ④ようほ

정답 1 ② 2 ① 3 ③ 4 ④ 5 ① 6 ④ 7 ② 8 ③ 9 ① 10 ③

11 食べすぎたので、ズボンのベルトを緩めた。

① すすめた   ② はめた   ③ まるめた   ④ ゆるめた

12 私の決心は揺るぐことがありませんでした。

① おるぐ   ② ゆるぐ   ③ かるぐ   ④ するぐ

13 野党が侮辱的な言葉で与党を非難しています。

① ぶうじょく   ② ぼうじょく   ③ ぶじょく   ④ ぼじょく

14 イスラム教では偶像を崇拝することを禁止しています。

① ぐうぞう   ② うぞう   ③ ぐうさん   ④ うさん

15 妻を慰労するために、温泉旅行を企画しました。

① うろう   ② うりょう   ③ いろう   ④ いりょう

16 彼は絵に目を凝らして鑑賞していました。

① ふらして   ② てらして   ③ さらして   ④ こらして

17 首相は経済政策の方針を専門家に諮りました。

① はかりました   ② なまりました   ③ かかりました   ④ あさりました

18 この教会では色々な慈善事業をしています。

① じせん   ② じぜん   ③ しそん   ④ しぞん

19 スパイは変装をして、その企業に潜入しました。

① ぜんにゅう   ② ぜんりゅう   ③ せんにゅう   ④ せんりゅう

20 ここには戦争で亡くなった人々が埋葬されています。

① ないぞう   ② ないそう   ③ まいぞう   ④ まいそう

정답   11 ④   12 ②   13 ③   14 ①   15 ③   16 ④   17 ①   18 ②   19 ③   20 ④

21 市役所で入籍届を出しました。

① にっせき　　② にっぜき　　③ にゅうせき　　④ にゅうぜき

22 子どもが粘土で遊んでいます。

① れんと　　② れんど　　③ ねんと　　④ ねんど

23 警備員が建物に施錠しています。

① せじょ　　② せじょう　　③ しじょ　　④ しじょう

24 悪阻が激しい妻をいたわります。

① にきび　　② そばかす　　③ つわり　　④ やいば

25 簡単に小説の粗筋を話してください。

① あらきん　　② そきん　　③ あらすじ　　④ そすじ

26 事故を起こした船が遭難信号を出しました。

① そうなん　　② ぞうなん　　③ そうらん　　④ ぞうらん

27 この病院は小児科医が24時間、常駐しています。

① じょうちゅう　　② じょうちゅ　　③ じょうじゅう　　④ じょうじゅ

28 お店の人が商品を陳列しています。

① じんれつ　　② ちんれつ　　③ じんれい　　④ ちんれい

29 頭が痛いので鎮痛剤を飲みました。

① じんつうざい　　② ちんつうざい　　③ じんすうざい　　④ ちんすうざい

30 検査で重大な疾患が見つかりました。

① しっがん　　② ちっがん　　③ しっかん　　④ ちっかん

정답　21 ③　22 ④　23 ②　24 ③　25 ③　26 ①　27 ①　28 ②　29 ②　30 ③

搾	錯	擦	債	斥	隻	哲	請
짤 착	어긋날 착	문지를 찰	빚 채	물리칠 척	외짝 척	밝을 철	청할 청
聴	逮	滯	締	焦	超	礎	促
들을 청	잡을 체	막힐 체	맺을 체	탈 초	뛰어넘을 초	주춧돌 초	재촉할 촉
囑	撮	催	抽	墜	畜	軸	衝
부탁할 촉	사진 찍을 촬	재촉할 최	뽑을 추	떨어질 추	짐승 축	굴대 축	찌를 충
炊	醉	稚	卓	託	奪	怠	胎
불 땔 취	취할 취	어릴 치	높을 탁	부탁할 탁	빼앗을 탈	게으를 태	아이 밸 태
択	婆	膨	胞	飽	漂	乏	虐
가릴 택	할머니 파	부를 팽	세포 포	배부를 포	떠다닐 표	모자랄 핍	모질 학
恨	該	虛	賢	峽	脅	刑	弧
한 한	갖출/마땅 해	빌 허	어질 현	골짜기 협	위협할 협	형벌 형	활 호
魂	華	穫	幻	喚	換	滑	慌
넋 혼	빛날 화	거둘 확	헛보일 환	부를 환	바꿀 환	미끄러울 활/익살스러울 골	어리둥절할 황
悔	酵	携	姬	犧			
뉘우칠 회	삭힐 효	이끌 휴	여자 희	희생 희			

0537

짤 착

짜다, 짜내다

- 음 **さく** 搾取 착취　搾乳 착유, 젖을 짬
- 훈 **しぼる** 搾る (액즙을) 짜다　乳搾り 젖을 짬

労組は「労働の搾取だ」と経営陣を非難しました。
노조는 '노동의 착취'라고 경영진을 비난했습니다.

乳を搾って、バターを作ります。 젖을 짜서 버터를 만듭니다.

> Tip 0349 しぼる 참조

0538

어긋날 착

①어긋나다 ②섞이다
③잘못하다

- 음 **さく** 錯覚 착각　錯視 착시　錯誤 착오　錯綜 복잡하게 뒤얽힘

その考え方は甚だしい時代錯誤です。 그 사고방식은 심한 시대착오입니다.

情報が錯綜して、地震被害の実態が分かりません。
정보가 복잡하게 뒤얽혀, 지진피해의 실태를 알 수 없습니다.

0539

문지를 찰

①문지르다 ②마찰하다
③비비다

- 음 **さつ** 擦過傷 찰과상　摩擦 마찰　貿易摩擦 무역마찰
- 훈 **する** 擦る 문지르다, 갈다, 비비다　擦り傷 찰과상
- **すれる** 擦れる ①닳다 ②마주 스치다
  擦れ違う ①스치듯 지나가다 ②엇갈리다

貿易摩擦を解消するための会議をします。 무역마찰을 해소하기 위한 회의를 합니다.

マッチを擦って、火をつけます。 성냥을 그어서 불을 붙입니다.

> Tip **する**

擦る 문지르다, 비비다

マッチを擦る。 성냥을 긋다.

刷る 인쇄하다, 박다

ドキュメントを刷る。 문서를 인쇄하다.

0540

빚 **채**

빚, 부채

음 さい

債権 채권　債務 채무　国債 국채　負債 부채, 빚

国債の金額が年々増えます。 국채의 금액이 해마다 증가합니다.

事業の失敗で多額の負債を抱えました。 사업 실패로 거액의 빚을 졌습니다.

0541

물리칠 **척**

①물리치다 ②몰래 살피다

음 せき

排斥 배척　斥候 척후(적의 형편이나 지형 등을 살핌)

一部の人々が移民した外国人の排斥を訴えています。
일부 사람들이 이민 온 외국인의 배척을 호소하고 있습니다.

その軍は偵察するために斥候を出しました。
그 군대는 정찰하기 위해 척후를 내보냈습니다.

0542

외짝 **척**

①외짝 ②하나
③척(배를 세는 단위)

음 せき

隻眼 외눈　一隻 한 척　二隻 두 척

隻眼の弓裔は後高句麗を建てました。 외눈의 궁예는 후고구려를 세웠습니다.

湖には一隻のボートがあります。 호수에는 보트 한 척이 있습니다.

0543

밝을 **철**

①밝다 ②슬기롭다

음 てつ

哲学 철학　哲人 철인, 철학자　変哲 별다름, 이상함

大学の専攻は哲学です。 대학의 전공은 철학입니다.

相手は何の変哲もない男でした。 상대는 아무 별다를 게 없는 남자였습니다.

0544

청할 청 (請)

①청하다, 요구하다
②바라다

음 せい 　請願 청원 　請求 청구 　申請 신청 　要請 요청

훈 こう 　請う 청하다, 원하다

　うける 　請ける 도급하다, 떠맡다 　下請け 하청 　請負人 도급업자

遭難者が救助を要請しました。 조난자가 구조를 요청했습니다.

車の製造には多くの下請け企業が関わっています。
자동차 제조에는 많은 하청기업이 관련되어 있습니다.

Tip **0932 こう** 참조

Tip **うける**

請ける 도급하다, 떠맡다
仕事を請ける。 일을 떠맡다.

受ける 받다
ボールを受ける。 공을 받다.

0545

들을 청 (聽)

듣다, 들어주다

음 ちょう 　聴覚 청각 　聴衆 청중 　聴解 청해

　拝聴 배청, 삼가 들음 　傾聴 경청

훈 きく 　聴く (귀기울여) 듣다

それは傾聴に値する意見だと思います。
그것은 충분히 경청할 만한 의견이라고 생각합니다.

市民の声を聴いて、市政に反映させます。
시민의 목소리를 귀기울여 듣고 시정에 반영시킵니다.

Tip **きく**

聴く (귀기울여) 듣다
講演を聴く。 강연을 듣다.

聞く (소리나 이야기를) 듣다
ラジオを聞く。 라디오를 듣다.

効く 효과가 있다
麻酔が効く。 마취가 잘 되다.

利く 잘 움직이다
気が利く。 눈치가 빠르다.

2학년 한자

0546

잡을 **체**

잡다, 체포하다

음 たい

逮捕 체포

逃げていた犯人が逮捕されました。 도망쳤던 범인이 체포되었습니다.

0547

막힐 **체** (滯)

①막히다 ②남다
③머무르다

음 たい

滞在 체재, 체류　滞納 체납　渋滞 (교통 등의) 정체, 밀림

停滞 정체(일이 순조롭게 진행되지 않음)

훈 とどこおる　滞る 밀리다, 정체되다

日本列島に梅雨前線が停滞しています。 일본 열도에 장마전선이 정체되어 있습니다.
お互いに譲歩せず、交渉が滞りました。 서로 양보하지 않아 협상이 정체되었습니다.

0548

맺을 **체**

①맺다 ②체결하다
③단속하다

음 てい　締結 체결　締約 체약(조약·계약을 맺음), 체결

훈 しまる　締まる 단단하게 죄이다　取り締まり 단속　戸締まり 문단속

しめる　締める ①죄다, (졸라)매다 ②잠그다 ③마감하다　締め切り 마감

日本はアメリカと条約を締結したことを発表しました。
일본은 미국과 조약을 체결했다고 발표했습니다.
警察がスピード違反の車の取り締まりをしています。
경찰이 속도위반 차량을 단속하고 있습니다.

 0349 しめる 참조

0549

탈 **초**

①타다, 태우다 ②초조하게
굴다 ③애태우다

음 しょう　焦点 초점　焦燥 초조

훈 こげる/こがす　焦げる 타다, 눋다　焦がす 눋게 하다, 태우다

こがれる　焦がれる 연모하다, 애태우다

あせる　焦る 안달하다, 초조하게 굴다

望遠鏡の焦点を合わせて、月を観察します。 망원경의 초점을 맞추어 달을 관찰합니다.
時間があまりないので焦ります。 시간이 별로 없어서 초조합니다.

0550

뛰어넘을 초

①뛰어넘다 ②빼어나다

음 ちょう 　超過 초과　超越 초월　超絶 매우 뛰어남

훈 こえる 　超える ①(기준을) 넘다 ②초월하다

こす 　超す 넘다, 초과하다

体操選手が超絶的な技を披露しています。
체조 선수가 매우 뛰어난 기술을 선보이고 있습니다.

受験生の数は定員を大幅に超していました。 수험생의 수는 정원을 크게 초과했습니다.

Tip 0201 こえる 참조

0551

주춧돌 초

①주춧돌 ②기초

음 そ 　礎石 초석　基礎 기초

훈 いしずえ 　礎 초석

フランス語を基礎から勉強します。 프랑스어를 기초부터 공부합니다.

その研究によって、エイズ治療の礎が築かれました。
그 연구에 의해, 에이즈 치료의 초석이 구축되었습니다.

0552

재촉할 촉

①재촉하다 ②촉진하다
③빠르다, 신속하다

음 そく 　促進 촉진　促成 촉성, 속성(빨리 이루어지게 함)

催促 재촉　督促 독촉　督促状 독촉장

훈 うながす 　促す ①재촉하다, 독촉하다 ②촉진하다

税金の督促状が届きました。 세금 독촉장이 왔습니다.

カルシウムは子どもの成長を促します。 칼슘은 어린이의 성장을 촉진합니다.

0553

부탁할 촉 (囑)

①부탁하다 ②당부하다
③위탁하다

음 しょく 　嘱託 촉탁, 위탁　嘱望 촉망　委嘱 위촉

嘱託を受けた大学病院が医師を派遣します。
위탁을 받은 대학병원이 의사를 파견합니다.

彼女は将来を嘱望されているピアノ奏者です。
그녀는 장래가 촉망되고 있는 피아노 연주자입니다.

0554

사진 찍을 **촬**

사진을 찍다

음 さつ　撮影 촬영　空撮 공중에서 촬영함　盗撮 도촬

훈 とる　撮る 찍다, 촬영하다

空撮をするために飛行します。 공중에서 촬영하기 위해 비행합니다.

光化門の前で記念写真を撮ります。 광화문 앞에서 기념사진을 찍습니다.

Tip 0248 とる 참조

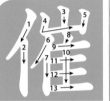

0555

재촉할 **최**

①재촉하다 ②일어나다
③열다, 베풀다

음 さい　催促 재촉　催眠 최면　開催 개최　主催 주최

훈 もよおす　催す ①개최하다, 열다 ②(어떤 기분을) 불러 일으키다, 자아내다

催し 모임, 행사, 회합　催物 행사

カウンセラーが催眠をかけています。 카운슬러가 최면을 걸고 있습니다.

清州の名産品を紹介する物産展が催されました。
청주의 특산품을 소개하는 토산물 전시회가 열렸습니다.

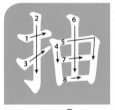

0556

뽑을 **추**

뽑다, 뽑아내다

음 ちゅう　抽選 추첨　抽象 추상　抽象画 추상화　抽出 추출

抽選で景品をプレゼントします。 추첨으로 경품을 선물합니다.

美術館には抽象画が展示されています。 미술관에는 추상화가 전시되어 있습니다.

0557

떨어질 **추 (墜)**

떨어지다, 떨어뜨리다

음 つい　墜落 추락　撃墜 격추　失墜 실추

戦闘機は敵機を撃墜しました。 전투기는 적기를 격추시켰습니다.

その政治家はスキャンダルで良いイメージが失墜しました。
그 정치인은 스캔들로 좋은 이미지가 실추되었습니다.

0558

짐승 축

짐승, 가축

음 ちく 　畜産 축산 　畜舎 축사 　家畜 가축 　牧畜 목축

この地域は畜産で有名です。 이 지역은 축산으로 유명합니다.

私の家には牛や豚などの家畜がいます。 우리 집에는 소나 돼지 등의 가축이 있습니다.

0559

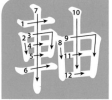

굴대 축

①굴대 ②축

음 じく 　軸 축, 굴대 　縦軸 세로축 　横軸 가로축 　地軸 지축
　車軸 차축(두 개의 바퀴를 이은 중심축)

グラフの横軸は時間を表します。 그래프의 가로축은 시간을 나타냅니다.

四季があるのは地軸が傾いているからです。
사계절이 있는 것은 지축이 기울어져 있기 때문입니다.

0560

찌를 충

①찌르다 ②부딪치다

음 しょう 　衝突 충돌 　衝撃 충격 　緩衝 완충
　折衝 절충(국제간의 외교적 담판 또는 흥정)

船が衝突する事故が起きました。 배가 충돌하는 사고가 일어났습니다.

政治家の汚職事件が発覚して衝撃が走りました。
정치인의 부패 사건이 발각되어 충격에 빠졌습니다.

0561

불 땔 취

①불을 때다 ②밥을 짓다

음 すい 　炊飯 취반, 밥을 지음 　炊飯器 밥솥 　炊事 취사 　自炊 자취
훈 たく 　炊く 밥을 짓다

母が炊飯器を送ってくれました。 엄마가 밥솥을 보내주었습니다.

祖母からおいしくご飯を炊く方法を習いました。
할머니께 맛있게 밥하는 법을 배웠습니다.

0562

음 すい　麻酔 마취　泥酔 만취　心酔 심취

훈 よう　酔う 취하다　酔っ払う 만취하다　二日酔い 숙취

취할 **취 (醉)**

취하다, 취하게 하다

麻酔をかけて手術をします。 마취를 하고 수술을 합니다.

お酒に酔って、うまく歩けません。 술에 취해서 잘 걸을 수 없습니다.

0563

음 ち　稚拙 치졸, 서투름　稚魚 치어　幼稚 유치함, 미숙함

어릴 **치**

①어리다 ②유치하다

ウナギの稚魚を放流します。 뱀장어의 치어를 방류합니다.

彼の考え方はとても幼稚です。 그의 사고방식은 너무 유치합니다.

0564

음 たく　卓球 탁구　卓上 탁상　食卓 식탁　電卓 전자계산기

　　　　教卓 교탁

높을 **탁**

①높다 ②탁자

昼休みに友だちと卓球をします。 점심시간에 친구와 탁구를 칩니다.

食卓には色々な料理がありました。 식탁에는 다양한 요리가 있었습니다.

0565

음 たく　託児所 어린이집　委託 위탁　受託 수탁, 위탁　信託 신탁

부탁할 **탁**

①부탁하다 ②의탁하다

託児所に子どもを預けて出勤します。 어린이집에 아이를 맡기고 출근합니다.

学校から委託を受けて、給食を提供します。
학교에서 위탁을 받아 급식을 제공합니다.

0566

빼앗을 **탈**
① 빼앗다 ② 약탈하다

음 だつ　　奪還 탈환　　奪取 탈취　　強奪 강탈　　争奪 쟁탈

훈 うばう　　奪う 빼앗다

優勝トロフィーを奪還しました。 우승 트로피를 탈환했습니다.

スリに財布を奪われました。 소매치기에게 지갑을 빼앗겼습니다.

0567

게으를 **태**
게으르다, 게을리하다

음 たい　　怠惰 나태함, 게으름　　怠慢 태만　　職務怠慢 직무태만　　倦怠 권태

훈 おこたる　　怠る 소홀히 하다, 게으르다

　　なまける　　怠ける 게으름을 피우다

その事故は職務怠慢が原因でした。 그 사고는 직무태만이 원인이었습니다.

事故が起きないように、安全確認を怠りません。
사고가 일어나지 않도록, 안전 확인을 게을리하지 않습니다.

0568

아이 밸 **태**
① 아이를 배다 ② 잉태하다

음 たい　　胎児 태아　　胎動 태동　　胎盤 태반　　受胎 수태, 임신

赤ちゃんのへその緒は母親の胎盤と繋がっています。
아기의 탯줄은 어머니의 태반과 연결되어 있습니다.

聖母マリアが受胎告知を受けました。 성모 마리아가 수태고지를 받았습니다.

0569

가릴 **택** (擇)
① 가리다, 분간하다
② 고르다

음 たく　　選択 선택　　採択 채택　　二者択一 양자택일

私のアイディアが採択されました。 내 아이디어가 채택되었습니다.

テストは二者択一で答えを選ぶ方式でした。
시험은 양자택일로 답을 고르는 방식이었습니다.

0570

할머니 **파**

①할머니 ②늙은 여자

음 ば
老婆 노파　産婆 산파, 조산사
예외 お婆さん 할머니　婆 노파, 늙은 여자

「産婆」は今の助産師のことです。 '산파'는 지금의 조산사를 말합니다.
お婆さんの荷物を持ってあげます。 할머니의 짐을 들어 드립니다.

0571

부를 **팽**

①배가 부르다 ②부풀다
③불룩하다

음 ぼう
膨張 팽창　膨大 팽대, 방대함
훈 ふくらむ
膨らむ 부풀다, 불룩해지다
ふくれる
膨れる ①부풀다, 불룩해지다 ②(화가 나서) 뽀로통해지다

コンピューターで膨大な数の計算をします。 컴퓨터로 방대한 수의 계산을 합니다.
大きく膨らんだ気球が空を飛んでいます。 크게 부푼 기구가 하늘을 날고 있습니다.

0572

세포 **포** (胞)

①세포 ②배

음 ほう
細胞 세포(さいほう로도 읽음)　同胞 동포　胞子 포자, 홀씨

すべての細胞の中にはDNAがあります。 모든 세포 안에는 DNA가 있습니다.
きのこは胞子で繁殖します。 버섯은 홀씨로 번식합니다.

0573

배부를 **포** (飽)

①배부르다 ②물리다

음 ほう
飽食 포식　飽和 포화　飽満 포만
훈 あきる
飽きる 질리다, 싫증나다
あかす
飽かす 싫증나게 하다

今は食べ物が余る「飽食の時代」です。 지금은 음식이 남아도는 '포식의 시대'입니다.
今日も食堂のメニューが同じなので飽きました。
오늘도 식당메뉴가 같아서 질렸습니다.

0574

떠다닐 **漂**

①떠다니다 ②표백하다

음 **ひょう**　漂**流** 표류　漂**白** 표백　漂**白剤** 표백제

漂**着** 표착(물에 떠다니다 어떤 곳에 닿음)

훈 **ただよう**　漂う ①떠다니다, 떠돌다 ②감돌다

漂**白剤**を入れて洗濯します。 표백제를 넣어 세탁합니다.

海にゴミが漂っていて汚いです。 바다에 쓰레기가 떠다녀서 더럽습니다.

0575

모자랄 **핍**

①모자라다 ②가난하다

음 **ぼう**　貧**乏** 가난함　欠**乏** 결핍　窮**乏** 궁핍

훈 **とぼしい**　乏しい 부족하다, 가난하다

子どもの頃は貧乏でしたが、幸せでした。 어린 시절은 가난했지만 행복합니다.

経験が乏しいので、トラブルに対処できません。

경험이 부족해서, 트러블에 대처할 수 없습니다.

0576

모질 **학** (虐)

①모질다 ②혹독하다
③해치다, 학대하다

음 **ぎゃく**　虐**待** 학대　虐**殺** 학살　残**虐** 잔학함, 잔인함

훈 **しいたげる**　虐げる 학대하다

子どもへの虐待が社会問題になっています。 아동 학대가 사회 문제가 되고 있습니다.

捕虜を虐げることは禁止されています。 포로를 학대하는 것은 금지되어 있습니다.

0577

한 **한**

①한, 한탄 ②원망스럽다
③미워하다

음 **こん**　痛**恨** 통한(몹시 한스러움)　遺**恨** 한, 원한　怨**恨** 원한

훈 **うらむ**　恨む 원망하다, 미워하다

　　うらめしい　恨めしい 원망스럽다, 한스럽다

警察は事件の原因を怨恨だと考えました。

경찰은 사건의 원인을 원한이라고 생각했습니다.

何もできない自分が恨めしいです。 아무것도 할 수 없는 자신이 원망스럽습니다.

211

0578

갖출/마땅 **해**
①갖추다 ②마땅히
③맞다 ④그

음 **がい**

該当 해당　該当者 해당자　当該 당해, 해당, 그

該当するものにチェックしてください。　해당하는 것에 체크해 주세요.

当該の出来事を覚えている人は少ないです。
해당 사건을 기억하고 있는 사람은 적습니다.

0579

빌 **허** (虚)
①비다, 없다 ②헛되다
③공허하다

음 **きょ**

虚無 허무　虚偽 허위, 거짓　空虚 공허　謙虚 겸허함

こ　虚空 허공

훈 **むなしい**　虚しい 허무하다, 헛되다

裁判で虚偽の証言を行うと罰せられます。　재판에서 거짓 증언을 하면 처벌됩니다.

欲望を満たすだけの生活は虚しいです。　욕망을 채우기만 하는 생활은 허무합니다.

0580

어질 **현**
어질다, 현명하다

음 **けん**

賢明 현명함　賢者 현자　良妻賢母 현모양처

훈 **かしこい**　賢い 영리하다, 슬기롭다

田中さんはとても賢明な判断をしました。　다나카 씨는 매우 현명한 판단을 했습니다.

水族館でショーをするイルカは賢いです。
수족관에서 쇼를 하는 돌고래는 영리합니다.

0581

골짜기 **협** (峡)
골짜기

음 **きょう**

峡谷 협곡　海峡 해협

深い峡谷のせいで交通が不便です。　깊은 협곡 때문에 교통이 불편합니다.

九州と本州の間には関門海峡があります。
규슈와 혼슈 사이에는 간몬해협이 있습니다.

0582

위협할 **협**

①위협하다 ②으르다

음 きょう　　脅威 위협　脅迫 협박

훈 おびやかす　脅かす 위협하다, 위태롭게 하다

おどす　脅す 위협하다, 협박하다

おどかす　脅かす ①협박하다, 겁을 주다 ②깜짝 놀라게 하다

台風の脅威に備えなければなりません。 태풍의 위협에 대비해야 합니다.

核兵器は人類の存在を脅かす兵器です。 핵무기는 인류의 존재를 위협하는 무기입니다.

0583

형벌 **형**

①형벌 ②법

음 けい　　刑法 형법　刑罰 형벌　刑事 형사　刑務所 형무소, 교도소

実刑 실형　死刑 사형

刑法に基づいて裁判を行います。 형법에 근거하여 재판을 합니다.

刑事が事件を調べています。 형사가 사건을 조사하고 있습니다.

0584

활 **호**

①활 ②활 모양의 기구

음 こ　　弧 호, 원호　括弧 괄호

円周率を使って弧の長さを求めます。 원주율을 사용하여 원호의 길이를 구합니다.

括弧の中に意見を書いてください。 괄호 안에 의견을 써 주세요.

0585

넋 **혼**

①넋 ②마음 ③생각

음 こん　　霊魂 영혼　闘魂 투혼　鎮魂 진혼(죽은 사람의 넋을 달램)

鎮魂曲 진혼곡　魂胆 속셈, 생각

훈 たましい　魂 혼, 영혼, 넋

戦争で亡くなった人々を鎮魂するために祈ります。
전쟁으로 죽은 사람들의 넋을 달래기 위해 기도합니다.

その曲は人々の魂を揺さぶりました。 그 곡은 사람들의 영혼을 흔들었습니다.

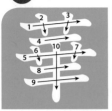

0586

빛날 **화 (華)**

① 빛나다 ② 화려하다
③ 호화롭다

음 か
華麗 화려함　豪華 호화로움　中華 중화

け
華厳宗 화엄종　**특이** 華奢 가냘프고 맵시 있음, 날씬함

훈 はなやか
華やか 화려함, 화사함

はなばなしい
華々しい 화려하다, 눈부시다

華麗なドレスを着た人々がパーティーに出席しました。
화려한 드레스를 입은 사람들이 파티에 참석했습니다.

その選手は華々しい活躍をしました。　그 선수는 눈부신 활약을 했습니다.

0587

거둘 **확 (穫)**

① 벼를 거두다 ② 수확하다

음 かく
収穫 수확

秋になって収穫の時期を迎えました。　가을이 되어 수확의 시기를 맞이했습니다.

0588

헛보일 **환**

① 헛보이다 ② 미혹하다
③ 신기하다

음 げん
幻想 환상　幻想的 환상적　幻影 환영

幻覚 환각　幻聴 환청

훈 まぼろし
幻 환상

マーラーの音楽はとても幻想的です。　말러의 음악은 매우 환상적입니다.

子どもの頃を思い出すと、何だか幻のようです。
어린 시절을 떠올리면 왠지 환상 같습니다.

0589

부를 **환**

① 부르다 ② 소환하다
③ 부르짖다, 외치다

음 かん
喚起 환기, 주의시킴　喚声 환성　召喚 소환〈법률〉

阿鼻叫喚 아비규환(여러 사람이 비참한 지경에 빠져 울부짖는 참상을 비유적
으로 이르는 말)

ウイルスが流行しているので、保健所が注意を喚起しています。
바이러스가 유행하고 있어서, 보건소가 주의를 환기시키고 있습니다.

交通事故が起きて、トンネルの中は阿鼻叫喚でした。
교통사고가 나서, 터널 안은 아비규환이었습니다.

0590

바꿀 환
바꾸다, 바뀌다

음 かん
- かん き 換気 환기
- かん きん 換金 환금(돈으로 바꿈)
- かん さん 換算 환산
- こう かん 交換 교환
- てん かん 転換 전환

훈 かえる
- か 換える 바꾸다, 교환하다

かわる
- か 換わる 바뀌다, 교체되다

まど あ かん き
窓を開けて換気をします。 창문을 열고 환기를 합니다.

みず か せんたくもの
水を換えて、洗濯物をすすぎます。 물을 갈아 빨래를 헹굽니다.

Tip 0256 かえる 참조

0591

미끄러울 활/익살스러울 골
①미끄럽다 ②부드럽게 하다
③익살스럽다

음 かつ
- かっ そう 滑走 활주
- かっ そう ろ 滑走路 활주로
- かっ しゃ 滑車 도르래
- えん かつ 円滑 원활함

こつ
- こっ けい 滑稽 골계, 우스꽝스러움

훈 すべる
- すべ 滑る 미끄러지다

なめらか
- なめ 滑らか 매끈매끈함

ひ こう き かっ そう ろ はし
飛行機が滑走路を走っています。 비행기가 활주로를 달리고 있습니다.

け しょうすい ぬ はだ なめ
この化粧水を塗ると肌が滑らかになります。
이 스킨을 바르면 피부가 매끈매끈해집니다.

0592

어리둥절할 황 (慌)
①어리둥절하다 ②허겁지
겁하다 ③다급하다

음 こう
- きょうこう 恐慌 공황

훈 あわてる
- あわ 慌てる 당황하다, 허둥대다

あわただしい
- あわ 慌ただしい 분주하다, 조급하다

に ほん ねん しょう わ きょうこう お
日本では1927年に昭和恐慌が起こりました。
일본에서는 1927년에 쇼와 공황이 일어났습니다.

ねんまつ いろいろ あわ
年末なので色々と慌ただしいです。 연말이라 여러 가지로 분주합니다.

0593

뉘우칠 회 (悔)
①뉘우치다 ②분하게 여기다
③뉘우침, 후회

음 かい
- こうかい 後悔 후회
- かいこん 悔恨 회한, 뉘우침
- 예외 ざん げ 懺悔 참회

훈 くいる/くやむ
- く く 悔いる・悔やむ 뉘우치다, 후회하다

くやしい
- くや 悔しい 분하다

き ねんしゃしん と こうかい
記念写真を撮らなかったことを後悔しました。
기념사진을 찍지 않은 것을 후회했습니다.

ま くや
ライバルチームに負けて悔しいです。 라이벌 팀에 져서 분합니다.

0594

삭힐 **효**

①삭히다 ②발효하다
③효모

음 こう 酵**素** 효소 酵**母** 효모 **発**酵 발효

ビールは酵母を使って作ります。 맥주는 효모를 사용하여 만듭니다.
韓国には発酵食品が多くあります。 한국에는 발효식품이 많이 있습니다.

0595

이끌 **휴**

①이끌다 ②가지다
③휴대하다

음 けい 携**帯** 휴대 **連**携 연휴(긴밀히 협력함), 제휴 **提**携 제휴

훈 たずさえる 携える 휴대하다, 손에 들다, 지니다

たずさわる 携わる 관여하다, 종사하다

他の会社と提携して製品を作ります。 다른 회사와 제휴해서 제품을 만듭니다.
先生がたくさんの資料を携えて、教室に入ってきました。
선생님이 많은 자료를 들고 교실에 들어왔습니다.

0596

여자 **희** (姫)

여자, 아가씨

훈 ひめ 姫 공주, 귀인의 딸 **お**姫**さま** 공주님 **白雪**姫 백설공주

織り姫 직녀 **織り**姫**星** 직녀성

お姫さまのように、大事に育てました。 공주님처럼 소중히 길렀습니다.
今日は彦星と織り姫星がよく見えます。 오늘은 견우성과 직녀성이 잘 보입니다.

0597

희생 **희** (犠)

희생

음 ぎ 犠**牲** 희생 犠**牲者** 희생자 犠**打** 희생타

事故で亡くなった犠牲者を弔います。 사고로 숨진 희생자를 조문합니다.
打者が犠打を打って、1点が入りました。 타자가 희생타를 쳐서 1점 땄습니다.

216

연습 문제 ⑬

[　　/ 30]

■ 밑줄 친 한자를 바르게 읽은 것을 고르시오.

1　^{らくのうか}
　酪農家が搾乳の仕事をしています。

　① さくにゅう　　　② さくゆう　　　　③ しゃくにゅう　　　④ しゃくゆう

2　ジーンズが擦れて、^{あな}が^あいてしまいました。

　① すれて　　　　　② はれて　　　　　③ かれて　　　　　　④ たれて

3　^{しゃ けん り}　　^{こう し}　　　　　^{へんさい もと}
　債権者が権利を行使して、返済を求めています。

　① ざいくん　　　　② さいくん　　　　③ ざいけん　　　　　④ さいけん

4　^{だい き ぎょう}
　父は大企業からの注文を請けて仕事をします。

　① たけて　　　　　② まけて　　　　　③ うけて　　　　　　④ さけて

5　^{か しゅ}　　^{こうえん}　　　　　^{ねっきょう}
　世界的な歌手の公演に聴衆が熱狂しています。

　① ちょうしゅ　　　② ちょうしゅう　　③ ちょしゅ　　　　　④ ちょしゅう

6　^{や ちん}　^{し はら}　　　　　　　　　　^{けいこく}
　家賃の支払いが滞っているので警告を受けました。

　① とどこおって　　② たちどまって　　③ たちかえって　　　④ せばまって

7　^{め だま や}
　目玉焼きを焦がしてしまいました。

　① さわがして　　　② かがして　　　　③ こがして　　　　　④ はがして

8　^{ていいん}　　　　　　　　　　　　^{うご}
　定員を超過してエレベーターが動きません。

　① とうが　　　　　② とうか　　　　　③ ちょうが　　　　　④ ちょうか

9　^{けんきゅう}　　　^{ぶつ り がく}　　^{きず}
　彼の研究は、現代物理学の礎を築きました。

　① ともしび　　　　② いしずえ　　　　③ きずな　　　　　　④ わかちあい

10　^{たね}　　　　^{あぶら}
　ひまわりの種から油を抽出します。

　① すうしゅつ　　　② すうすい　　　　③ ちゅうしゅつ　　　④ ちゅうすい

 정답　1 ①　　2 ①　　3 ④　　4 ③　　5 ②　　6 ①　　7 ③　　8 ④　　9 ②　　10 ③

2학년 한자

11 救助隊が飛行機の墜落現場に向かっています。
きゅうじょたい 　　　　　　げんば　む

① ついらく　　　② すいらく　　　③ ついろく　　　④ すいろく

12 この地域では牧畜が盛んです。
ちいき　　　　さか

① もくいく　　　② ぼくいく　　　③ もくちく　　　④ ぼくちく

13 家電店で新しい炊飯器を買いました。
かでんてん

① すいはんき　　② すうはんき　　③ すいばんき　　④ すうばんき

14 国会議員たちの稚拙な言行に呆れました。
こっかいぎいん　　　　げんこう　あき

① じせつ　　　　② ちせつ　　　　③ じそつ　　　　④ ちそつ

15 電卓を使いながら、家計簿をつけます。
　　　　　　　　かけいぼ

① てんたく　　　② てんだく　　　③ でんたく　　　④ でんだく

16 仕事を怠けて、上司に叱られました。
　　　　　　じょうし　しか

① なまけて　　　② ふざけて　　　③ かまけて　　　④ ほうけて

17 教養科目の中から面白そうな授業を選択しました。
きょうようかもく　　　　　　　じゅぎょう

① そんたく　　　② せんたく　　　③ そんだく　　　④ せんだく

18 研究によって宇宙は今も膨張していることが分かりました。
けんきゅう　　うちゅう

① ぼちょう　　　② ぼちょ　　　　③ ぼうちょう　　④ ぼうちょ

19 湖の湖面に枯れ葉が漂っています。
みずうみ　こめん　か　は

① しまって　　　② からまって　　③ つたわって　　④ ただよって

20 その王は国民に対して残虐な政治を行いました。
　　おう　　　　　　　　　　せいじ　おこな

① ざんがく　　　② ざんぎゃく　　③ さんがく　　　④ さんぎゃく

정답 11 ①　12 ④　13 ①　14 ②　15 ③　16 ①　17 ②　18 ③　19 ④　20 ②

21 そのサッカー選手は痛恨のミスを犯しました。

① つうこん　　　　② つうほん　　　　③ とうこん　　　　④ とうほん

22 船長は賢明な判断で船を操作しました。

① へんめい　　　　② へんみょう　　　　③ けんめい　　　　④ けんみょう

23 脅迫電話をかけた犯人を警察が捜査しています。

① きょうばく　　　② きょうはく　　　③ ひょうばく　　　④ ひょうはく

24 答えを括弧の中に書いてください。

① かつぽ　　　　　② かつこ　　　　　③ かっぽ　　　　　④ かっこ

25 田中さんは華奢な体形ですが、体力があります。

① けしゃ　　　　　② きゃしゃ　　　　③ けさ　　　　　　④ きゃさ

26 今年はたくさんの野菜を収穫することができました。

① しゅうかく　　　② すうかく　　　　③ しゅうがく　　　④ すうがく

27 取引先の人と名刺を交換しました。

① こうかん　　　　② こうはん　　　　③ ごうかん　　　　④ ごうはん

28 地面が凍って滑るので気をつけてください。

① たおれる　　　　② くれる　　　　　③ すべる　　　　　④ こける

29 飛行機の搭乗まであまり時間がないので慌てた。

① こらえてた　　　② ささえてた　　　③ かえてた　　　　④ あわてた

30 私は介護の仕事に携わっています。

① かかわって　　　② たずさわって　　③ こだわって　　　④ たたきわって

3

중학교

학년 한자

328

중학교 3학년 한자는 총 328자이며,
일본의 한자검정시험(漢検)의 2급
정도에 해당된다.

중학교 3학년 한자 ①

稼	殼	懇	喝	渴	褐	堪	憾
심을 가	껍질 각	간절할 간	꾸짖을 갈	목마를 갈	갈색 갈	견딜 감	섭섭할 감
岬	江	剛	拒	据	傑	繭	謙
곶 갑	강 강	굳셀 강	막을 거	근거 거	뛰어날 걸	고치 견	겸손할 겸
莖	慶	溪	拷	昆	貢	恭	寡
줄기 경	경사 경	시내 계	칠 고	벌레 곤	바칠 공	공손할 공	적을 과
缶	棺	款	寬	括	拐	矯	溝
두레박 관	널 관	항목 관	너그러울 관	묶을 괄	후릴 괴	바로잡을 교	도랑 구
購	堀	窮	糾	菌	謹	琴	襟
살 구	굴 굴	다할/궁할 궁	얽힐 규	버섯 균	삼갈 근	거문고 금	옷깃 금
肯	肌	飢	碁	寧	尼	泥	但
즐길 긍	살 기	주릴 기	바둑 기	편안할 녕	여승 니	진흙 니	다만 단
挑	悼	督	洞	棟	屯	謄	騰
돋울 도	슬퍼할 도	감독할 독	골 동/밝을 통	마룻대 동	진 칠 둔	베낄 등	오를 등
羅	酪	涼	戾	鈴	虜	僚	寮
벌일/그물 라	쇠젖 락	서늘할 량	어그러질 려	방울 령	사로잡을 로	동료 료	동관 료
竜	累	壘	柳	硫	倫	痢	履
용 룡	여러/자주 루	보루 루	버들 류	유황 류	인륜 륜	설사 리	밟을 리

0598

심을 **가**

①곡식을 심다 ②일하다

음 か
稼働 가동　稼業 생업, 직업

훈 かせぐ
稼ぐ 돈벌이하다　共稼ぎ 맞벌이　荒稼ぎ 막일

出稼ぎ 객지에 나가 돈벌이를 함

工場の機械は9時から稼働します。 공장의 기계는 9시부터 가동합니다.

この街には出稼ぎに来た外国人が多いです。
이 거리에는 돈벌이 하러 온 외국인이 많습니다.

0599

껍질 **각 (殻)**

①껍질 ②허물
③등껍데기

음 かく
地殻 지각(지구의 외곽)　卵殻 알껍데기

훈 から
殻 껍데기, 껍질　貝殻 조개껍데기　吸い殻 (담배)꽁초

抜け殻 탈피한 껍질, 허물

地震は地殻の変動が原因で起きます。 지진은 지각 변동이 원인으로 일어납니다.

浜辺で貝殻を拾いました。 해변에서 조개껍데기를 주웠습니다.

0600

간절할 **간**

①간절하다 ②노력하다
③정성스럽다

음 こん
懇談 간담(서로 정답게 이야기를 주고받음)　懇願 간원, 간청

懇親 친목　懇親会 친목회　懇意 친하게 지냄

훈 ねんごろ
懇ろ ①공손함, 정성스러움 ②친함

会議の後、懇親会が開かれました。 회의 후 친목회가 열렸습니다.

外国からの友だちを懇ろにもてなします。
외국에서 온 친구를 정성스럽게 대접합니다.

0601

꾸짖을 **갈 (喝)**

①꾸짖다, 나무라다
②고함치다, 외치다

음 かつ
喝采 갈채　恐喝 공갈　一喝 일갈(큰 소리로 꾸짖음)

観衆がチャンピオンに喝采を送っています。
관중이 챔피언에게 갈채를 보내고 있습니다.

警察が恐喝事件を捜査しています。 경찰이 공갈사건을 수사하고 있습니다.

0602

음 かつ
渇望 갈망(간절히 바람)　渇水 갈수(물이 마름)　枯渇 고갈
飢渇 굶주림과 목마름

훈 かわく
渇く 목이 마르다, 갈증 나다

목마를 **갈** (渇)

①목마르다 ②고갈되다
③갈증

その国の国民は自由を渇望しました。 그 나라의 국민들은 자유를 갈망했습니다.

激しい運動をしたので喉が渇きます。 심한 운동을 해서 목이 마릅니다.

Tip 0013 かわく 참조

0603

음 かつ
褐色 갈색　茶褐色 다갈색(약간 검은 빛의 갈색, 다크 브라운색)
褐炭 갈탄(갈색의 석탄)

갈색 **갈** (褐)

갈색

髪を茶褐色に染めます。 머리를 다크 브라운색으로 염색합니다.

品質が悪い褐炭しか採れません。 품질이 나쁜 갈탄만 채취됩니다.

0604

음 かん
堪忍 견딤, 인내

たん
堪能 ①충분함 ②뛰어남(かんのう로도 읽음)
堪能する 충분히 만족하다, 맘껏 ~하다

훈 たえる
堪える ①참다, 견디다 ②~할 만하다　～に堪えない 차마 ~할 수 없다

견딜 **감**

①견디다, 참아내다
②뛰어나다

おいしいフランス料理を堪能しました。 맛있는 프랑스 요리를 맘껏 즐겼습니다.

その映画は見るに堪えないほど、残忍でした。

그 영화는 차마 볼 수 없을 정도로 잔인했습니다.

Tip 0049 たえる 참조

0605

음 かん
遺憾 유감

섭섭할 **감**

섭섭하다

首相はその国に対して遺憾を表明しました。

수상은 그 나라에 대해 유감을 표명했습니다.

0606

곳 **갑**

곳, 갑(바다 쪽으로 뾰족하게 뻗은 육지)

| 훈 | みさき | 岬 곶(바다나 호수로 가늘게 뻗어 있는 육지의 끝 부분) |

浦項にはホミゴッ(虎尾串)という有名な岬があります。
포항에는 호미곶이라는 유명한 곶이 있습니다.

0607

강 **강**

①강 ②양자강

음	こう	長江 장강　揚子江 양자강(양쯔강)
훈	え	江戸 에도(지명. 지금의 도쿄)　江戸時代 에도시대(1603~1868)
		入り江 후미(호수, 바다가 뭍으로 파고 휘어 들어간 곳)

長江はアジアで最も長い川です。 장강은 아시아에서 가장 긴 강입니다.
湖の入り江で泳ぎました。 호수의 후미에서 수영했습니다.

0608

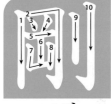

굳셀 **강**

①굳세다 ②강직하다
③단단하다

| 음 | ごう | 剛球 강속구　剛速球 강속구　金剛 금강　金剛石 금강석 |
| | | 質実剛健 질실강건(성실하고 강건함) |

彼の剛速球が打てるバッターはいません。 그의 강속구를 칠 수 있는 타자는 없습니다.
吉田さんは質実剛健で、真面目な性格の人です。
요시다 씨는 성실하고 강건하며 착실한 성격의 사람입니다.

0609

막을 **거**

①막다, 거부하다
②거절하다

| 음 | きょ | 拒否 거부　拒絶 거절, 거부　拒絶反応 거부반응(=拒否反応) |
| 훈 | こばむ | 拒む 거절하다, 거부하다 |

移植手術を行うと拒絶反応が起きることがあります。
이식 수술을 하면 거부반응이 일어날 때가 있습니다.
対戦相手のボクサーは握手を拒みました。 대전 상대 복서는 악수를 거부했습니다.

근거 거

①근거 ②웅거하다
③어떤 자리에 있다

훈 **すえる**　　据える 붙박다, 설치하다　　据え付ける 설치하다
　　すわる　　据わる 안정되다　　肝が据わる 배짱이 두둑하다

新しく買った家具を居間に据えました。 새로 산 가구를 거실에 두었습니다.
木村さんは肝が据わっていて、どんな事にも動じません。
기무라 씨는 배짱이 두둑해서, 어떤 일에도 꿈쩍하지 않습니다.

뛰어날 걸

뛰어나다, 출중하다

음 **けつ**　　傑作 걸작, 명작　　傑出 걸출, 출중함　　豪傑 호걸

『ひまわり』はゴッホの傑作です。 『해바라기』는 고흐의 걸작입니다.
この大学は傑出した人物を多く輩出しています。
이 대학은 걸출한 인물을 많이 배출했습니다.

고치 견 (繭)

①고치 ②누에고치

음 **けん**　　繭糸 고치실, 명주실　　繭糸長 명주실의 길이
훈 **まゆ**　　繭 고치, 누에고치

一つの繭から取れる糸の長さを「繭糸長」と言います。
하나의 누에고치에서 나오는 실의 길이를 '명주실의 길이'라고 합니다.
蚕が糸を吐いて繭を作っています。 누에가 실을 토해 고치를 만들고 있습니다.

겸손할 겸 (謙)

①겸손하다 ②겸허하다
③공경하다

음 **けん**　　謙虚 겸허함　　謙遜 겸손함　　謙譲 겸양　　謙譲語 겸양어

佐藤さんは自身の経歴を謙遜して話しました。
사토 씨는 자신의 경력을 겸손하게 말했습니다.
謙譲語は自身のことを低めて、相手に敬意を示す敬語です。
겸양어는 자신을 낮추어 상대에게 경의를 나타내는 경어입니다.

226

0614

줄기 **경 (莖)**

①줄기 ②버팀목

음 けい　地下**茎** 땅속줄기 ちかけい　塊**茎** 덩이줄기 かいけい　根**茎** 뿌리줄기 こんけい

훈 くき　**茎** 줄기 くき　歯**茎** 잇몸 は ぐき

ちかけい そだ だいひょうてき しょくぶつ
地下**茎**で育つ代表的な植物にじゃがいもがあります。
땅속줄기에서 자라는 대표적인 식물에 감자가 있습니다.

は みが けんこう は ぐき い じ
歯磨きをして、健康な歯**茎**を維持します。 양치질을 하여 건강한 잇몸을 유지합니다.

0615

경사 **경**

①경사, 경사스럽다
②축하하다

음 けい　**慶**事 경사 けい じ　**慶**弔 경조 けいちょう　**慶**賀 경하 けい が

う ちべんけい
内弁**慶** 집 안에서만 큰소리침, 또는 그런 사람, 집안 호랑이

いもうと けっこん わたし しゅっさん けい じ つづ
妹が結婚し、私が出産をするなど**慶**事が続きました。
여동생이 결혼하고, 내가 출산을 하는 등 경사가 이어졌습니다.

こ う ちべんけい そと おとな いえ なか さわ
うちの子どもは内弁**慶**で、外では大人しいのに、家の中では騒がしいです。
우리 아이는 집안 호랑이라서, 밖에서는 얌전한데 집에서는 시끄럽습니다.

0616

시내 **계 (溪)**

①시내 ②산골짜기

음 けい　**渓**谷 계곡 けいこく　**渓**流 시냇물 けいりゅう　**渓**流釣り 민물낚시 けいりゅう づ

あき けいこく おお ひと き
秋になると、この**渓**谷には多くの人が来ます。
가을이 되면 이 계곡에는 많은 사람들이 옵니다.

わたし しゅ み けいりゅう づ
私の趣味は**渓**流釣りです。 제 취미는 민물낚시입니다.

0617

칠 **고**

치다, 때리다

음 ごう　**拷**問 고문 ごうもん

むかし ごうもん とき つか どう ぐ はくぶつかん てん じ
昔、**拷**問の時に使っていた道具を博物館で展示しています。
옛날 고문할 때 썼던 도구를 박물관에서 전시하고 있습니다.

0618

음 **こん**　　昆**虫** 곤충　　昆**虫採集** 곤충채집　　昆**布** 다시마(こぶ로도 읽음)

子どもが昆虫図鑑を見ています。 아이가 곤충도감을 보고 있습니다.

日本料理は昆布を使うものが多いです。 일본요리는 다시마를 사용하는 것이 많습니다.

벌레 **곤**

벌레

0619

음 **こう**　　貢**献** 공헌　　朝**貢** 조공

　　く　　**年**貢 연공, 소작료

훈 **みつぐ**　　貢**ぐ** (공물로) 바치다, 헌상하다　　貢**ぎ物** 공물

その選手はチームの優勝に大きく貢献しました。

그 선수는 팀 우승에 크게 공헌했습니다.

昔は、臣下が王に多くの貢ぎ物を捧げました。

옛날에는 신하가 왕에게 많은 공물을 바쳤습니다.

바칠 **공**

①바치다 ②이바지하다
③공물

0620

음 **きょう**　　恭**賀** 삼가 축하함　　恭**順** 순순히 복종함　　恭**敬** 공경

훈 **うやうやしい**　　恭**しい** 공손하다, 정중하다

隊員は指揮官に恭順を誓いました。 대원은 지휘관에게 순순히 복종할 것을 맹세했습니다.

子どもが先生に恭しく挨拶しています。

아이가 선생님에게 공손하게 인사하고 있습니다.

공손할 **공**

①공손하다 ②삼가다
③존중하다 ④순종하다

0621

음 **か**　　寡**黙** 과묵　　寡**占** 과점(몇몇 대기업이 시장의 대부분을 지배함)

　　寡**聞** 과문(견문이 좁음)　　寡**夫** 홀아비　　寡**婦** 과부, 미망인

渡辺さんは寡黙で、よく働く、まじめな人です。

와타나베 씨는 과묵하고, 열심히 일하는 성실한 사람입니다.

IT関連産業の市場は寡占状態と言えます。

IT관련 산업시장은 과점상태라고 말할 수 있습니다.

적을 **과**

①적다 ②드물다 ③홀로
지내다 ④홀아비, 과부

0622 ☐ ☐

음 **かん** 缶 깡통　空き缶 빈 깡통　缶ビール 캔맥주
缶詰 통조림

空き缶はきちんとゴミ箱に捨ててください。 빈 깡통은 반드시 휴지통에 버려주세요.

スーパーでサバの缶詰を買いました。 슈퍼마켓에서 고등어 통조림을 샀습니다.

두레박 **관**

①두레박 ②물동이

0623 ☐ ☐

음 **かん** 棺桶 관　納棺 납관, 입관　出棺 출관　石棺 석관
훈 **ひつぎ** 棺 관

遺体を丁寧に納棺します。 시신을 정성스럽게 입관합니다.

棺に花を入れて、亡くなった人を弔います。
관에 꽃을 넣어 죽은 사람을 애도합니다.

널 **관**

①널(시체를 넣는 관)
②입관하다

0624 ☐ ☐

음 **かん** 約款 약관　借款 차관(공적 기관으로부터 자금을 빌려옴)
定款 정관(회사의 규정)　落款 낙관(작가나 화가의 도장)

会社の決まりが定款に書いてあります。 회사의 규정이 정관에 쓰여 있습니다.

水墨画の落款を見て、真贋を鑑定します。 수묵화의 낙관을 보고 진위를 감정합니다.

항목 **관**

①항목, 조목 ②돈, 경비
③새긴 글자, 인장

0625 ☐ ☐

음 **かん** 寛大 관대함　寛容 관용, 너그러움
훈 **くつろぐ** 寛ぐ 편안히 지내다(쉬다)　寛ぎ 편히 쉼

相手がミスをしても、寛容な心を持つようにしましょう。
상대가 실수를 해도 너그러운 마음을 갖도록 합시다.

どうぞ、足を伸ばして寛いでください。 자, 발을 쭉 펴고 편히 쉬세요.

너그러울 **관 (寛)**

①너그럽다, 관대하다
②느슨하다

묶을 **괄**

①묶다 ②담다

음 かつ

括弧 괄호　一括 일괄　一括払い 일시불　総括 총괄
包括 포괄

훈 くくる

括る 묶다, 잡아매다

大型テレビを一括払いで買いました。 대형 TV를 일시불로 샀습니다.
古くなった新聞紙を紐で括って捨てます。 오래된 신문지를 끈으로 묶어 버립니다.

후릴 **괴 (拐)**

①후리다 ②꾀어내다

음 かい

誘拐 유괴

最近、子どもが誘拐される事件が多発しています。
최근, 아이가 유괴되는 사건이 많이 발생하고 있습니다.

바로잡을 **교**

바로잡다

음 きょう

矯正 교정(좋지 않은 버릇이나 결점 등을 바로잡아 고침)

훈 ためる

矯める 바로잡다, 교정하다

コンタクトレンズで視力を矯正します。 콘택트렌즈로 시력을 교정합니다.
盆栽の松を針金で矯めて、形を整えます。
분재 소나무를 철사로 바로잡아 모양을 만듭니다.

도랑 **구**

①도랑 ②시내

음 こう

排水溝 배수구　下水溝 하수구　海溝 해구
側溝 도로가나 철로가에 마련한 배수로

훈 みぞ

溝 도랑

日本列島の東側には深い海溝があります。
일본열도의 동쪽에는 깊은 해구가 있습니다.
溝を掃除して、雨水が流れやすくします。
도랑을 청소하여 빗물이 흘러가기 쉽게 합니다.

0630

購

살 구

①사다 ②구하다

음 こう

購買 구매　購買力 구매력　購入 구입　購読 구독
こうばい　　こうばいりょく　　こうにゅう　　こうどく

最新のスマートフォンを購入しました。 최신 스마트폰을 구입했습니다.
さいしん　　　　　　　　　　こうにゅう

カメラの雑誌を購読することにしました。 카메라 잡지를 구독하기로 했습니다.
ざっし　こうどく

0631

堀

굴 굴

①굴, 동굴 ②땅을 파다

훈 ほり

堀 수로, (성 둘레에 판) 못　堀江 인공 하천　釣堀 낚시터
ほり　　　　　　　　　　　　　　ほり え　　　　　　　つりぼり

外堀 외호(성의 바깥 둘레에 판 못)
そとぼり

堀に落ちないように気をつけてください。 수로에 떨어지지 않도록 주의하세요.
ほり　お　　　　　　　き

週末は釣堀で魚を釣ります。 주말에는 낚시터에서 낚시를 합니다.
しゅうまつ　つりぼり　さかな　つ

0632

窮

다할/궁할 궁

①다하다 ②극에 달하다
③궁하다

음 きゅう

窮屈 ①비좁아 갑갑함 ②거북함　窮地 궁지
きゅうくつ　　　　　　　　　　　　　きゅう ち

困窮 곤궁, 생활이 매우 곤란함　貧窮 가난, 빈곤
こんきゅう　　　　　　　　　　　　ひんきゅう

훈 きわめる

窮める ①끝까지 가다 ②몹시(더없이) ~하다
きわ

きわまる　窮まる ①극히 ~하다 ②다하다
きわ

彼は銀行から融資を受けられず、窮地に陥りました。
かれ　ぎんこう　　ゆうし　う　　　　　きゅう ち　おちい

그는 은행으로부터 대출을 못 받아 궁지에 빠졌습니다.

彼は幼い頃、貧困を窮める生活を送りました。
かれ　おさな　ころ　ひんこん　きわ　　せいかつ　おく

그는 어렸을 때, 몹시 가난한 생활을 보냈습니다.

0633

糾

얽힐 규

①얽히다 ②규명하다
③모으다

음 きゅう

糾弾 규탄　糾明 규명　糾合 규합
きゅうだん　　きゅうめい　　きゅうごう

紛糾 분규(사태·논의 등이 뒤얽힘)
ふんきゅう

大統領の汚職を糾弾します。 대통령의 비리를 규탄합니다.
だいとうりょう　お しょく　きゅうだん

警察は事件の糾明に全力を尽くしました。 경찰은 사건 규명에 전력을 다했습니다.
けいさつ　じ けん　きゅうめい　ぜんりょく　つ

菌

버섯 균 (菌)

①버섯 ②세균

음 きん

菌類 균류　細菌 세균　殺菌 살균　雑菌 잡균

彼は菌類を研究する科学者です。 그는 균류를 연구하는 과학자입니다.
冷凍保存して、細菌の繁殖を防ぎます。 냉동 보존하여 세균의 번식을 방지합니다.

謹

삼갈 근 (謹)

삼가다

음 きん

謹慎 근신　謹賀新年 근하신년　謹厳 근엄함
謹製 삼가 만듦　謹啓 삼가 아룀

훈 つつしむ

謹む 삼가다, 정중하게(삼가) ~하다

不正を働いた公務員が謹慎処分を受けました。
부정을 저지른 공무원이 근신처분을 받았습니다.
謹んで、ご昇進のお祝いを申し上げます。 삼가, 승진을 축하드립니다.

Tip 0172 つつしむ 참조

琴

거문고 금

거문고

음 きん

琴線 ①거문고 줄 ②심금　琴曲 거문고 곡

훈 こと

琴 거문고

その作家は琴線に触れる名作を多く残しました。
그 작가는 심금을 울리는 명작을 많이 남겼습니다.
とても素敵な琴の音が聞こえてきます。 매우 근사한 거문고 소리가 들려옵니다.

襟

옷깃 금

①옷깃 ②가슴 ③마음, 생각

음 きん

胸襟 흉금(가슴속에 품은 생각)

훈 えり

襟 옷깃, 목덜미　襟巻き 목도리　襟首 목덜미

胸襟を開いて、上司と話し合います。 흉금을 터놓고 상사와 이야기합니다.
洗剤で襟に付いた垢を取ります。 세제로 옷깃에 묻은 때를 뺍니다.

0638

즐길 **긍**

①즐기다 ②옳이 여기다
③수긍하다

음 こう

こうてい	こうていぶん	こうていてき	しゅこう
肯定 긍정	肯定文 긍정문	肯定的 긍정적	首肯 수긍

_{あい て} _{こうていてき} _{へん じ}
相手から肯定的な返事をもらうことができませんでした。
상대로부터 긍정적인 답변을 받을 수 없었습니다.

_{とりひきさき} _わ _{しゃ} _{ていあん} _{しゅこう}
取引先は我が社の提案に首肯しませんでした。
거래처는 우리 회사의 제안에 수긍하지 않았습니다.

0639

살 **기**

살가죽, 살, 피부

훈 はだ

はだ	はだいろ	すはだ	とりはだ
肌 피부, 살갗	肌色 피부색	素肌 맨살	鳥肌 소름, 닭살

_{くすり} _{てんねんせいぶん} _{すはだ} _{だいじょう ぶ}
この薬は天然成分でできているので、素肌につけても大丈夫です。
이 약은 천연성분으로 되어 있어서, 맨살에 발라도 괜찮습니다.

_{こわ} _{はなし} _き _{とりはだ} _た
とても怖い話を聞いて、鳥肌が立ちました。
아주 무서운 이야기를 들어서 소름이 돋았습니다.

0640

주릴 **기** (飢)

굶주리다, 굶기다

음 き

き が	き きん
飢餓 기아	飢饉 기근

훈 うえる

う	う	う じ
飢える 굶주리다	飢え 굶주림, 기아	飢え死に 아사, 굶어 죽음

_{むかし} _{き きん} _{すく} _た _{もの} _い
昔、サツマイモは飢饉を救う食べ物と言われました。
옛날에 고구마는 기근을 해결하는 음식이라고 했습니다.

_{せ かい} _{いま} _う _{くる} _{ひとびと}
世界には今も飢えに苦しむ人々がいます。
세상에는 지금도 굶주림에 허덕이는 사람들이 있습니다.

0641

바둑 **기**

①바둑 ②바둑돌

음 ご

ご	ごいし	い ご
碁 바둑	碁石 바둑돌	囲碁 바둑

_{そ ふ} _{えんがわ} _ご _う
祖父が縁側で碁を打っています。 할아버지가 툇마루에서 바둑을 두고 있습니다.

_{じぶん} _{ごいし} _{はや} _{いつ} _{なら} _{ほう} _か _{あそ}
「五目ならべ」は自分の碁石を早く五つ並べた方を勝ちとする遊びです。
'오목'은 자기 바둑돌을 빨리 5개 늘어놓는 쪽이 이기는 놀이입니다.

0642

편안할 **녕**

①편안하다 ②문안하다

음 ねい

ていねい
丁寧 친절함, 정중함, 공손함　安寧 안녕　寧日 평온한 날
あんねい　ねいじつ

せんぱい ていねい りょうり つく かた おし
先輩が丁寧に料理の作り方を教えてくれました。
선배가 친절하게 요리하는 법을 가르쳐주었습니다.

こうきょう あんねい ちつじょ みだ じ けん
それは公共の安寧と秩序を乱す事件でした。
그것은 공공의 안녕과 질서를 어지럽히는 사건이었습니다.

0643

여승 **니**

여승

음 に

に そう
尼僧 비구니, 여승

훈 あま

あま あまでら
尼 여승　尼寺 여승방(여승만 사는 절)

に そう ほう わ き
尼僧の法話を聞きました。 여승의 설법을 들었습니다.

あまでら きょう き
尼寺からお経が聞こえてきます。 여승방에서 불경소리가 들려옵니다.

0644

진흙 **니**

①진흙 ②수렁, 진창

음 でい

でいすい お でい
泥酔 만취　汚泥 진흙(탕)

훈 どろ

どろ どろぼう どろぬま
泥 진흙　泥棒 도둑　泥沼 수렁, 진창

でいすい ひと みちばた ね
泥酔した人が道端で寝ています。 만취한 사람이 길가에서 자고 있습니다.

くつ つ どろ お
靴に付いた泥を落とします。 신발에 묻은 진흙을 털어냅니다.

0645

다만 **단**

다만, 오직

훈 ただし

ただ
但し 단, 단지

しょうひん わりびき ただ ひとり さま こ
この商品は20％割引です。但し、お一人様につき、１個までです。
이 상품은 20%할인입니다. 단, 한 분 당 1개까지입니다.

0646

돋울 **도**
①돋우다 ②꼬드기다

음 ちょう　挑**戦** 도전　挑**発** 도발

훈 いど**む**　挑**む** 도전하다

登山家がエベレスト登頂に挑戦します。 산악인이 에베레스트 등정에 도전합니다.
公務員の試験に挑んでいます。 공무원 시험에 도전하고 있습니다.

0647

슬퍼할 **도**
①죽음을 슬퍼하다
②가엾게 여기다

음 とう　哀悼 애도　追悼 추도　悼辞 애도하는 글

훈 いた**む**　悼**む** 애도하다, 슬퍼하다

戦死者の追悼行事が開かれました。 전사자의 추도행사가 열렸습니다.
故人を悼んで、黙祷します。 고인을 애도하며 묵념합니다.

Tip　いたむ

悼む 애도하다, 슬퍼하다
戦没者を悼む。
전사자를 애도하다.

痛む 아프다
腰が痛む。 허리가 아프다.

傷む 상하다
食べ物が傷む。 음식이 상하다.

0648

감독할 **독**
①감독하다 ②재촉하다

음 とく　督促 독촉　督促状 독촉장　督励 독려　監督 감독
家督 대를 이을 사람, 장남

ガス料金を滞納して、督促状が来ました。 가스요금을 체납해서 독촉장이 왔습니다.
監督が選手たちに指示を出しています。 감독이 선수들에게 지시를 내리고 있습니다.

골 **동**/밝을 **통**

①골, 골짜기 ②동굴
③밝다 ④통달하다

음 どう

洞窟 동굴 空洞 굴, 동굴 鍾乳洞 종유동, 석회동굴

洞察 통찰

훈 ほら

洞 동굴 洞穴 동굴

鍾乳洞を探検します。 석회동굴을 탐험합니다.

森の中に不気味な洞穴があります。 숲 속에 으스스한 동굴이 있습니다.

마룻대 **동**

①마룻대 ②용마루

음 とう

病棟 병동 別棟 별채 棟梁 ①동량(마룻대와 들보) ②우수한 인재

훈 むね
むな

棟 ①용마루 ②건물을 세는 말, 동, 채 一棟 한 동 二棟 두 동

棟木 마룻대로 쓰는 목재

この病院では新しい病棟を建設することにしました。
이 병원에서는 새 병동을 건설하기로 했습니다.

一棟の家が台風の被害を受けました。 집 한 채가 태풍의 피해를 받았습니다.

진 칠 **둔**

진을 치다, 수비하다

음 とん

駐屯 주둔 屯所 둔소(병사 등이 모여 있는 곳)

米軍の駐屯基地から飛行機が離陸しています。
미군 주둔 기지로부터 비행기가 이륙하고 있습니다.

軍人が屯所に集まっています。 군인이 둔소에 모여 있습니다.

베낄 **등** (謄)

베끼다, 등사하다

음 とう

謄本 등본 戸籍謄本 호적등본 謄写 등사, 베낌

戸籍謄本の内容を確認します。 호적등본의 내용을 확인합니다.

裁判所で裁判記録の謄写を申請しました。
재판소에서 재판기록의 등사를 신청했습니다.

0653

음 とう

高騰 물가가 오름　沸騰 비등, 끓어오름

急騰 급등　暴騰 폭등

오를 등 (騰)

오르다, 뛰어오르다

石油価格が高騰しています。 석유가격이 올랐습니다.

水は100℃で沸騰します。 물은 100℃에서 끓어오릅니다.

0654

음 ら

羅針盤 나침반　羅列 나열　網羅 망라(널리 받아들여 모두 포함함)

一張羅 단벌 옷　특이 新羅 신라

벌일/그물 라

①벌이다 ②벌여놓다 ③그물
④망라하다 ⑤비단 ⑥나선형

この本は中学校で習う漢字を網羅しています。

이 책은 중학교에서 배우는 한자를 망라하고 있습니다.

一張羅のスーツを着て、パーティーに行きました。

한 벌뿐인 정장을 입고 파티에 갔습니다.

0655

음 らく

酪農 낙농　酪農家 낙농가　乳酪 버터·치즈 등의 낙농품

쇠젖 락

①쇠젖 ②타락

酪農家は朝早くから働きます。 낙농가는 아침 일찍부터 일합니다.

バターやチーズなどを乳酪と言います。 버터나 치즈 등을 낙농품이라고 합니다.

0656

음 りょう

納涼 납량, 더위를 식힘　清涼 청량함　荒涼 황량함

涼風 산들바람

훈 すずしい　涼しい 선선하다, 시원하다

すずむ　涼む 시원한 바람을 쐬다

서늘할 량

①서늘하다 ②쓸쓸하다
③바람을 쐬다

荒涼とした大地が広がっています。 황량한 대지가 펼쳐져 있습니다.

湖から涼しい風が吹いてきます。 호수에서 시원한 바람이 불어옵니다.

0657

어그러질 려 (戻)

①어그러지다 ②돌려주다

음 れい　返戻 반환　返戻金 반환금

훈 もどす　戻す 되돌리다, 돌려주다

　　もどる　戻る 되돌아가다, 되돌아오다

この保険は解約しても返戻金はありません。 이 보험은 해약해도 반환금은 없습니다.

忘れ物をしたので家に戻ります。 잊은 물건이 있어 집으로 되돌아갑니다.

0658

방울 령

①방울 ②요령(종 모양의 큰 방울)

음 れい　土鈴 토령(흙으로 만든 방울)　銀鈴 은방울

　　りん　呼び鈴 초인종　風鈴 풍령, 풍경

훈 すず　鈴 방울　鈴虫 방울벌레

呼び鈴が鳴ったので玄関の方に行きました。

초인종이 울려서 현관 쪽으로 갔습니다.

熊よけの鈴を登山バッグに付けます。 곰 퇴치용 방울을 등산가방에 매답니다.

0659

사로잡을 로

①사로잡다 ②포로

음 りょ　捕虜 포로　俘虜 포로

훈 とりこ　虜 포로

捕虜に拷問や虐待を加えてはいけません。

포로에게 고문이나 학대를 가해서는 안 됩니다.

映画を見て、一目でその俳優の虜になりました。

영화를 보고, 한 눈에 그 배우의 포로(팬)가 되었습니다.

0660

동료 료

①동료 ②버슬아치 ③관리

음 りょう　同僚 동료　閣僚 각료　官僚 관료　幕僚 막료, 참모 장교

同僚とプロジェクトを進めます。 동료와 프로젝트를 진행합니다.

官僚たちが大臣を補佐します。 관료들이 장관을 보좌합니다.

0661

⬜⬜

음 りょう

寮 기숙사　寮生 기숙생　独身寮 독신 기숙사

동관 료

①동관 ②작은 창 ③작은 집

寮は学校から歩いて5分ぐらいの所にあります。
기숙사는 학교에서 걸어서 5분 정도 되는 곳에 있습니다.

結婚したので、独身寮を出なければなりません。
결혼했기 때문에 독신 기숙사를 나와야 합니다.

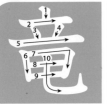

0662

⬜⬜

음 りゅう

竜 용　竜頭蛇尾 용두사미　恐竜 공룡

훈 たつ

竜 용　竜巻 회오리바람

竜田揚げ 다쓰타아게(일본 튀김요리의 하나)

용 룡 (龍)

①용 ②비범한 사람

会社が企画したキャンペーンは竜頭蛇尾に終わりました。
회사가 기획한 캠페인은 용두사미로 끝났습니다.

竜田揚げは唐揚げより油っぽくないです。
다쓰타아게는 가라아게(닭튀김)보다 기름기가 적습니다.

0663

⬜⬜

음 るい

累積 누적　累乗 거듭제곱　累計 누계
累増 누증, 자꾸 늘어남

여러/자주 루

①여러 ②자주 ③거듭하다

家計簿を使って累積所得額を計算しました。
가계부를 사용해서 누적소득액을 계산했습니다.

10年間の利益の累計を出します。 10년 동안의 이익 누계를 냅니다.

0664

⬜⬜

음 るい

満塁 만루　盗塁 도루　一塁 1루
塁審 누심(야구의 각 루에서 판정을 담당하는 심판)

보루 루 (壘)

보루(적의 침입을 막기 위해
튼튼하게 쌓은 구축물)

満塁ホームランを打って逆転しました。 만루 홈런을 쳐서 역전했습니다.

走者が盗塁に成功しました。 주자가 도루에 성공했습니다.

柳

버들 류

버들, 버드나무

음 りゅう　花柳界 화류계　川柳 센류(5·7·5의 3구 17음으로 된 단시)

훈 やなぎ　柳 버드나무

川柳は5・7・5の17音の短い詩です。 센류는 5·7·5 17음의 짧은 시입니다.

柳の枝が風に揺れています。 버드나무 가지가 바람에 흔들리고 있습니다.

硫

유황 류

유황

음 りゅう　硫酸 황산　硫化水素 황화수소

특이 硫黄 유황　二酸化硫黄 이산화황

硫酸を使う実験ですから気をつけてください。
황산을 사용하는 실험이니 조심하세요.

火口の周辺では硫化水素ガスが噴出しています。
화구 주변에서는 황화수소 가스가 분출되고 있습니다.

倫

인륜 륜

①인륜 ②윤리 ③도리

음 りん　倫理 윤리　倫理学 윤리학　人倫 인륜　不倫 불륜

動物実験の是非を倫理の面から考えます。
동물 실험의 옳고 그름을 윤리의 관점에서 생각합니다.

政治家は人倫に外れる行為をしてはいけません。
정치인은 인륜에 벗어나는 행동을 해서는 안 됩니다.

痢

설사 리

①설사 ②이질

음 り　下痢 설사　疫痢 역리, 이질(소아 전염병의 한 가지)

赤痢 적리, 이질　赤痢菌 이질균

下痢が止まらないので薬を飲みます。 설사가 멈추지 않아서 약을 먹습니다.

赤痢は伝染病の一つです。 이질은 전염병의 하나입니다.

밟을 리

①밟다 ②신을 신다
③행하다

음 **り**

りれき
履歴 이력　　りれきしょ
履歴書 이력서　　りしゅう
履修 이수　　りこう
履行 이행

ぞうり
草履 짚신, 샌들

훈 **はく**

は
履く 신다　　うわば
上履き 실내화

ひっしゅう きょうよう か もく　　りしゅう
必修の教養科目をすべて履修しました。 필수 교양과목을 전부 이수했습니다.

きょう ゆき ふ　　は
今日は雪が降っているのでブーツを履きました。
오늘은 눈이 내려서 부츠를 신었습니다.

■ 밑줄 친 한자를 바르게 읽은 것을 고르시오.

1 両親は共稼ぎなので、昼間は家にいません。

① ともかせぎ   ② ともがせぎ   ③ ともかぜぎ   ④ ともがぜぎ

2 たばこの吸い殻を捨てないでください。

① すいがら   ② すいから   ③ すいがく   ④ すいかく

3 コンテストで優勝したピアニストが喝采を浴びています。

① かっせい   ② かっさい   ③ かつせい   ④ かつさい

4 皆さんの期待に応えることができなくて、遺憾に思います。

① いがん   ② ゆがん   ③ いかん   ④ ゆかん

5 「金剛」はダイヤモンドの別称です。

① こうごう   ② こうこう   ③ こんごう   ④ こんこう

6 彼は契約に同意することを拒否しました。

① こひ   ② きょひ   ③ こうひ   ④ きょうひ

7 この美術館ではピカソの傑作が展示されています。

① けっさく   ② けっさ   ③ けつさく   ④ けつさ

8 「見る」の謙譲語は「拝見する」です。

① けんしょうご   ② けんじょうご   ③ げんしょうご   ④ げんじょうご

9 チューリップの茎に虫がいます。

① は   ② がく   ③ くき   ④ ね

10 アメリカの「グランド・キャニオン」はとても有名な渓谷です。

① けいこく   ② けいごく   ③ げいこく   ④ げいごく

정답 1 ①   2 ①   3 ②   4 ③   5 ③   6 ②   7 ①   8 ②   9 ③   10 ①

11 その研究者は新種の昆虫を発見しました。

① ごんちゅう　　② ごうちゅう　　③ こんちゅう　　④ こうちゅう

12 人類の幸福に貢献するために遺伝子の研究をしています。

① ごけん　　　② ごうけん　　　③ こけん　　　④ こうけん

13 ペットボトルと空き缶を分けて捨ててください。

① あきかん　　② あきがん　　　③ あきけん　　④ あきげん

14 葬儀の会場に棺を運びます。

① おけ　　　　② ひつぎ　　　　③ たる　　　　④ たわら

15 リビングで寛げるように新しいソファーを買いました。

① ひろげる　　② さまたげる　　③ くつろげる　　④ かかげる

16 括弧の中に名前を書いてください。

① かいご　　　② かっご　　　　③ かいこ　　　④ かっこ

17 前歯が出ているので、矯正したいです。

① きょうせい　　② きょうしょう　　③ こうせい　　④ こうしょう

18 溝にたまった泥を取り除きます。

① わく　　　　② みぞ　　　　　③ すみ　　　　④ わき

19 洋服をインターネットで購入しました。

① ごうにゅう　　② ごうりゅう　　③ こうにゅう　　④ こうりゅう

20 不景気によって、その会社の経営は窮地に陥りました。

① くうじ　　　② きゅうじ　　　③ くうち　　　④ きゅうち

[/ 20]

■ 밑줄 친 한자를 바르게 읽은 것을 고르시오.

1 手術に使う道具を殺菌します。

   ① さっきん   ② さつきん   ③ さっぎん   ④ さつぎん

2 美しい琴の音色が聞こえます。

   ① つづみ   ② すず   ③ ふえ   ④ こと

3 彼は私の意見に肯定も否定もしませんでした。

   ① こうじょう   ② こうてい   ③ ごうじょう   ④ ごうてい

4 肌の乾燥を防ぐためにクリームを塗ります。

   ① はだ   ② はら   ③ しわ   ④ しみ

5 その国では農作物の不作で飢饉が起きました。

   ① ぎきん   ② ぎぎん   ③ ききん   ④ きぎん

6 商品の料金に配送料は含まれません。但し、消費税は含まれます。

   ① ただし   ② しかし   ③ そそのかし   ④ せかし

7 その選手は世界記録の更新に挑んだ。

   ① めぐんだ   ② はぐくんだ   ③ のぞんだ   ④ いどんだ

8 彼は有名な映画監督です。

   ① がんとく   ② がんどく   ③ かんとく   ④ かんどく

9 彼女は外科病棟で働くことになりました。

   ① びょうとう   ② びょうどう   ③ へいとう   ④ へいどう

10 沸騰したお湯にほうれん草を入れて、ゆがきます。

   ① ふうとう   ② ふっとう   ③ ふうとん   ④ ふっとん

정답   1 ①   2 ④   3 ②   4 ①   5 ③   6 ①   7 ④   8 ③   9 ①   10 ②

11 北海道は酪農が盛んです。

① なくのう　　　② らくのう　　　③ なくのん　　　④ らくのん

12 ９月になって、涼しい風が吹き始めました。

① ややこしい　　② せわしい　　　③ すがすがしい　　④ すずしい

13 きれいな風鈴の音が聞こえます。

① ふうりん　　　② ぷうりん　　　③ ふりん　　　　④ ぷりん

14 寮の門限は午後11時です。

① りょう　　　　② やぐら　　　　③ やしき　　　　④ くら

15 今月の支出の累計額を計算しました。

① るうけい　　　② るいけい　　　③ るうげい　　　④ るいげい

16 その選手は盗塁に失敗しました。

① どうるい　　　② どうるう　　　③ とうるい　　　④ とうるう

17 川に沿って柳が植えられています。

① もみ　　　　　② しい　　　　　③ さくら　　　　④ やなぎ

18 二酸化硫黄の化学式はSO2です。

① りゅうおう　　② いおう　　　　③ りゅうわん　　④ いわん

19 研究者は研究倫理を守らなければなりません。

① りんり　　　　② ゆんり　　　　③ りんい　　　　④ ゆんい

20 この講義は必修科目なので履修しなければなりません。

① いしゅう　　　② いすう　　　　③ りしゅう　　　④ りすう

중학교 3학년 한자 ②

麻	摩	磨	漠	抹	妄	媒	盲	銘
삼 마	문지를 마	갈 마	넓을/사막 막	지울 말	망령될 망	중매 매	맹인/눈 멀 맹	새길 명
侮	耗	畝	猫	蚊	朴	舶	撲	頒
업신여길 모	소모할 모	이랑 묘	고양이 묘	모기 문	성씨 박	배 박	칠 박	나눌 반
鉢	紡	培	賠	伯	煩	閥	丙	併
바리때 발	길쌈 방	북을 돋울 배	물어줄 배	맏 백	번거로울 번	문벌 벌	셋째 천간 병	아우를 병
瓶	塀	譜	僕	俸	扶	附	剖	奔
병 병	담 병	족보 보	종 복	녹봉 봉	도울 부	붙을 부	쪼갤 부	달릴 분
雰	憤	棚	妃	沸	扉	賓	頻	唆
눈날릴 분	분할 분	사다리 붕	왕비 비	끓을 비	사립문 비	손 빈	자주 빈	부추길 사
蛇	詐	嗣	賜	傘	杉	挿	渋	尚
긴 뱀 사/ 구불구불 갈 이	속일 사	이을 사	줄 사	우산 산	삼나무 삼	꽂을 삽	떫을 삽	오히려 상
祥	喪	償	霜	璽	索	叙	逝	庶
상서 상	잃을 상	갚을 상	서리 상	옥새 새	찾을 색	펼 서	갈 서	여러 서
緒	誓	析	仙	旋	禅	纖	涉	宵
실마리 서	맹세할 서	쪼갤 석	신선 선	돌 선	선 선	가늘 섬	건널 섭	밤 소
疎	塑	訟	砕	囚	帥	搜	睡	酬
성길 소	흙 빚을 소	송사할 송	부술 쇄	가둘 수	장수 수	찾을 수	졸음 수	갚을 수
愁	叔	淑	肅	塾	唇	殉	循	崇
근심 수	아저씨 숙	맑을 숙	엄숙할 숙	글방 숙	입술 순	따라죽을 순	돌 순	높을 숭
升	迅	娠	紳	甚				
되 승	빠를 신	아이 밸 신	큰 띠 신	심할 심				

0670

삼 **마 (麻)**

①삼 ②베옷 ③마비되다

음 ま 麻痺 마비 麻薬 마약 麻酔 마취 大麻 대마, 삼
훈 あさ 麻 삼 麻袋 마대

青少年に麻薬の怖さを教えます。 청소년에게 마약의 무서움을 가르칩니다.
穀物は麻袋に入れて保管します。 곡물은 마대에 넣어서 보관합니다.

0671

문지를 **마 (摩)**

①문지르다 ②갈다
③연마하다

음 ま 摩擦 마찰 摩耗 마모 研摩 연마 按摩 안마

物と物の摩擦によって静電気が発生します。
물건과 물건의 마찰에 의해 정전기가 발생합니다.

カーペットが摩耗したので、買い替えます。 카펫이 마모되어서 교체합니다.

0672

갈 **마 (磨)**

①갈다 ②닦다 ③문지르다

음 ま 錬磨 연마 雪達磨 눈사람
　　　　 切磋琢磨 절차탁마(서로 돕고 격려하여 진보 향상됨)
훈 みがく 磨く ①닦다 ②연마하다 歯磨き 양치질

友だちと切磋琢磨して日本語の漢字を勉強します。
친구와 절차탁마해서 일본어 한자를 공부합니다.
洗面所の鏡を磨きます。 세면대의 거울을 닦습니다.

0673

넓을/사막 **막 (漠)**

①넓다 ②사막

음 ばく 漠然 막연함 砂漠 사막

将来の夢が漠然として決まりません。 장래의 꿈이 막연해서 정해지지 않습니다.
砂漠の拡大を止める活動をしています。 사막의 확대를 막는 활동을 하고 있습니다.

0674

지울 **말**

①지우다, 지워 없애다
②가루

음 まつ

抹茶 말차(가루차), 녹차　抹消 말소　抹殺 말살
一抹 일말(약간, 아주 적음)

不正をした弁護士が登録から抹消されました。
부정을 저지른 변호사가 등록에서 말소되었습니다.

約束の場所に友だちがいなくて、一抹の不安を感じました。
약속장소에 친구가 없어서 약간 불안했습니다.

0675

망령될 **망**

①망령되다 ②함부로

음 もう

妄想 망상　被害妄想 피해망상　妄信 무턱대고 믿음

ぼう

妄言 망언(もうげん으로도 읽음)

彼はインターネットにある情報を妄信しました。
그는 인터넷에 있는 정보를 무턱대고 믿었습니다.

政治家の妄言が国際問題に発展しました。 정치인의 망언이 국제문제로 발전했습니다.

0676

중매 **매**

①중매 ②중개자

음 ばい

媒介 매개(둘의 관계를 맺어줌)　媒体 매체, 매개체　媒酌 중매
触媒 촉매

旅行会社を媒介してホテルを予約します。
여행사를 매개하여(통해서) 호텔을 예약합니다.

新型のウィルスは蚊を媒体として広まりました。
신형 바이러스는 모기를 매개체로 하여 퍼져나갔습니다.

0677

맹인/눈 멀 **맹**

①맹인 ②눈멀다 ③사리에
어둡다 ④무지하다

음 もう

盲導犬 맹도견, 안내견　盲学校 맹학교　盲腸 맹장
盲目 맹목　盲目的 맹목적　文盲 문맹

ここは盲導犬を育てる施設です。 여기는 안내견을 기르는 시설입니다.
恋をすると盲目的になってしまいます。 사랑을 하면 맹목적이 되어버립니다.

0678

음 めい
　銘柄 상품의 상표　銘文 명문(금석·기물 등에 새겨진 글)
　感銘 감명　座右の銘 좌우명
　銘ずる・銘じる 마음속에 깊이 새기다, 명심하다

새길 **명**

①새기다 ②명심하다
③금석에 새긴 글자

好きなビールの銘柄がありますか。좋아하는 맥주 상표가 있습니까?
座右の銘は「初志貫徹」です。좌우명은 '초지일관'입니다.

0679

음 ぶ
　侮辱 모욕　侮辱罪 모욕죄　侮蔑 모멸
훈 あなどる
　侮る 깔보다, 얕보다

업신여길 **모 (侮)**

①업신여기다 ②조롱하다

上司からの侮辱に耐えました。상사로부터의 모욕을 참았습니다.
子どもだからと言って、侮ってはいけません。아이라고 해서 얕봐서는 안 됩니다.

0680

음 もう
　摩耗 마모　消耗 소모　消耗品 소모품
　こう
　心神耗弱 심신모약, 심신미약

소모할 **모 (耗)**

①소모하다 ②소비하다
③없애다

マラソン大会は夏に開かれたため、選手たちは体力を多く消耗しました。
마라톤대회는 여름에 열렸기 때문에, 선수들은 체력을 많이 소모했습니다.
被告人の心神耗弱で減刑の判決が出ました。
피고인의 심신미약으로 감형의 판결이 나왔습니다.

0681

훈 うね
　畝 두렁(논이나 밭 사이의 작은 둑)
　せ
　一畝 1묘

이랑 **묘**

①이랑 ②밭 넓이
③밭두둑, 밭두렁

畝にじゃがいもを植えました。두렁에 감자를 심었습니다.
一畝は99平方メートルの広さです。1묘는 99평방미터(약 30평)의 넓이입니다.

0682

고양이 **묘 (猫)**

고양이

음 びょう　猫**額** ①고양이 이마 ②아주 좁음

猫**額大** 고양이 이마만함, 아주 좁음

훈 ねこ　猫 고양이　猫**舌** 뜨거운 것을 못 먹는 사람

猫額の土地ですが、家を建てることができました。
아주 좁은 땅입니다만, 집을 지을 수 있었습니다.

猫が昼寝をしています。고양이가 낮잠을 자고 있습니다.

0683

모기 **문**

모기

훈 か　蚊 모기　蚊**帳** 모기장 (かちょう로도 읽음)

蚊**取り線香** 모기향

蚊に刺されないように気をつけてください。모기에 물리지 않도록 조심하세요.

夏になったので蚊取り線香を買いました。여름이 되어서 모기향을 샀습니다.

0684

성씨 **박**

①성의 하나 ②순박하다

음 ぼく　素**朴** 소박함　純**朴** 순박함

朴訥 소박하고 입이 무거움, 수수하고 말이 없음

食べ物は素朴な方が、むしろ健康にいいです。
음식은 소박한 편이 오히려 건강에 좋습니다.

彼は朴訥な青年で、本ばかり読んでいます。
그는 수수하고 말이 없는 청년으로, 책만 읽고 있습니다.

0685

배 **박**

배, 선박

음 はく　船**舶** 선박　**舶来** 외래　**舶来品** 외래품

水平線に向かって船舶が航行しています。수평선을 향해 선박이 항해하고 있습니다.

これは舶来品なので、とても高いです。이것은 외국에서 온 물건이라 매우 비쌉니다.

0686

칠 **박**

①치다 ②두드리다
③때리다

음 ぼく 撲滅 박멸 撲殺 박살

특이 相撲 스모, 일본 씨름

エイズウィルスを撲滅する研究を行っています。
에이즈 바이러스를 박멸하는 연구를 하고 있습니다.

若い人の中にも相撲が好きな人がいます。
젊은 사람 중에도 스모(일본 씨름)를 좋아하는 사람이 있습니다.

0687

나눌 **반**

①나누다 ②널리 퍼뜨리다

음 はん 頒布 반포, 배포

選挙の候補者がチラシを頒布しています。
선거 후보자가 전단지를 배포하고 있습니다.

0688

바리때 **발**

①바리때(승려의 밥그릇)
②사발

음 はち 鉢 ①대접 ②화분 ③머리통 鉢巻 머리띠

頭痛鉢巻 곤경에 처하여 그 대책 마련에 고심함, 골칫거리

植木鉢 화분 火鉢 화로 料理鉢 요리 담는 그릇

植木鉢の花に水をやります。 화분의 꽃에 물을 줍니다.

料理鉢に刺身を盛りました。 요리그릇에 생선회를 담았습니다.

0689

길쌈 **방**

①길쌈 ②실을 뽑다, 잣다

음 ぼう 紡績 방적 紡織 방직 紡糸 방사(섬유를 자아서 뽑은 실)
훈 つむぐ 紡ぐ 실을 뽑다

かつて、この街は紡績産業が盛んでした。 한때 이 거리는 방적산업이 활발했습니다.

蚕の繭から糸を紡ぎます。 누에고치에서 실을 뽑습니다.

북을 돋울 배

①북을 돋우다 ②배양하다
③양성하다

음 ばい 培養 배양 栽培 재배

훈 つちかう 培う ①가꾸다, 배양하다 ②능력이나 심성을 기르다

この畑ではトマトを栽培しています。 이 밭에서는 토마토를 재배하고 있습니다.

現場で培った経験を活かします。 현장에서 쌓은 경험을 살립니다.

물어줄 배

물어주다, 변상하다

음 ばい 賠償 배상 賠償金 배상금

裁判官は賠償を命じました。 판사는 배상을 명했습니다.

戦勝国に賠償金を支払うことになりました。
전승국에 배상금을 지불하게 되었습니다.

맏 백

①맏, 첫 ②남편 ③백작
④큰아버지

음 はく 伯爵 백작 画伯 화백

특이 伯父 백부, 큰아버지 (はくふ로도 읽음)

伯母 백모, 큰어머니 (はくぼ로도 읽음)

有名な画伯の絵に１億円の値段が付きました。
유명한 화백의 그림에 1억 엔의 가격이 붙었습니다.

今日は家に伯父が来ました。 오늘은 집에 큰아버지가 왔습니다.

번거로울 번

①번거롭다 ②번잡하다
③괴로워하다 ④번민, 걱정

음 はん/ぼん 煩雑 번잡함 煩多 번다함(번거로운 일이 많음) 煩悩 번뇌

훈 わずらう 煩う ①번민하다 ②고생하다

わずらわす 煩わす ①번거롭게 하다 ②수고를 끼치다(=煩わせる)

わずらわしい 煩わしい 번거롭다, 귀찮다

確定申告の方法が煩雑で、よく分かりません。
확정신고(연말정산)의 방법이 번잡해서 잘 모르겠습니다.

お手を煩わせますが、よろしくお願いします。
번거롭게 해드리지만, 잘 부탁드립니다.

0694

문벌 **벌**

문벌, 가문

음 ばつ　　財閥 재벌　派閥 파벌　学閥 학벌

日本は戦後、財閥が解体されました。 일본은 전후, 재벌이 해체되었습니다.

会社の中には色々な派閥があって、気を使わなければなりません。
회사 안에는 여러 파벌이 있어서 신경을 써야 합니다.

0695

셋째 천간 **병**

셋째 천간

음 へい　　甲乙丙丁 갑을병정　丙種 병종, 셋째 등급

昔、日本では学校の成績を甲乙丙丁で評価しました。
옛날에 일본에서는 학교 성적을 갑을병정으로 평가했습니다.

「危険物取扱者」の資格には甲種、乙種、丙種があります。
'위험물 취급자' 자격에는 갑종, 을종, 병종이 있습니다.

0696

아우를 **병** (併)

①아우르다 ②나란히 하다
③한데 모으다

음 へい　　併記 병기, 함께 기록함　併設 병설　合併 합병
　　　　　　併発 병발(두 가지 이상의 일이 한꺼번에 일어남)

훈 あわせる　　併せる 합치다, 모으다　併せて 아울러, 겸해서

名前をハングルとローマ字で併記します。 이름을 한글과 로마자로 병기합니다.

調印式をして、併せて記念撮影をします。 조인식을 하고, 겸해서 기념촬영을 합니다.

0697

병 **병** (瓶)

병

음 びん　　瓶 병　花瓶 꽃병　ビール瓶 맥주병　空き瓶 공병, 빈병

花瓶を割ってしまいました。 꽃병을 깨트려버렸습니다.

空き瓶はリサイクルします。 빈병은 재활용합니다.

塀 담 **병**

담, 담장

음 へい

へい
塀 담　ど べい
土塀 토담, 흙담　いた べい
板塀 판장, 널판장

コンクリートで塀を築きました。 콘크리트로 담을 쌓았습니다.
へい　きず

壊れた土塀を修理します。 무너진 토담을 수리합니다.
こわ　ど べい　しゅう り

譜 족보 **보**

①족보 ②계보 ③악보

음 ふ

ふ めん
譜面 보면, 악보　がく ふ
楽譜 악보　ねん ぷ
年譜 연보

楽譜どおり忠実に演奏します。 악보대로 충실히 연주합니다.
がく ふ　ちゅうじつ　えんそう

本の最後に作者の年譜があります。 책의 마지막에 저자의 연보가 있습니다.
ほん　さい ご　さくしゃ　ねん ぷ

僕 종 **복**

①종 ②저

음 ぼく

ぼく
僕 나　げ ぼく
下僕 하인　こうぼく
公僕 공복, 공무원

특이 僕 하인
しもべ

お母さんが僕にお使いをさせました。 엄마가 나에게 심부름을 시켰습니다.
かあ　ぼく　つか

公僕とは国や社会の召使という意味で、役人、公務員を言います。
こうぼく　くに　しゃかい　めしつかい　い み　やくにん　こう む いん　い
'공복'이란 국가나 사회의 심부름꾼이라는 뜻으로, 관리, 공무원을 말합니다.

俸 녹 **봉**

녹, 녹봉

음 ほう

ねんぽう
年俸 연봉　げんぽう
減俸 감봉

プロサッカー選手の年俸が増えました。 프로 축구 선수의 연봉이 늘었습니다.
せんしゅ　ねんぽう　ふ

不正を働いた社員に減俸３ヶ月の処分が下りました。
ふ せい　はたら　しゃいん　げんぽう　げつ しょぶん　くだ
부정을 저지른 사원에게 감봉 3개월의 처분이 내려졌습니다.

0702

도울 **부**

①돕다 ②지원하다

음 ふ

ふよう
扶養 부양　　扶育 부육(도와서 양육함)
ふじょ
扶助 부조(도와줌, 돈이나 물건을 보냄)　相互扶助 상부상조

親は子を扶養する義務があります。 부모는 자식을 부양할 의무가 있습니다.
学校で相互扶助の精神を学びます。 학교에서 상부상조의 정신을 배웁니다.

0703

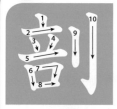

붙을 **부**

①붙다 ②부착하다
③보태다

음 ふ

ふぞく　　　　　ふずい
附属 부속　　附随 부수(주되는 것에 따라감)
きふ　　　　　きふきん
寄附 기부　　寄附金 기부금

大学附属の病院で手術します。 대학 부속 병원에서 수술합니다.
母校に寄附金を送ります。 모교에 기부금을 보냅니다.

0704

쪼갤 **부**

①쪼개다 ②가르다

음 ぼう

かいぼう　　　かいぼうがく
解剖 해부　　解剖学 해부학

医師になるために解剖学を勉強します。 의사가 되기 위해 해부학을 공부합니다.

0705

달릴 **분**

①달리다 ②급히 가다
③빠르다

음 ほん

ほんそう　　　　　　　　ほんぽう　　　　　ほんりゅう
奔走 분주(바쁘게 뛰어다님)　奔放 분방함　奔流 격류(세찬 물줄기)
きょうほん　　とうほんせいそう
狂奔 광분　東奔西走 동분서주

結婚式の準備のために奔走します。 결혼식 준비 때문에 분주합니다.
習慣や伝統にとらわれないで、奔放に生きてみたいです。
관습과 전통에 얽매이지 않고, (자유)분방하게 살아보고 싶습니다.

눈날릴 분

①눈이 날리다 ②기운

음 **ふん**　　雰**囲気** 분위기

あそこのカフェはとても雰囲気がいいです。
저기 있는 카페는 분위기가 아주 좋습니다.

분할 분

①분하다 ②분노하다

음 **ふん**　　憤**慨** 분개　　憤**激** 격분함　　憤**怒** 분노(ふんぬ로도 읽음)
　　　　　　義憤 의분　　鬱憤 울분

훈 **いきどおる**　　憤る 분개하다, 성내다

大臣の答弁に議員が憤慨しています。 장관의 답변에 의원이 분개하고 있습니다.
卑劣な詐欺事件に社会は憤りました。 비열한 사기 사건에 사회는 분개했습니다.

사다리 붕

①사다리 ②시렁 ③선반

훈 **たな**　　棚 선반, 시렁　　本棚 책장　　食器棚 식기 선반, 식기장
　　　　　　大陸棚 대륙붕(완만한 경사의 해저)

本棚にたくさんの本が並んでいます。 책장에 많은 책이 꽂혀 있습니다.
お皿を食器棚にしまいます。 접시를 식기장에 넣습니다.

왕비 비

①왕비 ②배우자

음 **ひ**　　妃**殿下** 비전하(남성 황족의 배우자)　　王妃 왕비
　　　　　皇太子妃 황태자비

スペインの王と王妃が手を振っています。
스페인의 왕과 왕비가 손을 흔들고 있습니다.
その女性は結婚して皇太子妃になりました。
그 여성은 결혼해서 황태자비가 되었습니다.

0710

끓을 **비**

끓다, 끓이다

음 ふつ

沸騰 비등, 끓어오름　沸点 끓는점　煮沸 자비(펄펄 끓임)

훈 わく

沸く 끓다

わかす

沸かす 끓이다

お湯が沸騰しているので、気をつけてください。 물이 끓고 있으니 조심하세요.

鍋に水を入れて沸かします。 냄비에 물을 넣고 끓입니다.

0711

사립문 **비 (扉)**

①사립문 ②문짝

음 ひ

門扉 문짝, 대문

훈 とびら

扉 문　非常扉 비상문

その会社は女性の採用に対して門扉を閉ざしています。
그 회사는 여성채용에 대해서 문을 걸어 잠그고 있습니다.

夜は必ず扉に鍵をかけてください。 밤에는 반드시 문을 잠가 주십시오.

0712

손 **빈 (賓)**

손, 손님

음 ひん

来賓 내빈　国賓 국빈　正賓 주빈

賓客 귀한 손님(ひんきゃく로도 읽음)

司会者が来賓を紹介しています。 사회자가 내빈을 소개하고 있습니다.

アメリカ大統領を国賓として招きます。 미국 대통령을 국빈으로서 초대합니다.

0713

자주 **빈 (頻)**

자주, 빈번히

음 ひん

頻度 빈도　頻繁 빈번함　頻発 빈발　頻出 빈출, 자주 나타남

1週間に1回の頻度で図書館に行きます。 1주일에 한 번꼴로 도서관에 갑니다.

試験に頻出する問題を解きます。 시험에 자주 출제되는 문제를 풉니다.

부추길 사

①부추기다, 꼬드기다
②교사하다

음 さ 　示唆 시사 　教唆 교사(남을 부추겨 무슨 일을 하게 함)

훈 そそのかす 　唆す 부추기다, 꼬드기다

自殺の教唆は重大な犯罪です。 자살 교사는 중대한 범죄입니다.

店員に唆されて、つい買ってしまいました。
점원이 부추겨서 그만 사고 말았습니다.

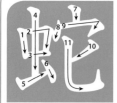

긴 뱀 사/구불구불 갈 이

①긴 뱀 ②구불구불 가다

음 じゃ 　蛇口 수도꼭지 　蛇腹 아코디언처럼 신축 가능한 몸통 부분

　だ 　蛇行 사행, 꾸불꾸불 나아감, 갈짓자(じゃこう로도 읽음)

　　　蛇足 사족, 군더더기 　長蛇 장사, 긴 줄 　長蛇の陣 장사진

훈 へび 　蛇 뱀 　毒蛇 독사

蛇口をしっかり閉めてください。 수도꼭지를 꽉 잠가 주세요.

蛇に気をつけて、山道を歩きます。 뱀을 조심하며 산길을 걷습니다.

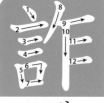

속일 사

①속이다 ②가장하다

음 さ 　詐欺 사기 　詐欺師 사기꾼 　詐称 사칭

　　　詐取 사취(거짓으로 속여 남의 것을 빼앗음)

外国旅行に行ったら詐欺にあいました。 외국에 여행 가서 사기를 당했습니다.

その人は市役所の職員を詐称して、人々をだましました。
그 사람은 시청 직원을 사칭하여 사람들을 속였습니다.

이을 사

①잇다 ②이어받다

음 し 　継嗣 후계자 　後嗣 후사(대를 잇는 자식), 후계자

日本の皇室は継嗣が少ないことが問題です。
일본 황실은 후계자가 적은 것이 문제입니다.

彼は次男を後嗣に決めました。 그는 차남을 후계자로 정했습니다.

0718

줄 **사**

①주다 ②하사하다

음 し
賜杯 ^{しはい} 사배(천황이나 황족이 경기·시합 등의 승자에게 주는 우승컵)
下賜 ^{かし} 하사　恩賜 ^{おんし} 은사, 하사

훈 たまわる
賜る ^{たまわ} '받다'의 겸사말

優勝した選手が賜杯を持って笑っています。
ゆうしょう せんしゅ しはい も わら
우승한 선수가 우승컵을 들고 웃고 있습니다.

当店は日頃からお客様にご愛顧を賜っております。
とうてん ひごろ きゃくさま あいこ たまわ
우리 가게는 평소 손님에게 많은 사랑을 받고 있습니다.

0719

우산 **산**

①우산 ②일산

음 さん
傘下 ^{さんか} 산하(어떤 조직체나 세력의 관할 아래)　落下傘 ^{らっかさん} 낙하산

훈 かさ
傘 ^{かさ} 우산　雨傘 ^{あまがさ} 우산　日傘 ^{ひがさ} 양산

うちの会社が大企業の傘下に入ることになりました。
かいしゃ だいきぎょう さんか はい
우리 회사가 대기업 산하로 들어가게 되었습니다.

日差しが強いので、日傘を差します。 햇살이 강해서 양산을 씁니다.
ひざ つよ ひがさ さ

0720

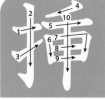

삼나무 **삼**

삼나무

훈 すぎ
杉 ^{すぎ} 삼나무　杉並木 ^{すぎなみき} 삼나무 가로수　杉花粉 ^{すぎかふん} 삼나무 꽃가루

杉は優れた建築材です。 삼나무는 뛰어난 건축자재입니다.
すぎ すぐ けんちくざい

杉並木の散歩コースを歩きました。 삼나무 가로수길 산책 코스를 걸었습니다.
すぎなみき さんぽ ある

0721

꽂을 **삽 (插)**

①꽂다, 끼우다 ②삽입하다

음 そう
挿入 ^{そうにゅう} 삽입　挿画 ^{そうが} 삽화　挿話 ^{そうわ} 에피소드

훈 さす
挿す ^さ 꽂다, 끼우다　挿し絵 ^{さ え} 삽화

カード端末機にクレジットカードを挿入して会計をします。
たんまつき そうにゅう かいけい
카드단말기에 신용카드를 삽입해서 계산을 합니다.

私は雑誌の挿し絵を描く仕事をしています。
わたし ざっし さ え か しごと
나는 잡지의 삽화를 그리는 일을 하고 있습니다.

Tip 0217 さす 참조

0722

음 じゅう | 渋滞 정체　苦渋 쓰고 떫음, 고민함, 고뇌
훈 しぶ | 渋柿 떫은 감
しぶい | 渋い 떫다
しぶる | 渋る 원활하게 진행되지 않다, 내키지 않다

떫을 **삽 (澁)**
①맛이 떫다 ②껄끄럽다
③꺼리다 ④막히다

苦渋の決断をして、会社を辞めました。
괴롭고 힘든 결단을 내려서 회사를 그만두었습니다.

彼はお金を貸すことを渋りました。그는 돈을 빌려주는 것을 내키지 않아 했습니다.

0723

음 しょう | 尚早 상조(어떤 일을 하기에 아직 때가 이름)　時期尚早 시기상조
和尚 스님　高尚 고상함, 품격이 높음
훈 なお | 尚 ①덧붙여 말하면, 또한 ②역시, 여전히 ③더구나, 오히려, 더욱

오히려 **상 (尚)**
①오히려 ②더욱이 ③아직
④높다

決断を下すには、まだ時期尚早です。결단을 내리기에는 아직 시기상조입니다.

入場料は500円です。尚、子どもは無料です。
입장료는 500엔입니다. 또한 어린이는 무료입니다.

0724

음 しょう | 発祥 발상　発祥地 발상지　不祥事 불상사, 비리, 스캔들
吉祥 길상, 길조(きちじょう로도 읽음)

상서 **상 (祥)**
①상서 ②조짐 ③상서롭다

天安はホドゥグァジャの発祥地です。천안은 호두과자의 발상지입니다.

公務員の不祥事を新聞が報道しました。공무원의 비리를 신문이 보도했습니다.

0725

음 そう | 喪失 상실　記憶喪失 기억상실　心神喪失 심신상실
喪心 상심
훈 も | 喪服 상복　喪主 상주　喪中 상중

잃을 **상**
①잃어버리다 ②상복을
입다 ③사망하다

会社で働く自信を喪失してしまいました。회사에서 일할 자신을 상실해버렸습니다.

喪服を着て、葬儀に参列します。상복을 입고 장례식에 참석합니다.

0726

갚을 **償**

①갚다, 돌려주다 ②배상, 대가 ③보상, 보답, 속죄

음 **しょう** 補償 보상 代償 ①보상 ②대가 弁償 변상 賠償 배상

훈 **つぐなう** 償う ①갚다 ②보상하다 ③속죄하다

台風で被害を受けた農家を補償します。 태풍으로 피해를 입은 농가를 보상합니다.

彼はきちんと罪を償いました。 그는 깨끗하게 죄를 속죄했습니다.

0727

서리 **霜**

①서리 ②세월 ③차가움의 비유

음 **そう** 霜害 서리 피해 幾星霜 너무 긴 시간, 오랜 세월

훈 **しも** 霜 서리 霜焼け 가벼운 동상 霜柱 서릿발 初霜 첫 서리

妻と出会って、幾星霜の月日が流れました。 아내와 만나 오랜 세월이 흘렀습니다.

今年、初めての霜が降りました。 올해 첫 서리가 내렸습니다.

0728

옥새 **새**

①옥새 ②인장

음 **じ** 御璽 옥새 国璽 국새 玉璽 옥새

詔書に天皇の御璽が押されています。 조서에 천황의 옥새가 찍혀 있습니다.

古代の遺跡から国璽が発掘されました。 고대 유적에서 국새가 발굴되었습니다.

0729

찾을 **색**

①찾다 ②더듬다

음 **さく** 索引 색인 検索 검색 模索 모색 探索 탐색

この本は後ろに索引があって便利です。 이 책은 뒤에 색인이 있어서 편리합니다.

貧富の格差の解決策を模索します。 빈부격차의 해결책을 모색합니다.

0730

펼 서 (敍)
①펴다 ②주다 ③진술하다
④차례

- 음 **じょ**
  - 叙事詩 서사시　叙述 서술　叙勲 서훈(훈장을 수여함)

大学で外国の叙事詩について研究しています。
대학에서 외국의 서사시에 대해 연구하고 있습니다.

政府は今年の叙勲者を発表しました。 정부는 올해의 서훈자를 발표했습니다.

0731

갈 서
①가다, 지나가다 ②죽다

- 음 **せい**
  - 逝去 서거　急逝 급서(갑자기 죽음)　夭逝 요절(젊은 나이에 죽음)
- 훈 **ゆく**
  - 逝く 가다, 죽다　逝く年 가는 해
- **いく**
  - 逝く 죽다

彼は事故によって急逝しました。 그는 사고로 갑자기 죽었습니다.

彼女は子どもを残して逝きました。 그녀는 아이를 남겨놓고 죽었습니다.

0732

여러 서
①여러 ②벼슬이 없는 사람

- 음 **しょ**
  - 庶民 서민　庶民的 서민적　庶務 서무　庶務課 서무과

その王は庶民の声に耳を傾けました。 그 왕은 서민의 목소리에 귀를 기울였습니다.

来月から田中さんは庶務課に異動することになりました。
다음 달부터 다나카 씨는 서무과로 이동하게 되었습니다.

0733

실마리 서 (緒)
①실마리 ②첫머리, 시초
③계통, 줄기 ④마음

- 음 **しょ**
  - 一緒 같이 함　内緒 비밀　由緒 유서, 유래
- **ちょ**
  - 情緒 정서
- 훈 **お**
  - 緒 줄, 끈　鼻緒 조리나 게다의 끈　へその緒 탯줄

京都に行くと、日本の情緒を感じることができます。
교토에 가면 일본의 정서를 느낄 수 있습니다.

韓国や日本では、へその緒を大切にする風習があります。
한국과 일본에서는 탯줄을 소중히 하는 풍습이 있습니다.

0734

맹세할 서

맹세하다, 서약하다

음 **せい**　　誓約 서약　　誓約書 서약서　　宣誓 선서

훈 **ちかう**　　誓う 맹세하다　　誓い 맹세

誓約書にサインをしました。 서약서에 사인을 했습니다.

新郎新婦が結婚式で誓いの言葉を述べています。
신랑신부가 결혼식에서 맹세의 말을 하고 있습니다.

0735

쪼갤 석

①나무를 쪼개다 ②가르다
③밝히다

음 **せき**　　分析 분석　　解析 해석

アンケートの結果を分析します。 설문조사 결과를 분석합니다.

データを解析した結果が出ました。 데이터를 해석한 결과가 나왔습니다.

0736

신선 선

신선

음 **せん**　　仙人 선인, 신선　　仙女 선녀　　水仙 수선화

　　　　　仙台市 센다이시

水仙の良い香りがします。 수선화의 좋은 향기가 납니다.

仙台市は宮城県にあります。 센다이시는 미야기현에 있습니다.

0737

돌 선

①돌다, 회전하다 ②돌아
오다 ③원을 그리다

음 **せん**　　旋回 선회(둘레를 빙글빙글 돎)　　旋風 회오리 바람

　　　　　凱旋 개선(싸움에서 이기고 돌아옴)　　螺旋 나선

飛行機が着陸するために旋回しています。 비행기가 착륙하기 위해 선회하고 있습니다.

優勝チームが凱旋パレードをしています。 우승팀이 개선 퍼레이드를 하고 있습니다.

3 학년 한자

0738

선 **선** (禪)
①선 ②선종 ③좌선하다

음 ぜん

禅 선, 좌선　禅宗 선종　禅僧 선승(선종의 승려)
禅寺 선종의 절　座禅 좌선

福井県には有名な禅寺があります。 후쿠이현에는 유명한 선종절이 있습니다.

このお寺では座禅の体験ができます。 이 절에서는 좌선 체험을 할 수 있습니다.

0739

가늘 **섬** (纖)
①가늘다 ②잘다

음 せん

繊維 섬유　食物繊維 식물(성) 섬유, 식이섬유　繊細 섬세함
繊毛 섬모(가는 털)

キノコには食物繊維が多く含まれています。
버섯에는 식이섬유가 많이 함유되어 있습니다.

読書をして繊細な感受性を養います。 독서를 해서 섬세한 감수성을 기릅니다.

0740

건널 **섭** (涉)
①건너다 ②간섭하다,
관계하다

음 しょう

渉外 섭외　交渉 교섭, 협상　干渉 간섭

外国の企業と業務提携の交渉をします。 외국 기업과 업무 제휴 협상을 합니다.

その国は国内干渉だと反発しました。 그 나라는 국내 간섭이라고 반발했습니다.

0741

밤 **소** (宵)
①밤 ②초저녁

음 しょう

春宵 봄밤　徹宵 밤을 샘

훈 よい

宵 저녁　宵の口 초저녁　今宵 오늘 밤

美しい春の夜を「春宵一刻値千金」と言います。
아름다운 봄밤을 '춘소일각치천금(봄밤의 한때는 천금의 가치가 있음)'이라고 합니다.

明日は宵の口から雨が降るそうです。 내일은 초저녁부터 비가 내린다고 합니다.

0742

성길 **疏**

①성기다 ②트이다
③멀리하다, 멀어지다

음 そ

そ がい
疎**外** 소외　そ えん
疎**遠** 소원함, 서먹해짐　そ つう
疎**通** 소통

そ かい
疎**開** 소개, 산개(주민이나 시설물을 분산시킴)

훈 うとい

うと
疎**い** ①소원하다 ②잘 모르다

うとむ

うと
疎**む** 멀리하다, 싫어하다　おろそ
특이 疎**か** 소홀함

とも　　　　　　　ひ　こ
友だちが引っ越しをしたため、疎遠になりました。
친구가 이사를 가서 소원해졌습니다.

し ごと　　　　　　　　　ぶ か　じょうし　　うと
仕事ができない部下が上司に疎まれています。
일을 잘 못하는 부하가 상사에게 소외당하고 있습니다.

0743

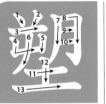

흙 빚을 **塑**

①흙 빚다 ②만들다

음 そ

ちょう そ
彫塑 조소　そ ぞう
塑**像** 소상(찰흙·석고 따위로 만든 상)

びじゅつ　じ かん　ちょう そ　　ほうほう　まな
美術の時間に彫塑の方法を学びます。 미술 시간에 조소 방법을 배웁니다.

ぞう　げんけい　　　　　そ ぞう　　つく
像の原型になる塑像を作りました。 동상의 원형이 되는 소상을 만들었습니다.

0744

송사할 **訟**

송사하다, 고소하다

음 しょう

そ しょう
訴訟 소송　みん じ　そ しょう
民事訴訟 민사소송　けい じ　そ しょう
刑事訴訟 형사소송

ぎょうせい　そ しょう
行政訴訟 행정소송

かれ　　　　　　そ しょう　　お
彼はついに訴訟を起こしました。 그는 결국 소송을 제기했습니다.

し みんだんたい　ぎょうせい そ しょう　　て つづ
市民団体は行政訴訟の手続きをしました。 시민단체는 행정소송의 수속을 했습니다.

0745

부술 **쇄 (碎)**

①부수다, 부서지다
②깨뜨리다

음 さい

は さい
破砕 파쇄(깨뜨려 부숨)　ふんさい
粉砕 분쇄(가루가 되도록 부스러뜨림)

ふんこつさいしん
粉骨砕身 분골쇄신　さいせき
砕石 쇄석(돌을 잘게 깨뜨려 부숨)

훈 くだく

くだ
砕**く** 깨다, 부수다

くだける

くだ
砕**ける** 깨지다, 부서지다

はいざい　ふんさい　　しょぶん
廃材を粉砕して処分します。 폐자재를 분쇄해서 처분합니다.

なか　くだ
チョコレートの中に砕けたピーナッツが入っています。
초콜릿 속에 부서진 땅콩이 들어 있습니다.

0746

가둘 **수**
①가두다, 갇히다 ②죄인

🔊 しゅう

囚人 죄수　囚役 수역(죄수에게 일을 시킴)　死刑囚 사형수

刑務所から囚人が脱走しました。 교도소에서 죄수가 탈주했습니다.

その死刑囚は監獄で手記を書きました。 그 사형수는 감옥에서 수기를 썼습니다.

0747

장수 **수**
①장수 ②인솔자 ③통솔자

🔊 すい

元帥 원수　総帥 총수　将帥 장수

統帥 통수(부하를 통솔하는 장수)

マッカーサーは元帥と呼ばれました。 맥아더는 원수라고 불렸습니다.

彼は企業グループを率いる総帥です。 그는 기업 그룹을 이끄는 총수입니다.

0748

찾을 **수 (捜)**

찾다, 뒤지다

🔊 そう

捜査 수사　捜索 수색　特捜 특별수사

🔊 さがす

捜す 찾다

日が暮れたので、捜索が中止されました。 해가 저물어서 수색이 중단되었습니다.

警察が逃げた犯人を捜しています。 경찰이 도망친 범인을 찾고 있습니다.

Tip さがす

捜す (잃은 것을) 찾다

行方不明者を捜す。 실종자를 찾다.

探す (갖고 싶은 것을) 찾다

家賃が安い部屋を探す。 집세가 저렴한 방을 찾다.

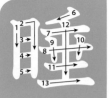

0749

졸음 **수**

①졸음 ②잠 ③자다

음 **すい**　　　睡眠 수면　　熟睡 숙면　　昏睡 혼수

彼は睡眠不足で倒れてしまいました。 그는 수면부족으로 쓰러져버렸습니다.

意識が昏睡した患者が病院に運ばれました。
의식이 혼수상태인 환자가 병원으로 이송되었습니다.

0750

갚을 **수**

①갚다, 보답하다
②응대하다

음 **しゅう**　　報酬 보수　　応酬 응수(주고 받음)

少ない報酬に納得できません。 적은 보수를 납득할 수 없습니다.

国会で激しい応酬が繰り広げられました。 국회에서 격렬한 응수가 펼쳐졌습니다.

0751

근심 **수**

①근심, 시름 ②근심하다

음 **しゅう**　　哀愁 애수　　郷愁 향수　　旅愁 여수(객지에서 느끼는 쓸쓸함이나 시름)

愁傷 수상(몹시 근심하여 마음이 상함)

훈 **うれえる**　　愁える 비탄하다, 걱정하다

うれい　　愁い 불안, 걱정, 근심

ラジオから哀愁に満ちた曲が聞こえてくる。 라디오에서 애수에 찬 곡이 들려온다.

就職できない息子を母が愁えています。
취직이 안 되는 아들을 어머니가 걱정하고 있습니다.

0752

아저씨 **숙**

아저씨

음 **しゅく**　　叔父 숙부(おじ로도 읽음)　　叔母 숙모(おば로도 읽음)

叔父の家に下宿して大学に通います。 숙부 집에 하숙하며 대학에 다닙니다.

1年ぶりに叔母に会いました。 1년 만에 숙모를 만났습니다.

0753

음 しゅく　　淑**女** 숙녀　　貞**淑** 정숙함

맑을 **숙**

①맑다, 깨끗하다
②얌전하다

紳士と淑女が社交ダンスをしています。 신사와 숙녀가 사교댄스를 추고 있습니다.
モナリザの絵は貞淑な女性の神秘的な微笑みで有名です。
모나리자 그림은 정숙한 여인의 신비스러운 미소로 유명합니다.

0754

음 しゅく　　厳**粛** 엄숙함　　自**粛** 자숙, 자제　　静**粛** 정숙함
粛**清** 숙청(어지러운 상태를 바로잡음, 반대파를 처단함)

엄숙할 **숙** (肅)

①엄숙하다 ②엄하다
③정숙하다 ④삼가다

厳粛に審査を行います。 엄숙하게 심사를 실시합니다.
とても暑い日は外出を自粛してください。 몹시 더운 날은 외출을 자제해 주세요.

0755

음 じゅく　　塾 학원　　学習塾 입시학원　　塾**長** 학원장

글방 **숙**

글방, 학당, 서당

夜遅くまで塾で勉強します。 밤늦게까지 학원에서 공부합니다.
学習塾で模擬試験を受けました。 입시학원에서 모의시험을 봤습니다.

0756

음 しん　　唇**音** 순음(입술 소리)　　口**唇** 입술
훈 くちびる　　唇 입술

입술 **순** (脣)

입술

唇音には[p]や[m]の発音があります。 순음에는 [p]와 [m]의 발음이 있습니다.
唇にリップクリームを塗ります。 입술에 립밤을 바릅니다.

0757

따라죽을 **순**

①따라죽다, 순사하다
②목숨을 바치다

음 じゅん

殉職 순직　殉教 순교　殉教者 순교자
じゅんしょく　　じゅんきょう　　じゅんきょうしゃ

殉死 순사(죽은 주군의 뒤를 따라 자살하는 일)
じゅんし

殉職した軍人に敬礼します。 순직한 군인에게 경례합니다.
じゅんしょく　　ぐんじん　けいれい

殉教者の慰霊碑が建っています。 순교자의 위령비가 세워져 있습니다.
じゅんきょうしゃ　いれいひ　た

0758

돌 **순**

돌다, 빙빙 돌다

음 じゅん

循環 순환　循環器 순환기
じゅんかん　　じゅんかんき

市内を循環するバスに乗りました。 시내를 순환하는 버스를 탔습니다.
しない　じゅんかん　　　　の

検査の結果、循環器に異常が見つかりました。
けんさ　けっか　じゅんかんき　いじょう　み

검사 결과, 순환기에 이상이 발견되었습니다.

0759

높을 **숭**

①높다, 높이다 ②존중하다

음 すう

崇拝 숭배　崇高 숭고함　崇敬 숭경(존경하고 사모함)
すうはい　　すうこう　　　すうけい

尊崇 존숭(우러러 존경함)
そんすう

古代には太陽を崇拝する宗教が多いです。 고대에는 태양을 숭배하는 종교가 많습니다.
こだい　たいよう　すうはい　しゅうきょう　おお

その学校は崇高な理念に基づいて設立されました。
がっこう　すうこう　りねん　もと　　　せつりつ

그 학교는 숭고한 이념을 바탕으로 설립되었습니다.

0760

되 **승**

되(분량을 헤아리는데 쓰는
그릇 또는 부피의 단위)

음 しょう
훈 ます

一升 한 되　一升瓶 한됫병
いっしょう　　いっしょうびん

升 되(한 말의 1/10, 약 1.8리터)　升酒 되로 파는 술
ます　　　　　　　　　　　　　　ますざけ

升席 마스세키(씨름 경기장 등에서 사각형으로 칸막이한 관람석)
ますせき

一升は1.8リットルに相当します。 한 되는 1.8리터에 해당합니다.
いっしょう　　　　　　　　そうとう

相撲を升席で観戦します。 스모를 마스세키 자리에서 관전합니다.
すもう　ますせき　かんせん

269

0761

빠를 **신**
①빠르다 ②신속하다

음 **じん**

迅速 신속함 奮迅 분신, 분기, 분발
獅子奮迅 사자분신(맹렬한 기세로 분투함)

迅速に対応しなかったため、問題が大きくなりました。
신속하게 대응하지 않았기 때문에 문제가 커졌습니다.

売上を伸ばすために毎日、獅子奮迅しています。
매출을 늘리기 위해 매일 분투하고 있습니다.

0762

아이 밸 **신**
아이를 배다

음 **しん**

妊娠 임신

妊娠3ヶ月であることが分かりました。 임신 3개월이라는 것을 알았습니다.

0763

큰 띠 **신**
①큰 띠 ②벼슬아치

음 **しん**

紳士 신사 紳士服 신사복

イギリスは紳士の国と言われます。 영국은 신사의 나라라고들 합니다.

紳士服売り場でスーツを買いました。 신사복 매장에서 정장을 샀습니다.

0764

심할 **심**
심하다, 지나치다

음 **じん**

甚大 막대함, 지대함 激甚 격심함, 극심함

훈 **はなはだ**

甚だ 매우, 몹시, 심히

はなはだしい 甚だしい 심하다, 대단하다

不景気によって会社は甚大な損害を被りました。
불경기로 인해 회사는 막대한 손해를 입었습니다.

行方不明者は衰弱が甚だしい状態で見つかりました。
실종자는 몹시 쇠약해진 상태에서 발견되었습니다.

■ 밑줄 친 한자를 바르게 읽은 것을 고르시오.

1 　毎日３回、必ず<u>歯磨</u>きをしましょう。

　　① はゆずき　　　　② はゆすき　　　　③ はみがき　　　　④ はみかき

2 　その患者（かんじゃ）は手術（しゅじゅつ）の前に<u>麻酔</u>の注射（ちゅうしゃ）を打（う）ちました。

　　① ますい　　　　　② ばすい　　　　　③ なすい　　　　　④ だすい

3 　友だちと<u>漠然</u>とした将来（しょうらい）の夢（ゆめ）について話し合いました。

　　① まくせん　　　　② ばくせん　　　　③ まくぜん　　　　④ ばくぜん

4 　精神科医（せいしんかい）が被害（ひがい）<u>妄想</u>について説明（せつめい）しています。

　　① ぼうそう　　　　② ぼんそう　　　　③ もうそう　　　　④ もんそう

5 　私は<u>盲導犬</u>を育（そだ）てる仕事をしています。

　　① もうどうけん　　② めんどうけん　　③ もうどけん　　　④ めんどけん

6 　暑い日に外で働（はたら）いたので、体力（たいりょく）を<u>消耗</u>しました。

　　① しょうも　　　　② しょうもう　　　③ そうも　　　　　④ そうもう

7 　その弁護士（べんごし）の弁論能力（べんろんのうりょく）は<u>侮</u>れない。

　　① はかれない　　　② あなどれない　　③ かかわれない　　④ いたわれない

8 　畑（はたけ）で仕事をして<u>蚊</u>に刺（さ）されました。

　　① か　　　　　　　② あぶ　　　　　　③ はち　　　　　　④ せみ

9 　大韓海峡（かいきょう）は多くの<u>船舶</u>が航行（こうこう）します。

　　① そんばく　　　　② そんぱく　　　　③ せんばく　　　　④ せんぱく

10 　友達と日本の<u>相撲</u>を観戦（かんせん）しました。

　　① からて　　　　　② けんか　　　　　③ いあい　　　　　④ すもう

 정답 　1 ③　　2 ①　　3 ④　　4 ③　　5 ①　　6 ②　　7 ②　　8 ①　　9 ④　　10 ④

11 研究室では実験用の細菌を培養しています。

① まいよう　　　② ばいよう　　　③ まいえい　　　④ ばいえい

12 補助金を受け取るためには煩わしい手続きが必要です。

① わずらわしい　② けがらわしい　③ なげかわしい　④ いたわしい

13 反対の派閥の政治家を非難しました。

① はばつ　　　　② ぱばつ　　　　③ はぼつ　　　　④ ぱぼつ

14 名前のアルファベット表記も併記してください。

① びょうし　　　② へいし　　　　③ びょうき　　　④ へいき

15 譜面のとおりに演奏してください。

① ふみん　　　　② ぷみん　　　　③ ふめん　　　　④ ぷめん

16 プロ野球選手が球団の経営陣と年俸の交渉をしています。

① ねんぼう　　　② ねんぽう　　　③ としぼう　　　④ としぽう

17 地震の被災者を助けるために1万円を寄附しました。

① ぎふ　　　　　② ぎぶ　　　　　③ きふ　　　　　④ きぶ

18 医学部生が解剖実習をしています。

① がいぼう　　　② かいぼう　　　③ がいほう　　　④ かいほう

19 犯罪予防のために扉には必ず鍵をかけてください。

① ろうか　　　　② ゆか　　　　　③ はしら　　　　④ とびら

20 パーティーの会場はとても楽しい雰囲気でした。

① ふんいき　　　② ぶんいき　　　③ ふんゆき　　　④ ぶんゆき

정답　11 ②　12 ①　13 ①　14 ④　15 ③　16 ②　17 ③　18 ②　19 ④　20 ①

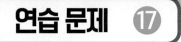
■ 밑줄 친 한자를 바르게 읽은 것을 고르시오.

1 大学入試の頻出問題を解きます。

　① ひんしゅつ　　　② びんしゅつ　　　③ ひんすつ　　　④ びんすつ

2 デパートの店員に唆されて、高い品物を買ってしまいました。

　① かわされて　　　② けがされて　　　③ そそのかされて　　④ こわされて

3 警察が蛇行運転をする車を停止させました。

　① たっこう　　　② だっこう　　　③ たこう　　　④ だこう

4 彼は経歴を詐称して履歴書を出しました。

　① ざしょ　　　② ざしょう　　　③ さしょ　　　④ さしょう

5 ここは法務省の傘下の機関です。

　① さんげ　　　② さんか　　　③ ざんげ　　　④ ざんか

6 雑誌に載せる挿し絵を描きました。

　① さしえ　　　② ざしえ　　　③ さしい　　　④ ざしい

7 この柿はまだ熟していないので渋いです。

　① にがい　　　② あまい　　　③ しぶい　　　④ つらい

8 仏教はインドで発祥しました。

　① はせい　　　② はしょう　　　③ はっせい　　　④ はっしょう

9 警察が行方不明者の探索をしています。

　① だんさく　　　② だんせく　　　③ たんさく　　　④ たんせく

10 国民が大統領の逝去を悼んでいます。

　① せいこ　　　② せいきょ　　　③ そこ　　　④ そきょ

정답　1 ①　　2 ③　　3 ④　　4 ④　　5 ②　　6 ①　　7 ③　　8 ④　　9 ③　　10 ②

11 　開会式で選手が宣誓を行っています。

　　① せんせい　　　② せんせん　　　③ そんせい　　　④ そんせん

12 　彼は繊細な感覚を持った画家です。

　　① そんしょう　　② そんさい　　　③ せんしょう　　④ せんさい

13 　社員たちは飲酒すると性格が変わる彼を疎みます。

　　① うとみます　　② ねたみます　　③ こばみます　　④ さげすみます

14 　訴訟には多額の費用がかかります。

　　① しょしょう　　② しょそう　　　③ そしょう　　　④ そそう

15 　彼は睡眠時間を削って働きました。

　　① すみん　　　　② すいみん　　　③ すめん　　　　④ すいめん

16 　彼は、その詩に哀愁を感じました。

　　① えしゅう　　　② えすう　　　　③ あいしゅう　　④ あいすう

17 　伝染病のせいで多くの人が外出を自粛しています。

　　① すちく　　　　② すしゅく　　　③ じちく　　　　④ じしゅく

18 　殉職した警察官に市民が哀悼を示しています。

　　① じゅんしょく　② すんしょく　　③ じゅんしき　　④ すんしき

19 　消防隊員たちは火災現場へ迅速に出動しました。

　　① じんそう　　　② ちんそう　　　③ じんそく　　　④ ちんそく

20 　検査の結果は血圧の数値が甚だしく悪かったです。

　　① おびただしく　② ただしく　　　③ はらただしく　④ はなはだしく

중학교 3학년 한자 ③

亜	謁	涯	厄	壤	釀	疫	呉
버금 아	뵐 알	물가 애	액 액	흙덩이 양	술빚을 양	전염병 역	성씨 오
軟	翁	渦	頑	凹	窯	庸	隅
연할 연	늙은이 옹	소용돌이 와	완고할 완	오목할 요	기와 굽는 가마 요	떳떳할 용	모퉁이 우
虞	韻	垣	猿	偽	尉	唯	悠
염려할 우	운 운	담 원	원숭이 원	거짓 위	벼슬 위	오직 유	멀 유
愉	猶	裕	諭	儒	癒	融	吟
즐거울 유	오히려 유	넉넉할 유	타이를 유	선비 유	병 나을 유	녹을 융	읊을 음
宜	擬	刃	忍	姻	逸	妊	剰
마땅 의	비길 의	칼날 인	참을 인	혼인 인	편안할 일	임신할 임	남을 잉
酌	爵	桟	壮	荘	粧	奨	宰
술 부을 작	벼슬 작	사다리 잔	장할 장	엄할/별장 장	단장할 장	장려할 장	재상 재
栽	斎	邸	嫡	栓	窃	漸	呈
심을 재	재계할/집 재	집 저	정실 적	마개 전	훔칠 절	점점 점	드릴 정
廷	亭	貞	浄	偵	艇	斉	弔
조정 정	정자 정	곧을 정	깨끗할 정	염탐할 정	배 정	가지런할 제	조상할 조
租	曹	眺	釣	詔	槽	藻	拙
조세 조	무리 조	바라볼 조	낚을/낚시 조	조서 조	구유 조	마름 조	옹졸할 졸
珠	俊	准	汁	症	肢	漬	津
구슬 주	준걸 준	준할 준	즙 즙	증세 증	팔다리 지	담글 지	나루 진
診	迭	秩	朕	懲			
진찰할 진	번갈아들 질	차례 질	나 짐	징계할 징			

음 あ

亜鉛 아연　亜熱帯 아열대　亜寒帯 아한대

亜細亜 아시아

毎日、亜鉛のサプリメントを飲みます。 매일 아연이 들어 있는 영양제를 먹습니다.
北海道は亜寒帯の地域です。 홋카이도는 아한대 지역입니다.

버금 **아** (亞)

①버금 ②아세아의 준말

음 えつ

謁見 알현(높은 사람을 찾아가 뵘)　謁する 알현하다, 뵙다

拝謁 배알(높은 사람을 찾아가 뵘)

各国の大使が王に謁見しています。 각국의 대사가 왕을 알현하고 있습니다.
王に拝謁できる時間はわずかでした。 왕을 배알할 수 있는 시간은 아주 짧았습니다.

뵐 **알** (謁)

①뵈다 ②아뢰다

음 がい

生涯 생애, 평생　境涯 사람의 처지나 환경, 신세

天涯 천애(하늘 끝, 머나먼 타향)

天涯孤独 천애 고독(의지할 곳이 없음)

それは生涯、忘れられない出来事でした。 그것은 평생 잊을 수 없는 사건이었습니다.
私は知り合いがいなくて天涯孤独です。 저는 아는 사람이 없어서 천애 고독합니다.

물가 **애**

①물가 ②끝, 한계 ③근처

음 やく

厄年 액년(운수 사나운 나이)　厄除け 액막이

厄介 귀찮음, 성가심　厄介者 성가신 존재, 골칫거리, 애물

災厄 재난

神社で厄除けのお守りをもらいました。 신사에서 액막이 부적을 받았습니다.
厄介な問題が起きて困っています。 성가신 문제가 생겨서 곤란해하고 있습니다.

액 **액**

①액, 불행한 일 ②재앙

0769

흙덩이 양 (壌)

①흙덩이 ②땅

음 じょう　土壌 토양

全羅道は稲作に適した土壌が広がっています。
전라도는 벼농사에 적합한 토양이 펼쳐져 있습니다.

0770

술빚을 양 (醸)

①술을 빚다 ②양조하다

음 じょう
醸造 양조　醸造酒 양조주(곡류나 과실 따위를 발효시켜 만든 술)
醸造所 양조장　醸成 양성, (술 등) 빚음, (어떤 상황을) 조성함

훈 かもす
醸す 빚다, 양조하다　醸し出す 자아내다, 빚어내다

ウィルスの拡散が社会不安を醸成しています。
바이러스의 확산이 사회 불안을 조성하고 있습니다.

たくさんの花輪が華やかな雰囲気を醸し出しています。
많은 화환이 화려한 분위기를 자아내고 있습니다.

0771

전염병 역

①전염병 ②돌림병 ③역귀

음 えき
疫病 역병, 전염병　疫学 역학　検疫 검역　検疫官 검역관
免疫 면역

やく
疫病神 역귀(전염병을 퍼뜨리는 귀신), 따돌림 당하는 사람

検疫官が乗船客の健康状態を調べます。 검역관이 승선객의 건강상태를 조사합니다.
彼は同僚から疫病神のように嫌われています。
그는 동료로부터 따돌림 당하며 미움을 받고 있습니다.

0772

성씨 오 (呉)

①성의 하나 ②땅의 이름

음 ご
呉服 옷감, 포목　呉服屋 포목점
呉越同舟 오월동주(서로 적의를 품은 사람들이 서로 협력하는 상황)
특이 呉市 쿠레시　呉れる 주다

呉服屋で反物を買いました。 포목점에서 옷감을 샀습니다.
二つの会社は呉越同舟の関係です。 두 회사는 오월동주하는 관계입니다.

0773

연할 연
①연하다 ②부드럽다
③가볍다

- 음 **なん**
  - 軟骨 연골　軟膏 연고　軟禁 연금(비교적 가벼운 감금)
  - 柔軟 유연함　柔軟剤 유연제
- 훈 **やわらか**
  - 軟らか 유연함, 폭신함
- **やわらかい**
  - 軟らかい ①부드럽다 ②온화하다

火傷をしたので軟膏を塗ります。 화상을 입어서 연고를 바릅니다.
相手の短所を軟らかい言葉で伝えます。 상대의 단점을 부드러운 말로 전합니다.

Tip やわらかい

軟らかい 온화하다
軟らかい態度。 온화한 태도.

柔らかい 부드럽다
柔らかい毛布。 부드러운 담요.

0774

늙은이 옹 (翁)
①늙은이 ②어르신

- 음 **おう**
  - 老翁 늙은 남자　塞翁が馬 새옹지마
- 훈 **おきな**
  - 翁 옹, 늙은 남자　翁舞 오키나마이(노인 탈을 쓰고 하는 무용극)
  - 翁草 할미꽃

人生は何が起こるか分からないことを「塞翁が馬」と言います。
인생은 어떤 일이 일어날지 모른다는 것을 '새옹지마'라고 합니다.
日本語の古語では「おじいさん」を「翁」と言います。
일본어 고어로는 '할아버지'를 '오키나'라고 합니다.

0775

소용돌이 와
소용돌이, 소용돌이치다

- 음 **か**
  - 渦中 소용돌이 속, 사건·분쟁 속　戦渦 전와(전쟁의 소용돌이)
- 훈 **うず**
  - 渦 소용돌이　渦巻く 소용돌이치다　渦巻き 소용돌이
  - 渦潮 소용돌이쳐 흐르는 바닷물

その政治家はスキャンダルの渦中にいます。
그 정치인은 스캔들의 소용돌이 속에 있습니다.
川の水が渦巻きながら流れています。 강물이 소용돌이치며 흐르고 있습니다.

0776 ☐ ☐

완고할 **완**

완고하다

음 **がん**

頑**固** 완고함 　頑**丈** 튼튼함 　頑**強** ①완강함 ②튼튼함

頑**張る** 노력하다, 힘내다

この建物は頑丈なので、地震が起きても大丈夫です。
이 건물은 튼튼하기 때문에, 지진이 일어나도 괜찮습니다.

頑張って勉強して大学に合格しました。 열심히 공부해서 대학에 합격했습니다.

0777 ☐ ☐

오목할 **요**

①오목하다 ②팬 곳

음 **おう**

凹**レンズ** 오목렌즈 　凹**面鏡** 오목거울 　凹凸 요철, 울퉁불퉁

훈 **ぼこ**

凸凹 요철, 울퉁불퉁함

へこむ

凹**む** 움푹 들어가다

へこます

凹**ます** 움푹 들어가게 하다

へらで凹凸がある表面を平らにします。 주걱으로 울퉁불퉁한 표면을 평평하게 합니다.

凸凹した道をバイクで走ります。 울퉁불퉁한 길을 오토바이로 달립니다.

0778 ☐ ☐

기와 굽는 가마 **요**

①기와 굽는 가마
②기와를 굽다

음 **よう**

窯**業** 요업(도자기·유리·벽돌 등의 제조업)

훈 **かま**

窯 가마 　炭窯 숯가마

利川は窯業が盛んです。 이천은 요업이 활발합니다.

窯に火を入れて器を焼きます。 가마에 불을 지펴 그릇을 굽습니다.

0779 ☐ ☐

떳떳할 **용**

①떳떳하다 ②범상하다

음 **よう**

凡**庸** 평범함

凡庸に見える人でも長所はあります。 평범하게 보이는 사람이라도 장점은 있습니다.

음 ぐう
一隅 ^{いちぐう} 한구석, 한 모퉁이

훈 すみ
隅 ^{すみ} 구석　片隅 ^{かたすみ} 한구석　隅々 ^{すみずみ} 구석구석

彼の墓は墓地の一隅にあります。 그의 무덤은 묘지 한구석에 있습니다.

部屋の隅々まで掃除します。 방의 구석구석까지 청소합니다.

모퉁이 우

①모퉁이 ②구석

음 ぐ
虞美人草 ^{ぐびじんそう} 양귀비꽃

훈 おそれ
虞 ^{おそれ} 염려, 우려

来年は景気が低迷する虞があります。 내년은 경기가 침체될 우려가 있습니다.

염려할 우 (虞)

①염려하다 ②근심하다

음 いん
韻 ^{いん} 운율　韻律 ^{いんりつ} 운율　韻文 ^{いんぶん} 운문　音韻 ^{おんいん} 음운　余韻 ^{よいん} 여운

韻を踏んで詩を作ります。 운율을 맞추어 시를 짓습니다.

コンサートが終わっても、観客は感動の余韻に浸っていました。
콘서트가 끝나도, 관객들은 감동의 여운에 빠져 있었습니다.

운 운

①운 ②소리, 음향 ③여운
④운문

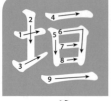

훈 かき
垣 ^{かき} 울타리　垣根 ^{かきね} 울타리　石垣 ^{いしがき} 돌담　竹垣 ^{たけがき} 대나무 울타리

道に沿って垣根が続いています。 길을 따라 울타리가 이어지고 있습니다.

壊れた竹垣を修理します。 망가진 대나무 울타리를 수리합니다.

담 원

①담장 ②울타리

원숭이 **원**

원숭이

음 えん 　 猿人 원인(가장 오래되고 원시적인 화석 인류) 　 類人猿 유인원

えんじん 　 　 るいじんえん

犬猿の仲 견원지간(서로 사이가 나쁜 사람을 비유적으로 이르는 말)

けんえん　なか

훈 さる 　 猿 원숭이 　 猿知恵 잔꾀 　 猿真似 원숭이 흉내, 무턱대고 흉내냄

さる　　　　さる ち え　　　　さる ま ね

彼とは犬猿の仲なので、会いたくありません。

かれ　　けんえん　なか　　　　　　　　　あ

그와는 견원지간이기 때문에 만나고 싶지 않습니다.

猿真似でダンスを学びます。 원숭이처럼 그대로 흉내내서 춤을 배웁니다.

さる ま ね　　　　　　　　　まな

거짓 **위** (偽)

①거짓 ②속이다

음 ぎ 　 偽造 위조 　 偽名 위명(가짜 이름) 　 真偽 진위 　 虚偽 허위, 거짓

ぎ ぞう　　　　ぎ めい　　　　　　　　　しん ぎ　　　　きょ ぎ

훈 にせ 　 偽 위조, 가짜 　 偽物 가짜 　 偽札 위조 지폐

にせ　　　　　　にせもの　　　　にせさつ

いつわる 　 偽る 거짓말하다, 속이다

いつわ

彼は履歴書に虚偽の経歴を書きました。 그는 이력서에 허위 경력을 적었습니다.

かれ　り れきしょ　きょ ぎ　けいれき　か

彼女は名前を偽って、ホテルでチェックインしました。

かのじょ　な まえ　いつわ

그녀는 이름을 속이고, 호텔에서 체크인했습니다.

벼슬 **위**

①벼슬 ②벼슬의 이름

음 い 　 尉官 위관(대위·중위·소위의 총칭) 　 大尉 대위 　 少尉 소위

い かん　　　　　　　　　　　　　　たい い　　　　しょう い

大尉は少佐の下の位です。 대위는 소령의 아래 계급입니다.

たい い　しょう さ　した　くらい

오직 **유**

오직, 다만

음 ゆい 　 唯一 유일 　 唯物論 유물론 　 唯心論 유심론

ゆいいつ　　　　ゆいぶつろん　　　　ゆいしんろん

い 　 唯唯諾諾 유유낙낙(명령하는 대로 순종함)

い い だくだく

훈 ただ 　 唯 오직, 그저 　 唯でさえ 그렇지 않아도

ただ　　　　　ただ

彼は唯唯諾諾と上司の命令に従いました。 그는 순순히 상사의 명령에 따랐습니다.

かれ　い い だくだく　じょう し　めいれい　したが

悲しい知らせに、唯泣くばかりでした。 슬픈 소식에, 그저 울기만 했습니다.

かな　　　し　　　　　ただ な

3학년 한자

멀 유

①멀다 ②한가하다

음 ゆう

悠然 _{ゆうぜん} 유연함, 여유가 있음　悠長 _{ゆうちょう} 유장함, 성미가 느긋함

悠々 _{ゆうゆう} 유유함, 느긋함

彼は面接試験で悠然と質問に答えました。
그는 면접시험에서 여유롭게 질문에 답했습니다.

彼は仕事もせず、悠々と遊んで暮らしています。
그는 일도 하지 않고, 느긋하게 놀면서 지내고 있습니다.

즐거울 유 (愉)

①즐겁다 ②기뻐하다

음 ゆ

愉快 _{ゆ かい} 유쾌함　愉悦 _{ゆ えつ} 유열(즐거워하고 기뻐함)

愉快犯 _{ゆ かいはん} 유쾌범(쾌감을 맛보기 위해 저지르는 폭파·방화 따위의 범죄)

友だちとお酒を飲んで愉快な時間を過ごしました。
친구와 술을 마시며 유쾌한 시간을 보냈습니다.

警察は事件を愉快犯によるものと推定しました。
경찰은 사건을 유쾌범(사이코패스)에 의한 것으로 추정했습니다.

오히려 유 (猶)

①오히려 ②망설이다

음 ゆう

猶予 _{ゆう よ} 유예(망설여 일을 결행하지 아니함, 일을 결행하는데 날짜나 시간을 미룸)

執行猶予 _{しっこうゆう よ} 집행유예

一刻の猶予もなく、手術を選びました。　잠시도 망설이지 않고 수술을 선택했습니다.

彼は情状酌量で執行猶予となりました。　그는 정상참작으로 집행유예가 되었습니다.

넉넉할 유

①넉넉하다 ②느긋하다

음 ゆう

裕福 _{ゆうふく} 유복함　富裕 _{ふ ゆう} 부유　富裕層 _{ふ ゆうそう} 부유층　余裕 _{よ ゆう} 여유

中国の富裕層が日本へ旅行に行きます。　중국의 부유층이 일본으로 여행을 갑니다.

引退して時間の余裕ができました。　은퇴를 해서 시간에 여유가 생겼습니다.

0792

타이를 **유** (諭)

①타이르다 ②깨닫다
③깨우침

음 ゆ

諭旨 유지(취지나 이유를 깨우쳐 알림)　諭旨解雇 권고 사직

諭旨免職 권고 사직　教諭 교사

훈 さとす

諭す 타이르다, 깨우치다

違法行為をした職員を諭旨解雇しました。 위법행위를 한 직원을 권고 사직했습니다.

なぜいじめが悪いのか、先生が子どもたちを諭しています。

왜 집단괴롭힘이 나쁜 것인지, 선생님이 아이들을 타이르고 있습니다.

0793

선비 **유**

①선비 ②유교

음 じゅ

儒教 유교　儒学 유학　儒学者 유학자

韓国には儒教文化が根付いています。 한국에는 유교문화가 뿌리내리고 있습니다.

東洋の多くの偉人が儒学を学びました。 동양의 많은 위인이 유학을 배웠습니다.

0794

병 나을 **유** (癒)

①병이 낫다 ②뛰어나다

음 ゆ

癒着 유착(깊은 관계로 결합)　治癒 치유　快癒 쾌유, 쾌차

훈 いえる

癒える 낫다, 치유되다

いやす

癒す 낫게 하다, 치료하다

企業と癒着した政治家を糾弾します。 기업과 유착한 정치인을 규탄합니다.

事故の傷が癒えて、動けるようになりました。

사고의 상처가 나아서 움직일 수 있게 되었습니다.

0795

녹을 **융**

①녹다, 녹이다 ②융합하다
③유통하다

음 ゆう

融合 융합　融資 융자, 대출　金融 금융　溶融 융해, 녹임

銀行に行って融資をお願いしました。 은행에 가서 대출을 부탁했습니다.

溶炉に複数の金属を入れて溶融します。 용광로에 여러 개의 금속을 넣어 녹입니다.

음을 **음**

읊다

음 **ぎん**

吟味 ①음미 ②검토 　吟詠 음영(가락을 붙여 시를 읊음)

吟ずる・吟じる 소리내어 읊다 　詩吟 시음(한시에 가락을 붙여 읊음)

市場で魚をよく吟味して買います。 시장에서 생선을 잘 골라 삽니다.

祖父は漢詩を吟じるのが趣味です。 할아버지는 한시를 읊는 것이 취미입니다.

마땅 **의**

마땅하다, 알맞다

음 **ぎ**

適宜 적당함 　便宜 편의

野菜を適宜な大きさに切って調理します。 채소를 적당한 크기로 썰어 조리합니다.

旅行社が旅行しやすいように便宜を図ってくれました。

여행사가 편히 여행할 수 있도록 편의를 도모해 주었습니다.

비길 **의**

①비기다 ②흉내내다
③모방하다

음 **ぎ**

擬声語 의성어 　擬態語 의태어 　擬人法 의인법

擬似餌 가짜 미끼, 루어

「きらきら」や「わくわく」などを擬態語と言います。

'반짝반짝'이나 '두근두근' 등을 의태어라고 합니다.

擬似餌を使って魚を釣ります。 루어(가짜 미끼)를 사용해서 낚시를 합니다.

칼날 **인** (刃)

①칼날 ②칼

음 **じん**

自刃 자인(칼로 자결함) 　凶刃 흉인(살상에 쓰인 칼)

훈 **は**

刃 칼붙이의 날, 칼날의 이 　刃物 날붙이

演説をしていた人が暴漢の凶刃に襲われました。

연설을 하고 있던 사람이 괴한의 칼에 공격 당했습니다.

包丁の刃を研ぎます。 부엌칼의 날을 갑니다.

0800

참을 **인** (忍)
①참다 ②잔인하다

음	にん	忍耐 인내 　堪忍 참음, 견딤 　残忍 잔인함
훈	しのぶ	忍ぶ ①참다, 견디다 ②몰래 하다
	しのばせる	忍ばせる 숨기다, 몰래 지니다

親の小言にもう堪忍できません。 부모의 잔소리를 더 이상 참을 수 없습니다.
カンニングペーパーを忍ばせていた学生が処分されました。
커닝 페이퍼를 몰래 지니고 있던 학생이 처벌받았습니다.

0801

혼인 **인**
혼인, 혼인하다

| 음 | いん | 姻戚 인척(혼인에 의해 맺은 친척) 　姻族 인족, 인척 |
| | | 婚姻 혼인, 결혼 　婚姻届 혼인신고 |

私と田中さんは遠い姻戚関係にあります。 저와 다나카 씨는 먼 인척관계입니다.
市役所に婚姻届を出しました。 시청에 혼인신고를 했습니다.

0802

편안할 **일** (逸)
①편안하다 ②뛰어나다
③달아나다 ④즐기다

| 음 | いつ | 逸材 일재, 뛰어난 인재 　逸脱 일탈, 벗어남 　逸話 일화 |
| | | 逸品 일품, 걸작품 　秀逸 뛰어남 |

彼は10年に1度の逸材です。 그는 10년에 한 번 있을 뛰어난 인재입니다.
話が主題から逸脱してしまいました。 이야기가 주제에서 벗어나버렸습니다.

0803

임신할 **임**
임신하다

| 음 | にん | 妊娠 임신 　妊婦 임산부 　懐妊 회임, 임신 　不妊 불임 |

妻が妊娠していることが分かりました。 아내가 임신한 것을 알았습니다.
新聞が王妃の懐妊を報じています。 신문이 왕비의 회임을 보도하고 있습니다.

남을 잉 (剩)
①남다 ②나머지, 남음

음 じょう　過**剰** ^{か じょう} 과잉, 지나침　余**剰** ^{よ じょう} 잉여(쓰고 난 나머지)

お酒を過**剰**に飲んではいけません。 술을 지나치게 마시면 안 됩니다.
余**剰**作物を食糧不足の国へ輸出します。 잉여 작물을 식량 부족 국가에 수출합니다.

술 부을 작
①술을 붓다(따르다)
②헤아리다

음 しゃく　**酌** ^{しゃく} 술을 잔에 따름　**酌**量 ^{しゃくりょう} 사정을 참작함　情状**酌**量 ^{じょうじょうしゃくりょう} 정상참작
晚**酌** ^{ばんしゃく} 저녁 반주　斟**酌** ^{しんしゃく} 헤아림

훈 くむ　**酌**む ^く ①(술 등을) 따르다 ②헤아리다

裁判官は被告人の犯行動機を**酌**量しました。
판사는 피고인의 범행동기를 참작했습니다.
先生は私の事情を**酌**んで、許してくれました。
선생님은 내 사정을 헤아려서 용서해 주었습니다.

벼슬 작 (爵)
①벼슬 ②작위

음 しゃく　**爵**位 ^{しゃく い} 작위(벼슬과 직위)　公**爵** ^{こうしゃく} 공작　伯**爵** ^{はくしゃく} 백작
男**爵** ^{だんしゃく} 남작　子**爵** ^{ししゃく} 자작

日本には昔、**爵**位制度がありました。
일본에는 옛날에 작위제도(신분제도)가 있었습니다.
子**爵**の下が男**爵**です。 자작 아래가 남작입니다.

사다리 잔 (棧)
①사다리 ②잔교

음 さん　**桟**橋 ^{さんばし} 잔교, 부두

誰かが**桟**橋で魚を釣っています。 누군가가 부두에서 낚시를 하고 있습니다.

0808

장할 **장 (壮)**
①장하다 ②굳세다
③기상이 훌륭하다

음 そう

壮大 そうだい 장대함, 웅장함 　壮絶 そうぜつ 장렬함(장엄하고 비장함)

壮行 そうこう 장행(떠나는 사람의 앞길을 축복하고 격려함)

壮行会 そうこうかい 장행회, 송별회 　壮快 そうかい 가슴이 벅차도록 장하고 통쾌함

現在、私の会社では壮大なプロジェクトを計画しています。
げんざい　　　かいしゃ　　　　　そうだい　　　　　　　　　　　　けいかく

현재, 우리 회사에서는 장대한 프로젝트를 계획하고 있습니다.

韓国チームと日本チームが壮絶な戦いを繰り広げています。
かんこく　　　　にほん　　　　　そうぜつ　たたか　く　ひろ

한국팀과 일본팀이 장렬한(치열한) 싸움을 벌이고 있습니다.

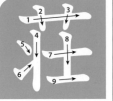

0809

엄할/전장 **장 (荘)**
①엄하다 ②엄숙하다
③전장, 별장

음 そう

荘厳 そうごん 장엄함 　別荘 べっそう 별장 　山荘 さんそう 산장

聖堂の中は荘厳な雰囲気でした。 성당 안은 장엄한 분위기였습니다.
せいどう　なか　そうごん　ふんいき

湖の近くに別荘を建てました。 호수 근처에 별장을 지었습니다.
みずうみ　ちか　べっそう　た

0810

단장할 **장**
①단장하다 ②화장하다

음 しょう

化粧 けしょう 화장 　化粧品 けしょうひん 화장품 　化粧室 けしょうしつ 화장실

妻が鏡の前で化粧をしています。 아내가 거울 앞에서 화장을 하고 있습니다.
つま　かがみ　まえ　けしょう

とても高価な化粧品を買いました。 매우 비싼 화장품을 샀습니다.
こうか　けしょうひん　か

0811

장려할 **장 (奬)**
①장려하다 ②권면하다

음 しょう

奨学 しょうがく 장학 　奨学金 しょうがくきん 장학금 　奨励 しょうれい 장려 　勧奨 かんしょう 권장

推奨 すいしょう 추천하여 장려함, 권장함

奨学金をもらいながら大学に通いました。 장학금을 받으며 대학을 다녔습니다.
しょうがくきん　　　　　　　だいがく　かよ

ウィルスの流行で保健所が手洗いを奨励しています。
りゅうこう　ほけんじょ　てあら　しょうれい

바이러스 유행으로 보건소가 손씻기를 장려하고 있습니다.

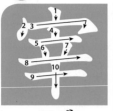

0812

음 さい

宰相 재상, 국무 총리　主宰 주재, 주관

재상 재

①재상 ②주관하다

首相には一国の宰相としての品性が求められます。
총리에게는 일국의 재상으로서의 품성이 요구됩니다.

卒業生が主宰して、恩師の退任記念行事が開かれました。
졸업생이 주관하여, 은사의 퇴임기념행사가 열렸습니다.

0813

음 さい

栽培 재배　盆栽 분재

심을 재

초목을 심다

ここでは白菜を栽培しています。 여기에서는 배추를 재배하고 있습니다.

盆栽に水をやります。 분재에 물을 줍니다.

0814

음 さい

斎場 장례식장　書斎 서재

재계할/집 재 (齋)

①재계하다 ②명복을 비는
불공 ③집, 방

斎場から棺が運び出されました。 장례식장에서 관이 운구되었습니다.

父の書斎にはたくさんの本があります。 아버지의 서재에는 책이 많습니다.

0815

음 てい

邸宅 저택　邸内 저택 내　官邸 관저　私邸 사저

집 저

집, 관저

この辺りは大きな邸宅が建ち並んでいます。
이 근처는 큰 저택이 늘어서 있습니다.

この家は首相の私邸です。 이 집은 총리의 사저입니다.

0816

정실 **적**

정실, 본처

음 ちゃく

嫡**子** 적자(대를 이을 아들 = 嫡**男**) 嫡**流** 적류, 정통의 혈통

嫡**出** 적출(본처의 소생)

日本では天皇の嫡男が皇太子になれます。
일본에서는 천황의 적자가 황태자가 될 수 있습니다.

その家は７代で嫡流が絶えました。 그 집은 7대에서 정통의 혈통이 끊어졌습니다.

0817

마개 **전 (栓)**

마개

음 せん

栓 마개　栓**抜き** 병따개, 오프너　消火栓 소화전

浴槽に栓をして水をためます。 욕조에 마개를 하고 물을 받습니다.

消火栓の近くに車を止めないでください。 소화전 근처에 차를 세우지 마세요.

0818

훔칠 **절 (竊)**

①훔치다 ②도둑질하다

음 せつ

窃**盗** 절도　窃**盗罪** 절도죄　剽**窃** 표절

窃盗事件が発生しました。 절도사건이 발생했습니다.

論文を剽窃してはいけません。 논문을 표절해서는 안 됩니다.

0819

점점 **점**

①점점 ②차츰

음 ぜん

漸**次** 점차, 차차　漸**進** 점진　漸**増** 점증, 점점 늘어남

漸**減** 점감, 점점 줄어듦(줄여 감)

当初の計画を漸次、修正しながら進めました。
당초의 계획을 차차 수정하면서 진행했습니다.

その大学は10年間で定員数を漸減する方針を決めました。
그 대학은 10년 동안 정원수를 점점 줄이는 방침을 정했습니다.

3학년 한자

0820

음 てい

贈呈 증정　進呈 진정, 드림　謹呈 근정, 삼가 드림
露呈 노정, 드러남

功労者に記念品が贈呈されました。 공로자에게 기념품이 증정되었습니다.
会社の会計不正が露呈しました。 회사의 회계부정이 드러났습니다.

드릴 **정** (呈)
①드리다 ②나타나다
③드러내 보이다

0821

음 てい

法廷 법정　開廷 개정　宮廷 궁정　朝廷 조정

ニュースが法廷の様子を伝えています。 뉴스가 법정의 상황을 전하고 있습니다.
裁判官が裁判の開廷を宣言しました。 판사가 재판의 개정을 선언했습니다.

조정 **정**
①조정 ②관아

0822

음 てい

亭主 집주인, 남편　料亭 요정(주로 일본 요리를 제공하는 고급 음식점)

私の亭主は家事を一つもしません。 내 남편은 집안일을 하나도 안 합니다.
料亭で高価な料理を食べました。 요정에서 비싼 요리를 먹었습니다.

정자 **정**
①정자 ②역마을 ③주막집

0823

음 てい

貞潔 정결함　貞淑 정숙함　貞操 정조　貞節 정절, 절개

彼女は貞潔な心を持っているクリスチャンです。
그녀는 정결한 마음을 가진 기독교 신자입니다.
以前は貞節な女性を称えるために烈女門を建てました。
예전에는 절개가 굳은 여성을 기리기 위해 열녀문을 세웠습니다.

곧을 **정**
①곧다 ②지조가 굳다
③정절, 정조

0824

깨끗할 **정 (浄)**

①깨끗하다 ②맑다, 밝다

🔊 **じょう**　浄化 정화　浄水 정수　清浄 청정(맑고 깨끗함)
洗浄 세정, 세척

汚水を浄化して川に流します。 더러운 물을 정화해서 강에 흘려보냅니다.
エアコンのフィルターを洗浄します。 에어컨 필터를 세척합니다.

0825

염탐할 **정**

①염탐하다 ②정탐하다
③엿보다

🔊 **てい**　偵察 정찰　偵察機 정찰기　探偵 탐정　密偵 밀정

米軍は偵察機を飛ばしました。 미군은 정찰기를 띄웠습니다.
探偵が浮気をした夫を調査しています。 탐정이 바람난 남편을 조사하고 있습니다.

0826

배 **정**

①배 ②거룻배

🔊 **てい**　艦艇 함정　競艇 경정(모터보트 경주)　救命艇 구명정

軍の艦艇が航行しています。 군 함정이 항해하고 있습니다.
遭難者が救命艇によって救助されました。 조난자가 구명정에 의해 구조되었습니다.

0827

가지런할 **제 (齊)**

①가지런하다 ②일제히,
다 같이

🔊 **せい**　斉唱 제창　一斉に 일제히

選手たちが国歌を斉唱しています。 선수들이 국가를 제창하고 있습니다.
秋夕になって人々が一斉に帰省しました。
추석이 되어 사람들이 일제히 귀성했습니다.

3학년 한자

291

0828

조상할 **조**

①조상하다 ②조문하다

음 **ちょう**　弔辞 조사(죽은 사람을 애도하는 글)　弔問 조문, 문상
弔電 조전(조문을 알리는 전보)　慶弔費 경조비

훈 **とむらう**　弔う 애도하다, 조문하다

恩師の葬儀で教え子が弔辞を読みました。
스승의 장례식에서 제자가 조사를 낭독했습니다.
父親を亡くした友人を弔います。 아버지를 잃은 친구를 조문합니다.

0829

조세 **조**

①조세 ②징수하다
③빌리다

음 **そ**　租税 조세　免租 조세 면제
公租公課 공조공과(국가나 지방자치단체가 공공의 목적을 위하여 부과하는
세금 및 그 밖의 공적 부담)
租借地 조차지(한 나라가 다른 나라로부터 빌려 통치하는 영토)

タックスヘイブン(tax haven)は日本語で「租税回避地」と言います。
택스 헤이븐(tax haven)은 일본어로 '조세회피지'라고 합니다.
中国の大連は昔、ロシアの租借地でした。
중국의 대련은 옛날에 러시아의 조차지였습니다.

0830

무리 **조**

①무리 ②동반자 ③관청

음 **そう**　御曹司 자제, 상속자　法曹 법조, 법조인　法曹界 법조계

この大学には大企業の御曹司がたくさん通っています。
이 대학에는 대기업의 자제가 많이 다니고 있습니다.
法曹界で働くために法学部で勉強しています。
법조계에서 일하기 위해 법과대학에서 공부하고 있습니다.

0831

바라볼 **조**

바라보다

음 **ちょう**　眺望 조망, 전망

훈 **ながめる**　眺める 바라보다　眺め 전망

私は丘の上にある眺望のいいマンションに住んでいます。
나는 언덕 위에 있는 전망 좋은 아파트에 살고 있습니다.
海を眺めながら色々なことを考えました。
바다를 바라보며 이런저런 생각을 했습니다.

0832

낚을/낚시 **조**

①낚다 ②낚시 하다

음 ちょう　釣魚 조어, 낚시질　釣果 조황(낚시의 성과)

훈 つる　釣る 낚다, 잡다　釣り 낚시　釣り竿 낚싯대　釣堀 낚시터
　　　　釣り鐘 종, 범종

今日の釣果は鮎 3 匹でした。 오늘의 조황은 은어 3마리였습니다.

釣った魚を川へ戻します。 잡은 물고기를 강으로 돌려 보냅니다.

0833

조서 **조**

조서

음 しょう　詔書 조서, 조칙(임금의 명령을 일반에게 알리기 위하여 적은 문서)
　　　　詔勅 조칙

훈 みことのり　詔 조칙

日本では国会を解散する時に詔書が読まれます。
일본에서는 국회를 해산할 때에 조서가 읽혀집니다.

1945年に終戦の詔 が出されました。 1945년에 종전 조칙이 나왔습니다.

0834

구유 **조**

①구유 ②술통 ③물통

음 そう　水槽 수조　浴槽 욕조

水槽の水を変えます。 수조의 물을 바꿉니다.

このワンルームには浴槽がありません。 이 원룸에는 욕조가 없습니다.

0835

마름 **조** (藻)

마름(한해살이 수초)

음 そう　藻類 조류(물속에 사는 식물)　緑藻 녹조류　海藻 해초, 바닷말

훈 も　藻 말(해초 및 수초의 총칭)

この海ではおいしい海藻が採れます。
이 바다에서는 맛있는 해초를 채취할 수 있습니다.

池に藻がたくさん繁殖して除去しました。
연못에 말(해초류)이 많이 번식해서 제거했습니다.

0836

옹졸할 **졸**

①옹졸하다 ②서툴다
③저(겸사)

음 せつ

拙論 졸론(자기의 말이나 이론의 겸칭)　拙著 졸저(자기 저서의 겸칭)

稚拙 치졸함, 미숙하고 서투름

훈 つたない　拙い 서투르다, 변변치 못하다

政治家たちの稚拙な態度が心配です。 정치인들의 치졸한 태도가 걱정입니다.

拙い英語で道を尋ねました。 서투른 영어로 길을 물었습니다.

0837

구슬 **주**

①구슬 ②진주

음 しゅ

珠算 주산　珠玉 주옥　真珠 진주

(예외)数珠 염주

この博物館では珠玉の名宝が展示されています。
이 박물관에는 주옥같은 유명한 보물이 전시되어 있습니다.

三重県は真珠の養殖で有名です。 미에현은 진주 양식으로 유명합니다.

0838

준걸 **준**

①준걸 ②뛰어난 인물
③뛰어나다

음 しゅん

俊敏 준민함(두뇌 회전이 빠르고 행동이 날렵함)

俊英 준영, 준재, 뛰어난 인재 (＝俊才)

田中さんは俊敏に仕事をこなします。 다나카 씨는 민첩하게 일을 처리합니다.

この学校は数々の俊英を輩出しています。
이 학교는 수많은 뛰어난 인재를 배출하고 있습니다.

0839

준할 **준**

①준하다 ②승인하다
③비준하다

음 じゅん

准教授 준교수(한국의 부교수와 같은 지위)

批准 비준

講師から准教授に昇任しました。 강사에서 부교수로 승진했습니다.

核兵器に関する条約に各国が批准しました。
핵무기에 관한 조약에 각국이 비준했습니다.

0840

즙 **汁**

①즙 ②국물

음 じゅう 　果汁 과즙　墨汁 먹물

훈 しる 　汁 즙, 국물　味噌汁 된장국

　　　特이 灰汁 잿물, 떫은 맛

服に墨汁が付きました。옷에 먹물이 묻었습니다.

味噌汁を作るのは、そんなに難しくありません。
된장국을 만드는 것은 그렇게 어렵지 않습니다.

0841

증세 **症**

증세, 증상

음 しょう 　症状 증상　症候群 증후군　重症 중증　炎症 염증

その患者には発熱や吐き気の症状が見られました。
그 환자에게는 발열과 구토 증상이 나타났습니다.

重症の患者を集中的に治療します。 중증 환자를 집중적으로 치료합니다.

0842

팔다리 **지**

①팔다리 ②사지 ③수족

음 し 　四肢 사지, 팔다리　義肢 의수와 의족　選択肢 선택지

兄は義肢をつくる職人です。형은 의수와 의족을 만드는 장인입니다.

答えを選択肢の中から選んでください。답을 선택지 안에서 골라주세요.

0843

담글 **지**

①담그다 ②잠기다 ③젖다

훈 つける 　漬ける 담그다, 절이다　漬物 절임　お茶漬 더운 찻물에 만 밥

　　 つかる 　漬かる ①담가지다, 맛이 들다 ②잠기다

収穫した白菜を漬物にします。수확한 배추를 절입니다.

よく漬かったキムチがおいしいです。잘 익은 김치가 맛있습니다.

나루 진

①나루 ②언덕, 물가
③넘치다

음 しん   興味津々 흥미진진

훈 つ   津波 쓰나미, 해일   津々浦々 방방곡곡

子どもが興味津々で先生の話を聞いています。
아이가 흥미진진하게 선생님의 이야기를 듣고 있습니다.

津波が来た場合の対策を考えます。 쓰나미가 왔을 경우의 대책을 생각합니다.

진찰할 진

①진찰하다 ②맥보다

음 しん   診察 진찰   診療 진료   診断 진단   検診 검진
             聴診 청진

훈 みる   診る 보다, 진찰하다

半年に1回、検診を受けます。 6개월에 한 번 검진을 받습니다.

頭痛を訴える患者を医師が診ています。
두통을 호소하는 환자를 의사가 진찰하고 있습니다.

Tip みる

診る 보다, 진찰하다
患者を診る。 환자를 보다(진찰하다).

見る (눈으로) 보다
演劇を見る。 연극을 보다.

번갈아들 질

번갈아들다

음 てつ   更迭 경질

失言した大臣を首相が更迭しました。 실언을 한 장관을 총리가 경질했습니다.

음 ちつ

<ruby>秩<rt>ちつ</rt>序<rt>じょ</rt></ruby> 질서

차례 **질**

차례, 순서

<ruby>彼<rt>かれ</rt></ruby>らは<ruby>秩<rt>ちつ</rt>序<rt>じょ</rt></ruby>を<ruby>守<rt>まも</rt></ruby>って<ruby>行<rt>こう</rt>動<rt>どう</rt></ruby>しました。 그들은 질서를 지켜 행동했습니다.

음 ちん

<ruby>朕<rt>ちん</rt></ruby> 짐(천자·제왕의 자칭)

나 **짐 (朕)**

①나 ②짐

「<ruby>朕<rt>ちん</rt></ruby>」は<ruby>天<rt>てん</rt>皇<rt>のう</rt></ruby>や<ruby>皇<rt>こう</rt>帝<rt>てい</rt></ruby>の<ruby>自<rt>じ</rt>称<rt>しょう</rt></ruby>です。
'짐'은 천황이나 황제의 자칭(스스로를 부를 때 쓰는 호칭)입니다.

음 ちょう

<ruby>懲<rt>ちょう</rt>戒<rt>かい</rt></ruby> 징계　　<ruby>懲<rt>ちょう</rt>罰<rt>ばつ</rt></ruby> 징벌　　<ruby>懲<rt>ちょう</rt>役<rt>えき</rt></ruby> 징역

<ruby>懲<rt>ちょう</rt>悪<rt>あく</rt></ruby> 징악(악을 징계함)　　<ruby>勧<rt>かん</rt>善<rt>ぜん</rt>懲<rt>ちょう</rt>悪<rt>あく</rt></ruby> 권선징악

훈 こりる

<ruby>懲<rt>こ</rt></ruby>りる 질리다, 데다, 진절머리가 나다

こらす

<ruby>懲<rt>こ</rt></ruby>らす・<ruby>懲<rt>こ</rt></ruby>らしめる 징계하다, 응징하다, 혼내주다

こらしめる

징계할 **징 (懲)**

①징계하다 ②응징하다
③벌주다

<ruby>彼<rt>かれ</rt></ruby>は<ruby>懲<rt>ちょう</rt>役<rt>えき</rt></ruby>３<ruby>年<rt>ねん</rt></ruby>の<ruby>刑<rt>けい</rt>罰<rt>ばつ</rt></ruby>を<ruby>受<rt>う</rt></ruby>けました。 그는 징역 3년의 형벌을 받았습니다.

<ruby>株<rt>かぶ</rt></ruby>をして、<ruby>大<rt>おお</rt>損<rt>ぞん</rt></ruby>をしたので、もう<ruby>株<rt>かぶ</rt></ruby>は<ruby>懲<rt>こ</rt></ruby>りました。
주식을 하다가 큰 손해를 봐서, 이제 주식은 진절머리가 납니다.

ヒーローが<ruby>怪<rt>かい</rt>獣<rt>じゅう</rt></ruby>を<ruby>懲<rt>こ</rt></ruby>らしめています。 영웅이 괴물을 물리치고 있습니다.

> **Tip** 속담

あつものに<ruby>懲<rt>こ</rt></ruby>りてなますを<ruby>吹<rt>ふ</rt></ruby>く 자라 보고 놀란 가슴 솥뚜껑 보고 놀란다

'뜨거운 국에 데어서 냉채를 후후 불다'라는 의미로, 한 번 실패에 데어서 지나치게 조심함을 비유하는 속담이다. 우리말의
'자라 보고 놀란 가슴 솥뚜껑 보고 놀란다'와 일맥 상통하는 표현이다.

<ruby>病<rt>びょう</rt>気<rt>き</rt></ruby>を<ruby>患<rt>わずら</rt></ruby>った<ruby>彼<rt>かれ</rt></ruby>は、あつものに<ruby>懲<rt>こ</rt></ruby>りてなますを<ruby>吹<rt>ふ</rt></ruby>くように<ruby>食<rt>しょく</rt>生<rt>せい</rt>活<rt>かつ</rt></ruby>を<ruby>改<rt>あらた</rt></ruby>めた。
병을 앓은 그는, 자라 보고 놀란 가슴 솥뚜껑 보고 놀라듯이 식생활을 고쳤다.

[/ 20]

■ 밑줄 친 한자를 바르게 읽은 것을 고르시오.

1 大統領はローマ教皇に謁見しました。

   ① えっけん   ② えつけん   ③ えっけい   ④ えつけい

2 厄介な仕事はしたくありません。

   ① あっけい   ② あっかい   ③ やっけい   ④ やっかい

3 ここではウィスキーを醸造しています。

   ① じょうぞう   ② ぞうぞう   ③ しょうぞう   ④ そうぞう

4 トラブルが起きても柔軟に対応することが大切です。

   ① じゅうなん   ② ゆうなん   ③ じゅうらん   ④ ゆうらん

5 年老いた男を昔の言葉で「翁」と言います。

   ① わき   ② して   ③ おきな   ④ おうな

6 木の葉が渦の中でくるくる回っています。

   ① しも   ② うず   ③ かげろう   ④ ひでり

7 田中さんはとても頑固な性格です。

   ① けんご   ② がんご   ③ けんこ   ④ がんこ

8 窯を使ってパンを焼きます。

   ① かま   ② いろり   ③ たたき   ④ ひばち

9 部屋の片隅に花を飾りました。

   ① かたずみ   ② かたすみ   ③ かたみす   ④ かたみず

10 お寺の鐘の余韻が美しいです。

   ① よおん   ② よいん   ③ ゆおん   ④ ゆいん

정답   1 ①   2 ④   3 ①   4 ①   5 ③   6 ②   7 ④   8 ①   9 ②   10 ②

11 　その人は書類に偽った名前を書きました。

①たまった　　　②こだわった　　　③ととのった　　　④いつわった

12 　釣りが私の唯一の趣味です。

①ゆいいつ　　　②ゆいいち　　　③ゆういつ　　　④ゆういち

13 　友達と一緒に海外へ愉快な旅行をしました。

①すうかい　　　②すかい　　　③ゆうかい　　　④ゆかい

14 　小学校や中学校の先生を日本語で「教諭」と言う場合があります。

①きょし　　　②きょゆ　　　③きょうし　　　④きょうゆ

15 　温泉に行って疲れた体を癒やしました。

①もやしました　　②いやしました　　③たやしました　　④ふやしました

16 　二つの技術を融合して、新システムを開発しました。

①ゆうごう　　　②ゆうご　　　③ゆごう　　　④ゆご

17 　動物の鳴き声などを表す言葉を「擬声語」と言います。

①きせいご　　　②きいせご　　　③ぎせいご　　　④ぎいせご

18 　友達のお兄さんと結婚して、友達と姻戚になりました。

①いんせき　　　②ゆんせき　　　③うんせき　　　④えんせき

19 　有名な芸術家の逸品がオークションに出品されました。

①いちぷん　　　②いっぷん　　　③いちぴん　　　④いっぴん

20 　余剰農産物の処理に政府が困っています。

①ようじょう　　②よじょう　　③ようじょ　　④よじょ

정답　11 ④　　12 ①　　13 ④　　14 ④　　15 ②　　16 ①　　17 ③　　18 ①　　19 ④　　20 ②

■ 밑줄 친 한자를 바르게 읽은 것을 고르시오.

1   二人のボクサーは壮絶に戦いました。

①しょうぜつ　　②そうぜつ　　③しょうそつ　　④そうそつ

2   今、清掃中なので化粧室は使えません。

①けじょしつ　　②けしょしつ　　③けしょうしつ　　④けじょうしつ

3   医師が患者に運動することを推奨しています。

①すそう　　②すしょう　　③すいそう　　④すいしょう

4   この地域ではキャベツの栽培が盛んです。

①せいばい　　②せいはい　　③さいばい　　④さいはい

5   その芸能人は大きな邸宅に住んでいます。

①ていたく　　②でいたく　　③ていだく　　④でいだく

6   100円ショップで栓抜きを買いました。

①ぜいぬき　　②せいぬき　　④ぜんぬき　　④せんぬき

7   オープンを記念して、粗品をお客さんに進呈しました。

①じんてい　　②じんちょう　　③しんてい　　④しんちょう

8   裁判官たちが法廷に入ってきます。

①ほっちょう　　②ほうちょう　　③ほってい　　④ほうてい

9   これは川の水を浄化する機械です。

①じょうか　　②ぞうか　　③じょうけ　　④ぞうけ

10 救命艇の救助隊員たちが救助活動を行っています。

①きゅうめいせん　②きゅうめいてい　③くうめいせん　④くうめいてい

정답　1②　2③　3④　4③　5①　6④　7③　8④　9①　10②

300

11 会社の同僚が亡くなったので弔問に行きました。

① ちょむん   ② ちょもん   ③ ちょうむん   ④ ちょうもん

12 この部屋からの眺めはとても良いです。

① たため   ② かため   ③ ながめ   ④ にらめ

13 昼食に海藻サラダを食べました。

① へいそう   ② かいそう   ③ へいしょう   ④ かいしょう

14 私の韓国語は拙かったですが、通じたので嬉しかったです。

① はしたなかった   ② いたらなかった

③ みっともなかった   ④ つたなかった

15 その会議には条約に批准した国家が参加しました。

① ひしゅん   ② ひすん   ③ ひじゅん   ④ ひずん

16 りんごの果汁を絞ります。

① かずう   ② かじゅう   ③ がずう   ④ がじゅう

17 ○か×か、二つの選択肢から選んでください。

① ぜんたくち   ② ぜんたくし   ③ せんたくち   ④ せんたくし

18 日本ではきゅうりやなすを漬けて食べます。

① づけて   ② つけて   ③ すけて   ④ ずけて

19 午後の診察は1時半からです。

① ちんせい   ② しんせい   ③ ちんさつ   ④ しんさつ

20 秩序がある社会を構築していかなければなりません。

① ちつじょ   ② ちつぞ   ③ しつじょ   ④ しつそ

3 학년 한자

且	遮	彰	踐	遷	薦	凸	徹
또 차	가릴 차	드러날 창	밟을 천	옮길 천	천거할 천	볼록할 철	통할 철
撤	遞	抄	肖	酢	硝	礁	塚
거둘 철	갈릴 체	뽑을 초	닮을/같을 초	신맛 나는 조미료 초	화약 초	암초 초	무덤 총
銃	樞	醜	逐	充	衷	臭	痴
총 총	지도리 추	추할 추	쫓을 축	채울 충	속마음 충	냄새 취	어리석을 치
勅	漆	妥	墮	惰	濯	搭	泰
칙서 칙	옻 칠	온당할 타	떨어질 타	게으를 타	씻을 탁	탈 탑	클 태
駄	筒	把	罷	覇	偏	遍	坪
실을 태	대통 통	잡을 파	마칠 파	으뜸 패	치우칠 편	두루 편	들 평
廢	幣	弊	泡	浦	褒	披	閑
폐할/버릴 폐	화폐 폐	폐단/해질 폐	거품 포	개 포	기릴 포	헤칠 피	한가할 한
轄	陷	艦	劾	核	享	獻	嚇
다스릴 할	빠질 함	큰 배 함	꾸짖을 핵	씨 핵	누릴 향	드릴 헌	성낼 혁
弦	顯	懸	嫌	挾	螢	衡	酷
활시위 현	나타날 현	달 현	싫어할 혐	낄 협	반딧불이 형	저울대 형	심할 혹
洪	樺	禍	靴	患	還	懷	賄
넓을 홍	벗나무 화	재앙 화	신 화	근심 환	돌아올 환	품을 회	재물/뇌물 회
曉	侯	薰	勳				
새벽 효	제후 후	향초 훈	공 훈				

0850 ☐☐

훈 かつ 　 且_かつ 동시에, 또한

＊ この会社では快適、且つ安全な車を開発しています。

이 회사에서는 쾌적하면서도 또한 안전한 차를 개발하고 있습니다.

또 차

또, 또한

0851 ☐☐

음 しゃ 　 遮断_{しゃだん} 차단　 遮光_{しゃこう} 차광　 遮音_{しゃおん} 방음　 遮蔽_{しゃへい} 차폐, 가림

遮二無二_{しゃにむに} 무턱대고, 마구

훈 さえぎる 　 遮_{さえぎ}る 가리다, 막다, 차단하다

不正_{ふせい}アクセスがあったインターネット回線_{かいせん}を遮断_{しゃだん}します。

불법접속을 한 인터넷 회선을 차단합니다.

倒木_{とうぼく}が道_{みち}を遮_{さえぎ}って進_{すす}めません。 쓰러진 나무가 길을 막아 나아갈 수 없습니다.

가릴 차

가리다, 차단하다

0852 ☐☐

음 しょう 　 表彰_{ひょうしょう} 표창　 表彰状_{ひょうしょうじょう} 표창장　 顕彰_{けんしょう} 현창(선행을 밝히어 알림)

優勝者_{ゆうしょうしゃ}に表彰状_{ひょうしょうじょう}が送_{おく}られました。 우승자에게 표창장이 수여되었습니다.

独立運動_{どくりつうんどう}に功績_{こうせき}があった人_{ひと}の記念碑_{きねんひ}を建_たてて顕彰_{けんしょう}します。

독립운동에 공적이 있던 사람의 기념비를 세워 널리 알립니다.

드러날 창

드러나다, 드러내다

0853 ☐☐

음 せん 　 実践_{じっせん} 실천

実践_{じっせん}を通_{とお}して仕事_{しごと}を覚_{おぼ}える方法_{ほうほう}をOJTと言_いいます。

실천을 통해 업무를 익히는 방법을 OJT(현장연수, On-the-Job Training)라고 합니다.

밟을 천 (践)

①밟다 ②실천하다

옮길 천 (遷)

①옮기다 ②달라지다
③벼슬이 바뀌다

음 せん   遷都 천도(도읍을 옮김)   変遷 변천   左遷 좌천

彼は日本人の思想の変遷を研究しています。
그는 일본인의 사상의 변천을 연구하고 있습니다.

彼は左遷されても、くじけず働きました。
그는 좌천당해도 좌절하지 않고 일했습니다.

천거할 천 (薦)

천거하다

음 せん   推薦 추천   自薦 자기 자신을 추천함   他薦 남이 추천함

훈 すすめる   薦める 추천하다

会長に推薦したい人はいますか。 회장으로 추천하고 싶은 사람은 있습니까?

私はプロジェクトリーダーに田中さんを薦めました。
나는 프로젝트 리더로 다나카 씨를 추천했습니다.

> **Tip** 0039 すすめる 참조

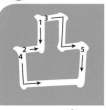

볼록할 철

볼록하다

음 とつ   凸レンズ 볼록렌즈   凸面鏡 볼록거울
凸版印刷 볼록판 인쇄   凹凸 요철, 울퉁불퉁

훈 でこ   凸凹 요철, 울퉁불퉁함

凸面鏡は車のバックミラーなどに使われます。
볼록거울은 자동차의 백미러 등에 쓰입니다.

望遠鏡で月を観察すると凸凹した地面が見えます。
망원경으로 달을 관찰하면 울퉁불퉁한 땅이 보입니다.

통할 철

①통하다 ②꿰뚫다
③관통하다

음 てつ   徹夜 철야, 밤새움   徹底 철저, 투철   冷徹 냉철함   貫徹 관철

納期を守るために徹夜で作業しました。 납기일을 지키기 위해 밤새워 작업했습니다.

伝染病が流行している地域を徹底して消毒します。
전염병이 유행하고 있는 지역을 철저하게 소독합니다.

0858

거둘 **철**

①거두다 ②치우다
③철수하다 ④없애다

음 てつ

てっきょ
撤去 철거　　てっしゅう
撤収 철수　　てっかい
撤回 철회　　てっぱい
撤廃 철폐, 폐지

てっ
撤する ①철거하다 ②철수하다

どう ろ　 ほう ち
道路に放置された自転車を撤去します。 도로에 방치된 자전거를 철거합니다.

じ だい　 ちょうりゅう あ
時代の潮流に合わせて、その法律は撤廃されました。
시대의 조류(흐름)에 맞추어, 그 법률은 폐지되었습니다.

0859

갈릴 **체 (遞)**

①갈리다 ②전하다
③번갈아

음 てい

ていしん
遞信 체신(편지 등을 전하는 일)　　ていぞう
遞増 체증, 점점 증가함

ていげん
遞減 체감, 점점 감소함

まえじまひそか　 に ほん　 ていしんせい ど　 せい び　 ひと
前島密は日本の遞信制度を整備した人です。
마에지마 히소카는 일본의 체신제도를 정비한 사람입니다.

こめ　 しゅうかく　 ていげん
米の収穫が遞減しています。 쌀의 수확이 점점 감소하고 있습니다.

0860

뽑을 **초**

①뽑다 ②문서를 베끼다
③초록

음 しょう

しょうほん
抄本 초본(원본의 일부를 분리한 것)　　しょうろく
抄録 초록(필요한 부분만 뽑아 적음)

しょうやく
抄訳 초역(필요한 부분을 뽑아서 번역함)

ろんぶん　 しょうろく　 よ　 がいよう　 は あく
論文の抄録を読んで概要を把握します。 논문의 초록을 읽고 개요를 파악합니다.

し ほんろん　 げんさく　 よ　 まえ　 しょうやく
『資本論』の原作を読む前に、抄訳を読みます。
『자본론』의 원작을 읽기 전에 초역을 읽습니다.

0861

닮을/같을 **초 (肖)**

①닮다 ②모양이 같다

음 しょう

しょうぞう
肖像 초상　　しょうぞう が
肖像画 초상화　　ふ しょう
不肖 불초(어버이를 닮지 않고 못남)

かべ　 そうりつしゃ　 しょうぞう が　 か
壁に創立者の肖像画が掛けられています。 벽에 창립자의 초상화가 걸려 있습니다.

ふ しょう　 むす こ　 だいがく　 そつぎょう
不肖の息子がようやく大学を卒業しました。
불초 자식이 드디어 대학을 졸업했습니다.

0862

신맛 나는 조미료 **초**

①신맛이 나는 조미료
②식초

音 さく 酢酸 초산

訓 す 酢 식초 食酢 식초(しょくず로도 읽음) 酢和え 초무침

酢酸を使って化学製品を作ります。 초산을 사용하여 화학제품을 만듭니다.

祖父は酢で和えた食べ物が好きです。 할아버지는 식초에 무친 음식을 좋아합니다.

0863

화약 **초** (硝)

①화약 ②질산칼륨

音 しょう 硝酸 질산 硝薬 화약 硝石 초석, 질산칼륨

特이 硝子 유리

硝酸の化学式はHNO$_3$です。 질산의 화학식은 HNO$_3$입니다.

花火には硝薬が使われています。 불꽃놀이에는 화약이 사용되고 있습니다.

0864

암초 **초**

①암초 ②숨은 바윗돌

音 しょう 座礁 좌초 暗礁 암초 珊瑚礁 산호초

嵐で座礁した船を救助します。 폭풍으로 좌초된 선박을 구조합니다.

珊瑚礁に魚が集まっています。 산호초에 물고기가 모여 있습니다.

0865

무덤 **총**

①무덤 ②봉토(흙을 쌓아
올림) ③언덕

訓 つか 塚 둔덕, 무덤 一里塚 이정표 貝塚 패총, 조개무지, 조개무덤

日本の一里塚は4km間隔で道に設けられました。
일본의 이정표는 4킬로미터 간격으로 길에 설치되었습니다.

貝塚は古代人の食生活が分かる遺跡です。
조개무덤은 고대인의 식생활을 알 수 있는 유적입니다.

0866

음 **じゅう**

銃 총 銃弾 총탄, 총알 拳銃 권총 猟銃 엽총

たてもの　かべ　　せんそうじ　じゅうだん　あと　のこ
建物の壁には戦争時の銃弾の跡が残っています。
건물 벽에는 전쟁 때의 총탄 흔적이 남아 있습니다.

はんにん　けいさつかん　けんじゅう　うば　とうそう
犯人は警察官の拳銃を奪って逃走しました。
범인은 경찰관의 권총을 빼앗아 도주했습니다.

총 **총**

총, 총을 쏘다

0867

음 **すう**

中枢 중추, 가장 중요한 부분 枢軸 추축(권력이나 정치의 중심), 중추
枢機 추기(중추가 되는 기관) 枢機卿 추기경

システムの中枢部分にはアクセス制限があります。
시스템의 중추 부분에는 접근 제한이 있습니다.

せかい　すうききょう　あつ
バチカンに世界の枢機卿たちが集まりました。
바티칸에 세계의 추기경들이 모였습니다.

지도리 **추 (樞)**

①지도리 ②근원
③가장 중요한 부분

0868

음 **しゅう**

醜態 추태 醜悪 추악함 醜聞 추문

훈 **みにくい**

醜い 추하다, 보기 흉하다

せんきょうんどう　はじ　　　　こうほ　しゅうぶん　ひろ
選挙運動が始まると、ある候補の醜聞が広まりました。
선거운동이 시작되자, 어느 후보의 추문이 퍼졌습니다.

さけ　の　ひと　みにく　すがた　み
お酒を飲んだ人が醜い姿を見せています。
술을 마신 사람이 추한 모습을 보이고 있습니다.

추할 **추**

①추하다 ②못생기다

0869

음 **ちく**

駆逐 몰아냄, 쫓아냄 逐一 하나하나, 차례대로, 낱낱이 상세하게
逐語 축어(원문의 단어 하나하나를 충실히 맞춰 감) 逐語訳 축어역
逐次通訳 순차통역

しんぶん　じけん　すいい　ちくいち　ほうどう
新聞は事件の推移を逐一、報道しました。
신문은 사건의 추이를 하나하나 보도했습니다.

かんこくご　しょうせつ　にほんご　ちくごやく
韓国語の小説を日本語に逐語訳します。
한국어 된 소설을 본래의 뜻에 충실하게 일본어로 번역합니다.

쫓을 **축**

①쫓다, 쫓아내다
②하나하나, 차례대로

채울 충

①채우다 ②가득하다
③대용하다

🔉 **じゅう** 　充分 충분함　充電 충전　補充 보충　拡充 확충

🔉 **あてる** 　充てる 충당하다, 어떤 용도에 쓰다

栄養を充分に摂ってください。 영양을 충분히 섭취하십시오.

収入の10％を教育費に充てます。 수입의 10%를 교육비로 씁니다.

Tip あてる

充てる 충당하다
収入の5％を返済に充てて借金を返す。
수입의 5%를 상환에 충당해서 빚을 갚다.

当てる 맞히다
宝くじを当てて喜ぶ。
복권을 맞추고 기뻐하다.

宛てる (편지·메일 등)~앞으로 보내다
先生に宛てて手紙を書く。
선생님에게 보낼 편지를 쓰다.

속마음 충

①속마음 ②정성
③타협하다

🔉 **ちゅう** 　折衷 절충　折衷案 절충안　衷心 충심, 진심

日本は1920年頃から和洋折衷の家が多く建てられました。
일본은 1920년경부터 일본식과 서양식이 절충된 집이 많이 지어졌습니다.

取引先に衷心より非礼を詫びました。 거래처에 진심으로 무례함을 사과했습니다.

0872

냄새 취 (臭)

①냄새 ②구린내
③냄새나다

음 **しゅう**

臭気 취기, 악취　　消臭 제취, 냄새를 없앰　　脱臭 탈취

悪臭 악취

훈 **くさい**

臭い 고약한 냄새가 나다, 구리다

におう

臭う 냄새(악취)가 나다

残飯からひどい悪臭がします。 남은 반찬에서 심한 악취가 납니다.

頭が臭うので、シャンプーをしました。 머리에서 냄새가 나서 샴푸를 했습니다.

Tip におう

臭う 냄새(악취)가 나다

トイレが臭う。 화장실에서 냄새가 나다.

匂う (좋은) 냄새가 나다

香水が匂う。 향수 냄새가 나다.

0873

어리석을 치 (癡)

①어리석다 ②미련하다

음 **ち**

痴漢 치한　　痴呆 치매　　愚痴 푸념, 불평

音痴 음치　　方向音痴 방향치

痴漢の被害を警察に訴えました。 치한한테 입은 피해를 경찰에 호소했습니다.

友だちが職場の愚痴をこぼしています。 친구가 직장생활에 대해 푸념하고 있습니다.

0874

칙서 칙

칙서, 조서

음 **ちょく**

勅使 칙사(천황이 파견하는 특사)　　勅書 칙서

勅令 칙령(천황이 의회의 심의를 거치지 않고 직접 내린 명령)

密勅 밀칙(은밀히 내리는 조칙)

天皇が派遣する特使を勅使と言います。 천황이 파견하는 특사를 칙사라고 합니다.

戦前の日本では天皇が多くの勅令を出しました。
전쟁 전의 일본에서는 천황이 칙령(명령)을 많이 내렸습니다.

0875

옻 칠

①옻, 옻나무 ②검은 칠

- 음 しつ 漆器 칠기 漆黒 칠흑
- 훈 うるし 漆 옻

月も出ていなくて、辺りは漆黒の闇に包まれていました。
달도 뜨지 않아서, 주위는 칠흑 같은 어둠에 둘러싸여 있었습니다.

ウルシの木から漆を採取します。 옻나무에서 옻을 채취합니다.

0876

온당할 타

①온당하다 ②타당하다

- 음 だ 妥当 타당함 妥協 타협 妥結 타결

政府の経済政策は妥当なのか検証します。 정부의 경제정책이 타당한지 검증합니다.

お互いが妥協して、取り引きをまとめました。
서로가 타협하여 거래를 성사시켰습니다.

0877

떨어질 타 (墮)

①떨어지다 ②낙하하다

- 음 だ 堕落 타락 堕胎 낙태

私は学生のとき、堕落した生活を送りました。
나는 학생 때, 타락한 생활을 보냈습니다.

カトリックでは堕胎を禁じています。 가톨릭에서는 낙태를 금하고 있습니다.

0878

게으를 타

게으르다, 나태하다

- 음 だ 惰性 타성(지금까지의 습관) 惰力 ①타력, 관성 ②타성
  怠惰 나태함, 게으름

彼は仕事への熱意を失い、惰性で働いていました。
그는 일에 대한 열정을 잃고, 타성에 젖어서 일하고 있었습니다.

母親は怠惰な生活を送る息子を叱りました。
어머니는 게으른 생활을 하는 아들을 야단쳤습니다.

0879

씻을 **탁** (濯)

씻다, 빨다

음 たく

洗濯 세탁, 빨래　洗濯機 세탁기

汚れた服を洗濯します。 더러워진 옷을 세탁합니다.

となりの部屋の洗濯機の音がうるさいです。 옆 방의 세탁기 소리가 시끄럽습니다.

0880

탈 **탑** (搭)

①타다 ②태우다, 싣다

음 とう

搭乗 탑승　搭載 탑재

飛行機への搭乗が始まりました。 비행기 탑승이 시작되었습니다.

この車は最新のカーナビを搭載しています。
이 차는 최신 자동차 내비게이션을 탑재하고 있습니다.

0881

클 **태**

①크다 ②편안하다

음 たい

泰平 태평, 평안함　安泰 편안함

泰平な世の中が訪れることを願います。 평안한 세상이 오기를 바랍니다.

老後を安泰に暮らせるように貯金します。 노후를 편안하게 살 수 있도록 저금합니다.

0882

실을 **태**

짐을 싣다

음 だ

駄菓子 막과자, 싸구려 과자　駄目 안 됨

無駄 소용없음, 쓸데없음, 헛됨

<예외> 下駄 나막신

ダイエットをがんばりましたが、駄目でした。
다이어트를 열심히 했지만 소용없습니다.

支出から無駄な消費をなくします。 지출에서 쓸데없는 소비를 없앱니다.

0883

음 とう　　水筒 물통　封筒 봉투
훈 つつ　　筒 통　茶筒 차통(차를 넣어 두는 통)

封筒をペーパーナイフで開けます。 봉투를 종이칼로 엽니다.

茶筒からお茶の葉を出しました。 차통에서 찻잎을 꺼냈습니다.

대통 **통**

①대통 ②원통의 물건

0884

음 は　　把握 파악　大雑把 대강, 대략적, 대충

政府は被害状況の把握に努めました。 정부는 피해상황의 파악에 힘썼습니다.

友だちにアプリの使い方を大雑把に教えます。
친구에게 어플 사용법을 대강 가르쳐줍니다.

잡을 **파**

①잡다 ②묶다 ③한 움큼

0885

음 ひ　　罷免 파면　罷業 파업

その大統領は弾劾裁判で罷免されました。
그 대통령은 탄핵 재판에서 파면되었습니다.

罷業とストライキは同じ意味です。 파업과 스트라이크(strike)는 같은 의미입니다.

마칠 **파**

①마치다 ②그만두다

0886

음 は　　覇権 패권　覇者 패자, 우승자　制覇 제패　連覇 연패, 연승

アメリカと中国が世界の覇権を争っています。
미국과 중국이 세계의 패권을 다투고 있습니다.

韓国チームが3連覇を達成しました。 한국팀이 3연패를 달성했습니다.

으뜸 **패**

①으뜸, 으뜸가다
②뛰어나다

0887

치우칠 **편 (偏)**

치우치다, 편향되다

🔊 へん

偏見 편견　偏食 편식　偏愛 편애

偏在 편재(한 곳에 치우쳐 있음)

🔊 かたよる　偏る ①(한쪽으로) 치우치다, 기울다 ②불공평하다

「男性は家事が下手」というのは偏見です。
'남성은 집안일을 잘 못한다'는 것은 편견입니다.

偏った食生活を続けると健康を損ないます。
한쪽으로 치우친 식생활을 계속하면 건강을 해칩니다.

0888

두루 **편 (遍)**

①두루 ②모든, 전면적인
③번, 횟수

🔊 へん

遍歴 편력(여러 가지 경험을 함)　遍在 편재(두루 퍼져 있음)

普遍 보편　一遍 한 번, 단번에

鉄は世界に遍在する鉱物です。　철은 세계에 두루 퍼져 있는 광물입니다.

面白い映画ですから、一遍、見てみてください。　재미있는 영화니까 한 번 보세요.

0889

들 **평 (坪)**

①들 ②평(면적의 단위)
③평평하다

🔊 つぼ

坪 평(면적의 단위)　一坪 한 평　坪庭 안뜰

一坪当たりの地価を計算します。　한 평당 땅값을 계산합니다.

その家には風情のある坪庭があります。　그 집에는 운치 있는 안뜰이 있습니다.

0890

폐할/버릴 **폐 (廢)**

①폐하다 ②못 쓰게 되다
③버리다 ④쇠퇴하다

🔊 はい

廃棄 폐기　廃業 폐업　荒廃 황폐　撤廃 철폐

🔊 すたれる　廃れる ①쇠퇴하다 ②한물가다

すたる　廃る ①쇠퇴하다 ②손상되다

レストランから廃棄される食材の量を減らします。
레스토랑에서 폐기되는 식재료의 양을 줄입니다.

廃れてしまった伝統行事を復活させます。　쇠퇴해버린 전통행사를 부활시킵니다.

0891

음 へい　　貨**幣** 화폐　　紙**幣** 지폐　　造**幣** 조폐
　　　　　　か へい　　　　　　し へい　　　　　ぞうへい

あたら　　か へい　　はっこう
新しい貨幣が発行されました。 새로운 화폐가 발행되었습니다.

し へい　　ぎ ぞうじ けん　　お
紙幣の偽造事件が起こりました。 지폐 위조사건이 일어났습니다.

화폐 폐 (幣)

화폐

0892

음 へい　　弊**害** 폐해, 해　　弊**社** 폐사, 저희 회사　　疲**弊** 피폐
　　　　　　へいがい　　　　　　　へいしゃ　　　　　　　　ひ へい

　　　　　　語**弊** 어폐(적절치 않게 사용하여 일어나는 말의 폐단이나 결점)
　　　　　　ご へい

し ほんしゅ ぎ　　へいがい　　もんだい
資本主義の弊害が問題になっています。 자본주의의 폐해가 문제가 되고 있습니다.

へいしゃ　　そうぎょう　　ねん　　れきし
弊社は創業70年の歴史があります。 저희 회사는 창업 70년의 역사가 있습니다.

폐단/해질 폐 (弊)

①폐단, 폐해 ②자기
③해지다 ④곤하다

0893

음 ほう　　水**泡** 수포　　気**泡** 기포　　発**泡** 발포, 거품이 남
　　　　　　すいほう　　　　きほう　　　　　はっぽう

　　　　　　発**泡スチロール** 스티로폼
　　　　　　はっぽう

훈 あわ　　**泡** 거품
　　　　　あわ

どりょく　　すいほう　　き　　　　　　　　　おも
これまでの努力が水泡に帰したとは思いません。
지금까지의 노력이 수포로 돌아갔다고는 생각하지 않습니다.

あわ　　た　　　　　　　て　　あら
せっけんの泡が立つまでよく手を洗ってください。
비누 거품이 날 때까지 손을 잘 씻어 주세요.

거품 포 (泡)

거품

0894

음 ほ　　長**汀曲浦** 장정곡포(길게 뻗은 경치 좋은 해변)
　　　　　　ちょうていきょく ほ

훈 うら　　**浦** 포구, 해변　　津々**浦**々 방방곡곡
　　　　　うら　　　　　　　　つ つ うらうら

うつく　　ちょうていきょく ほ　　かいがんせん
美しい長汀曲浦の海岸線をドライブします。
아름다운 장정곡포의 해안선을 드라이브합니다.

かれ　　な まえ　　つ つ うらうら　　し　　わた
彼の名前は津々浦々に知れ渡りました。 그의 이름은 방방곡곡에 널리 알려졌습니다.

개 포

①물가 ②바닷가

0895

기릴 **포**

기리다, 칭찬하다

음 ほう　褒賞 포상　ご褒美 상, 포상

훈 ほめる　褒める 칭찬하다

大学に合格して、ご褒美に父から腕時計をもらいました。
대학에 합격해서, 상으로 아버지에게 손목시계를 받았습니다.

先生に読書感想文を褒めてもらいました。 선생님께 독서감상문을 칭찬받았습니다.

0896

헤칠 **피**

①헤치다, 펴다 ②폭로하다

음 ひ　披露 피로, 공개함　披露宴 피로연
　　　披瀝 피력(마음속의 생각을 숨김없이 말함)

披露宴にはたくさんの人が集まりました。 피로연에는 많은 사람들이 모였습니다.

彼は日本文学の知識を披瀝しました。 그는 일본문학의 지식을 피력했습니다.

0897

한가할 **한**

①한가하다 ②조용하다

음 かん　閑静 한가하고 고요함, 한적함　閑寂 한적　閑散 한산
　　　閑職 한직

駅の前は閑静な住宅街が広がっています。 역 앞은 한적한 주택가가 펼쳐져 있습니다.

食堂は客がいなくて、閑散としていました。 식당은 손님이 없어서 한산했습니다.

0898

다스릴 **할**

①다스리다 ②관리하다
③관할하다

음 かつ　管轄 관할　直轄 직할(직접 관할)　総轄 총할, 총괄

この地域を管轄する保健所が消毒活動をしています。
이 지역을 관할하는 보건소가 소독활동을 하고 있습니다.

会長はグループ企業の経営を総轄しています。
회장은 그룹 기업의 경영을 총괄하고 있습니다.

0899

- 음 **かん** 陥<ruby>落<rt>らく</rt></ruby> 함락　陥<ruby>没<rt>ぼつ</rt></ruby> 함몰　陥<ruby>穽<rt>せい</rt></ruby> 함정　<ruby>欠<rt>けっ</rt></ruby>陥 결함
- 훈 **おちいる** 陥<ruby>る<rt>おちい</rt></ruby> ①빠지다 ②함락되다
  おとしいれる 陥<ruby>れる<rt>おとし</rt></ruby> 빠뜨리다, 빠지게 하다

<ruby>地震<rt>じしん</rt></ruby>で<ruby>道路<rt>どうろ</rt></ruby>が<ruby>陥没<rt>かんぼつ</rt></ruby>しました。 지진으로 도로가 함몰되었습니다.

<ruby>猟師<rt>りょうし</rt></ruby>はイノシシを<ruby>罠<rt>わな</rt></ruby>に<ruby>陥<rt>おとし</rt></ruby>れました。 사냥꾼은 멧돼지를 함정에 빠뜨렸습니다.

빠질 **함 (陥)**

①빠지다 ②함락당하다
③함정 ④결함

0900

- 음 **かん** 艦<ruby>隊<rt>たい</rt></ruby> 함대　艦<ruby>船<rt>せん</rt></ruby> 함선　<ruby>母<rt>ぼ</rt></ruby>艦 모함　<ruby>軍<rt>ぐん</rt></ruby>艦 군함
  <ruby>潜水<rt>せんすい</rt></ruby>艦<rt>かん</rt> 잠수함　<ruby>帰<rt>き</rt></ruby>艦<rt>かん</rt> 귀함

その<ruby>国<rt>くに</rt></ruby>は<ruby>航空<rt>こうくう</rt></ruby><ruby>母艦<rt>ぼかん</rt></ruby>を<ruby>建造<rt>けんぞう</rt></ruby>しました。
그 나라는 항공모함을 건조했습니다(설계해서 만들었습니다).

<ruby>軍艦<rt>ぐんかん</rt></ruby>が<ruby>北<rt>きた</rt></ruby>に<ruby>進<rt>すす</rt></ruby>んでいます。 군함이 북쪽으로 나아가고 있습니다.

큰 배 **함**

①큰 배 ②군함

0901

- 음 **がい** <ruby>弾<rt>だん</rt></ruby>劾<rt>がい</rt> 탄핵(공직에 있는 사람의 부정이나 비리 따위를 조사하여 그 책임을 추궁함)
  <ruby>弾<rt>だん</rt></ruby>劾<rt>がい</rt><ruby>裁判<rt>さいばん</rt></ruby> 탄핵재판

<ruby>大統領<rt>だいとうりょう</rt></ruby>の<ruby>弾劾裁判<rt>だんがいさいばん</rt></ruby>が<ruby>開<rt>ひら</rt></ruby>かれました。 대통령의 탄핵재판이 열렸습니다.

꾸짖을 **핵**

①꾸짖다 ②캐묻다,
조사하다

0902

- 음 **かく** <ruby>核<rt>かく</rt></ruby> 핵　<ruby>核<rt>かく</rt></ruby><ruby>家族<rt>かぞく</rt></ruby> 핵가족　<ruby>核<rt>かく</rt></ruby><ruby>兵器<rt>へいき</rt></ruby> 핵무기　<ruby>核<rt>かく</rt></ruby><ruby>爆弾<rt>ばくだん</rt></ruby> 핵폭탄
  <ruby>中<rt>ちゅう</rt></ruby>核<rt>かく</rt> 중핵, 핵심

この<ruby>団体<rt>だんたい</rt></ruby>は<ruby>核兵器<rt>かくへいき</rt></ruby>を<ruby>廃絶<rt>はいぜつ</rt></ruby>する<ruby>活動<rt>かつどう</rt></ruby>をしています。
이 단체는 핵무기를 폐기하는 활동을 하고 있습니다.

<ruby>彼<rt>かれ</rt></ruby>は<ruby>会社<rt>かいしゃ</rt></ruby>の<ruby>中核<rt>ちゅうかく</rt></ruby>を<ruby>担<rt>にな</rt></ruby>う<ruby>人物<rt>じんぶつ</rt></ruby>です。 그는 회사의 핵심을 담당하는 인물입니다.

씨 **핵**

①씨 ②핵심 ③원자핵

0903

누릴 **향**

누리다

음 きょう

きょうじゅ
享受 향수, 누림　享年 향년　享楽 향락　享楽的 향락적

そ ふ きょうねん　さい　いっしょう　お
祖父は享年80歳で一生を終えました。 할아버지는 향년 80세로 일생을 마쳤습니다.

きょうらくてき　　せいかつ　　がくせい　いまし
享楽的な生活をする学生を戒めました。 향락적인 생활을 하는 학생을 훈계했습니다.

0904

드릴 **헌 (獻)**

①드리다 ②바치다

음 けん

けんじょう　　　けんけつ　　　けんしん　　　こうけん
献上 헌상, 드림　献血 헌혈　献身 헌신　貢献 공헌

ぶんけん
文献 문헌

こんだて
こん　献立 식단, 메뉴

は たち　　　　　はじ　　　けんけつ
二十歳になって初めて献血しました。 스무살이 되어 처음으로 헌혈했습니다.

きょう　　きゅうしょく　こんだて
今日の給食の献立はカレーライスとサラダです。
오늘의 급식 메뉴는 카레라이스와 샐러드입니다.

0905

성낼 **혁**

①성내다 ②위협하다

음 かく

い かく
威嚇 위협

ねこ　いぬ　い かく
猫が犬を威嚇しています。 고양이가 개를 위협하고 있습니다.

0906

弦

활시위 **현**

①활시위 ②악기줄

음 げん

げん　　　　　　　　　　　げんがっ き
弦 현, 활시위, 현악기의 줄　弦楽器 현악기

훈 つる

つる
弦 현, 활시위

げん　は
ギターの弦を張ります。 기타 줄을 끼웁니다.

ゆみ　つる　　き
弓の弦が切れてしまいました。 활의 현이 끊어져버렸습니다.

0907

나타날 현 (顯)

①나타나다 ②뚜렷하다
③드러나다

음 けん 　顕著 현저함　顕微鏡 현미경　顕示 현시(나타내어 보임)

　　　　　顕彰 현창(숨겨진 공적 등을 밝히어 알림)

不況の影響が市民生活に顕著に現れ始めました。
불황의 영향이 시민 생활에 현저하게 나타나기 시작했습니다.

顕微鏡でゾウリムシを観察します。현미경으로 짚신벌레를 관찰합니다.

0908

달 현

①달다, 매달다 ②매달리다
③상을 걸다

음 けん 　懸命 열심임　懸賞 현상(상품이나 상금을 내거는 일)

　　 け 　　懸念 걱정, 염려

훈 かける 　懸ける 걸다, 달다

　　 かかる 　懸かる 걸리다, 매달리다

医師が懸命に患者を治療しています。의사가 열심히 환자를 치료하고 있습니다.

警察は犯人を捕まえるために賞金を懸けました。

경찰은 범인을 잡기 위해 상금을 걸었습니다.

Tip 0315 かける 참조

0909

싫어할 혐 (嫌)

①싫어하다 ②미워하다
③의심하다

음 けん 　嫌悪 혐오　嫌疑 혐의

　　 げん 　機嫌 기분, 심기　不機嫌 기분이 안 좋음

훈 きらう 　嫌う 싫어하다　嫌い 싫어함, 꺼림

　　 いや 　嫌 싫음

遠足が中止になって、子どもは不機嫌になりました。
소풍이 취소되어, 아이는 기분이 나빠졌습니다.

暑い日に外へ出るのは嫌です。더운 날에 밖에 나가는 것은 싫습니다.

0910

낄 협 (挟)

①끼다, 끼우다 ②끼어 넣다

음 きょう 　挟撃 협격, 협공

훈 はさむ 　挟む ①끼(우)다 ②사이에 두다

　　 はさまる 　挟まる 끼이다

挟撃を受けた敵が退散しました。협공을 받은 적이 달아났습니다.

しおりを本に挟みます。책갈피를 책에 끼웁니다.

0911

반딧불이 형 (螢)

①반딧불이 ②개똥벌레

음 けい
けいこうとう
蛍光灯 형광등

けいせつ こう
蛍雪の功 형설지공(고생을 하면서 공부하여 얻은 보람(성과))

훈 ほたる
ほたる
蛍 반딧불이, 개똥벌레

く がく　　せいこう　　　　　　　けいせつ　こう　い
苦学して成功することを「蛍雪の功」と言います。
고학을 해서 성공하는 것을 '형설지공'이라고 합니다.

ほたる ひかり　　　　　　げんそうてき
蛍の光がとても幻想的です。 반딧불이의 빛이 매우 환상적입니다.

0912

저울대 형

저울대

음 こう
きんこう　　　　へいこう
均衡 균형　平衡 평형

ど りょうこう
度量衡 도량형(길이·부피·무게 따위의 단위를 재는 법)

しゅうにゅう　し しゅつ　きんこう　　かんが　　よさん　く
収入と支出の均衡を考えて予算を組みます。
수입과 지출의 균형을 생각해서 예산을 짭니다.

みみ　からだ　へいこう　　つかさど　やくわり
耳は体の平衡を司る役割もします。 귀는 몸의 평형을 담당하는 역할도 합니다.

0913

심할 혹

①심하다 ②독하다

음 こく
こくしょ　　　　　　　　　　か こく　　　　　ざんこく
酷暑 혹서, 불볕더위　苛酷 가혹함　残酷 잔혹함

こくしょ　つづ　　　　　　　　　　みず　へ
酷暑が続いて、ダムの水が減りました。 불볕더위가 계속돼서 댐의 물이 줄었습니다.

と ざん か　　か こく　じょうきょう　　　　　　　　　のぼ
その登山家は苛酷な状況でエベレストに登りました。
그 산악인은 가혹한 상황에서 에베레스트에 올랐습니다.

0914

넓을 홍

①넓다 ②홍수

음 こう
こうずい
洪水 홍수

ていぼう　きず　　こうずい　　し みん　まも
堤防を築いて洪水から市民を守ります。 제방을 쌓아 홍수로부터 시민을 지킵니다.

0915

훈 わく

枠 ①테두리, 범위 ②틀　枠内 범위 내

窓枠 창틀　木枠 나무틀

枠で囲った部分に名前を書いてください。
테두리로 둘러싼 부분에 이름을 써주세요.

窓枠にたまったほこりを掃除します。 창틀에 쌓인 먼지를 청소합니다.

벚나무 **화**

벚나무

0916

음 か

禍福 화복(불행과 행복)　禍根 화근, 재앙의 근원

戦禍 전화(전쟁으로 인한 피해)　惨禍 참화

首相の判断は禍根を残すことになりました。
총리의 판단은 화근을 남기게 되었습니다.

第2次世界大戦では多くの人が戦禍を被りました。
제2차 세계대전에서는 많은 사람들이 전쟁의 피해를 입었습니다.

재앙 **화 (禍)**

①재앙 ②사고
③화를 입히다

0917

음 か

長靴 장화(ながぐつ로도 읽음)　軍靴 군화

훈 くつ

靴 신발　靴下 양말　運動靴 운동화　革靴 가죽 구두

平和団体が「軍靴の音が聞こえる」と訴えています。
평화 단체가 '군화 소리가 들린다(군국주의의 상징)'라고 호소하고 있습니다.

靴下に穴が開きました。 양말에 구멍이 났습니다.

신 **화**

신, 신발

0918

음 かん

患者 환자　患部 환부　疾患 질환, 질병　急患 급환, 위급 환자

훈 わずらう

患う 병을 앓다, 병이 나다

患部に薬を塗って治療します。 환부에 약을 발라 치료합니다.

空気が悪い所で働いたために肺を患いました。
공기가 나쁜 곳에서 일을 해서 폐가 나빠졌습니다.

근심 **환**

①근심, 걱정 ②질병
③앓다, 병에 걸리다

0919

돌아올 **환**

①돌아오다 ②돌려 보내다
③갚다

음 **かん**　帰還 귀환　返還 반환　還付 환급　還元 환원

小惑星の探査機が地球に帰還しました。 소행성 탐사기가 지구로 귀환했습니다.

1972年に沖縄がアメリカから日本へ返還されました。
1972년에 오키나와가 미국에서 일본으로 반환되었습니다.

0920

품을 **회**

①품다 ②임신하다
③생각하다 ④길들이다

음 **かい**　懐中 회중, 주머니 속　懐中時計 회중시계
　　　　懐妊 회임, 임신　述懐 술회(마음에 품은 생각이나 추억을 말함)

훈 **なつかしい**　懐かしい 그립다

　なつかしむ　懐かしむ 그리워하다, 반가워하다

　なつく　懐く 따르다, 친해지다

　なつける　懐ける 따르게 하다, 길들이다

　ふところ　懐 ①품 ②호주머니(에 가지고 있는 돈)

この懐中時計は祖父の遺品です。 이 회중시계는 할아버지의 유품입니다.

同級生とアルバムを見て昔を懐かしみました。
동창생과 앨범을 보고 옛날을 그리워했습니다.

猫を飼って1ヶ月が過ぎましたが、まだ懐きません。
고양이를 기른 지 한 달이 지났지만, 아직 서먹서먹합니다.

出費が多くて懐が寒いです。 지출이 많아서 주머니 사정이 좋지 않습니다.

0921

재물/뇌물 **회**

①재물 ②뇌물

음 **わい**　賄賂 뇌물　贈賄 증회, 뇌물을 줌　収賄 수회, 뇌물을 받음

훈 **まかなう**　賄う ①만들어주다 ②조달하다

その企業は贈賄で告発されました。 그 기업은 뇌물을 준 혐의로 고발당했습니다.

母は学校で子どもたちに給食を賄う仕事をしています。
어머니는 학교에서 아이들에게 급식을 만들어주는 일을 하고 있습니다.

새벽 **효 (曉)**

새벽, 동틀 무렵

음 ぎょう 　暁鐘 새벽종

훈 あかつき 　暁 ①새벽 ②(장래 어떤 일이 실현되는) (그) 때, (그) 날

明治時代は近代日本の暁鐘の時期です。 메이지 시대는 근대 일본의 시작입니다.

私が学生会長に選ばれた暁には、施設を修理するように学校に訴えます。
제가 학생회장으로 선출된 그 때에는(선출되면), 시설을 수리하도록 학교에 호소(건의)하겠습니다.

제후 **후**

①제후 ②임금 ③후작

음 こう 　侯爵 후작(작위(爵位)의 하나)

諸侯 제후(옛날 중국에서 인민을 다스렸던 사람)

侯爵は公爵の下の位です。 후작은 공작의 아래 계급입니다.

春秋時代は中国の諸侯が争った時代です。
춘추시대는 중국의 제후가 다투었던 시대입니다.

향초 **훈 (薫)**

①향초 ②향내 ③향기롭다

음 くん 　薫風 훈풍(초여름에 부는 훈훈한 바람)

훈 かおる 　薫る ①향기가 나다 ②분위기가 조성되다 　薫り 향기

初夏になって気持ちいい薫風が吹いています。
초여름이 되어 기분 좋은 훈풍이 불고 있습니다.

大正時代は文化が薫った時代です。 다이쇼 시대는 문화가 피어난 시대입니다.

Tip **かおる**

薫る (향기가 스며들듯이) 분위기가 조성되다

伝統が薫る学校。 전통이 스며든 학교.

香る (실제로) 향기가 나다

バラが香る部屋。 장미 향기가 나는 방.

0925

공 **훈** (勳)

공, 공로, 공적

음 くん
　勲章 훈장　　殊勲 수훈(뛰어난 공로)　　武勲 무훈, 무공(군사상의 공적)

훈 いさお
　勲 공, 공적

功績を残した作家に文化勲章が授与されました。
공적을 남긴 작가에게 문화훈장이 수여되었습니다.

その選手はオリンピック2連覇の勲を立てました。
그 선수는 올림픽 2연패의 공적을 세웠습니다.

■ 밑줄 친 한자를 바르게 읽은 것을 고르시오.

1　倒れた木が道路を遮っています。

① みかぎって　　② よぎって　　③ さえぎって　　④ たぎって

2　色々なことを学んでも実践しなければ意味がありません。

① しっちょう　　② じっちょう　　③ しっせん　　④ じっせん

3　その国は首都を遷都しました。

① せんと　　② せんど　　③ ちょうと　　④ ちょうど

4　彼は冷徹な判断で問題を解決しました。

① れいちょう　　② れいてつ　　③ ねいちょう　　④ ねいてつ

5　凸凹した地面を平らにします。

① でこぼこ　　② ぼこでこ　　③ てこほこ　　④ ほこてこ

6　自分の肖像画を描きました。

① しょうそう　　② そうそう　　③ しょうぞう　　④ そうぞう

7　スーパーで油と酢を買いました。

① みそ　　② ごま　　③ しお　　④ す

8　船が暗礁にのり上げました。

① あんそう　　② あんしょう　　③ おんそう　　④ おんしょう

9　拳銃を持った警察官が巡回しています。

① けんじゅう　　② こんじゅう　　③ けんちゅう　　④ こんちゅう

10　CPUはコンピューターの中枢部品です。

① ちゅすう　　② ちゅしゅう　　③ ちゅうすう　　④ ちゅうしゅう

정답　1 ③　2 ④　3 ①　4 ②　5 ①　6 ③　7 ④　8 ②　9 ①　10 ③

11 酔った男性が醜い姿で寝ています。
　　① みにくい　　　② はしたない　　　③ なさけない　　　④ つれない

12 コンビニの店員が棚に商品を補充しています。
　　① ほちゅう　　　② ほじゅう　　　③ ほうちゅう　　　④ ほうじゅう

13 となりの部屋から悪臭がします。
　　① おすう　　　② おしゅう　　　③ あくすう　　　④ あくしゅう

14 石川県は漆器の名産地です。
　　① しっけ　　　② ちっけ　　　③ しっき　　　④ ちっき

15 私は彼の判断が妥当だと思います。
　　① だとう　　　② だどう　　　③ たとう　　　④ たどう

16 汚れた靴下を洗濯しました。
　　① そんだく　　　② せんだく　　　③ そんたく　　　④ せんたく

17 飛行機には10時から搭乗することができます。
　　① とうそう　　　② とうじょう　　　③ とそう　　　④ とじょう

18 補助金を申請しましたが、駄目でした。
　　① だもく　　　② たもく　　　③ だめ　　　④ ため

19 その大統領は罷免されました。
　　① ひめん　　　② ひめい　　　③ はめん　　　④ はめい

20 栄養が偏らないように、色々な物を食べましょう。
　　① たまらない　　　② とどこおらない　　　③ さだまらない　　　④ かたよらない

■ 밑줄 친 한자를 바르게 읽은 것을 고르시오.

1 「人間の平等」は普遍的な価値になりました。

   ① ふへん   ② ぶへん   ③ ふへい   ④ ぶへい

2 石炭から石油を使うようになって、この町は廃れました。

   ① すたれ   ② へたれ   ③ かれ   ④ ただれ

3 発泡スチロールで商品を保護します。

   ① ほっぽん   ② ほっぽう   ③ はっぽん   ④ はっぽう

4 先生が私の作文を褒めました。

   ① ため   ② まるめ   ③ ほめ   ④ すすめ

5 この部署は閑職で、することがありません。

   ① はんしょく   ② かんしょく   ③ はんしき   ④ かんしき

6 管轄が違うので、その警察は事件を捜査しませんでした。

   ① がんがつ   ② がんかつ   ③ かんがつ   ④ かんかつ

7 裁判官が弾劾裁判の判決文を読んでいます。

   ① だんかく   ② だんがく   ③ だんかい   ④ だんがい

8 夫婦と子どもだけの家族を核家族と言います。

   ① かくがぞく   ② がくがぞく   ③ かくかぞく   ④ がくかぞく

9 論文を書くために、たくさんの参考文献を読みました。

   ① ぶんけん   ② ぶんげん   ③ ぶんけい   ④ ぶんげい

10 弓に新しい弦を張ります。

   ① くさり   ② ふさ   ③ ひも   ④ つる

정답 1 ①   2 ①   3 ④   4 ③   5 ②   6 ④   7 ④   8 ③   9 ①   10 ④

11 台風が接近しているので洪水が懸念されます。

① けねん   ② けれん   ③ けんねん   ④ けんれん

12 古くなった蛍光灯を変えます。

① けいこうとう   ② けいごうとう   ③ きょうこうとう   ④ きょうごうとう

13 海兵隊の訓練はとても苛酷です。

① はこく   ② はごく   ③ かこく   ④ かごく

14 木枠の中にコンクリートを流し入れます。

① きむく   ② きすく   ③ きほく   ④ きわく

15 靴墨を使って軍靴を磨きます。

① ぐんは   ② ぐんか   ③ くんは   ④ くんか

16 科学の時間に酸化と還元について勉強しました。

① がんげん   ② かんげん   ③ ばんげん   ④ はんげん

17 その会社の社長は贈賄事件で逮捕されました。

① ぞうおう   ② そうおう   ③ ぞうわい   ④ そうわい

18 母は昔を懐かしみながら若い頃の写真を私に見せました。

① おかしみ   ② はずかしみ   ③ なつかしみ   ④ なげかしみ

19 暁になると、お寺から鐘の音が聞こえます。

① よふけ   ② おやつ   ③ よいのくち   ④ あかつき

20 ノーベル賞を受賞した科学者に勲章が与えられました。

① くんそう   ② くんしょう   ③ ぐんそう   ④ ぐんしょう

중학교

어려운 한자

185

중학교 어려운 한자는 총 185자이며,
일본의 한자검정시험(漢検)의 2급
중에서도 어려운 한자에 해당된다.

중학교 어려운 한자 ①

苛	葛	蓋	裾	巾	鍵	乞	鎌
가혹할 가	칡 갈	덮을 개	자락 거	수건 건	열쇠/자물쇠 건	빌 걸	낫 겸
頃	梗	憬	稽	尻	股	錮	鍋
잠깐 경	줄기/막힐 경	동경할 경	상고할 계	꽁무니 고	넓적다리 고	막을 고	노구솥 과
串	勾	臼	懼	駒	窟	拳	潰
꿸 관	글귀/올가미 구	절구 구	두려워할 구	망아지 구	굴 굴	주먹 권	무너질 궤
龜	隙	僅	錦	伎	畿	那	匂
거북 귀/터질 균	틈 극	겨우 근	비단 금	재간 기	경기 기	어찌 나	향내 내
旦	戴	賭	頓	憧	瞳	藤	辣
아침 단	일 대	내기 도	조아릴 돈	동경할 동	눈동자 동	등나무 등	매울 랄
嵐	藍	拉	呂	侶	麓	弄	籠
남기 람	쪽 람	끌 랍	법칙 려	짝 려	산기슭 록	희롱할 롱	대바구니 롱
賂	瞭	瑠	慄	璃	昧	罵	麵
뇌물 뢰	밝을 료	맑은 유리 류	떨릴 률	유리 리	어두울 매	꾸짖을 매	밀가루 면
蔑	冥	貌	睦	弥	眉	謎	蜜
업신여길 멸	어두울 명	모양 모	화목할 목	미륵 미	눈썹 미	수수께끼 미	꿀 밀

0926

가혹할 **가** (苛)

①가혹하다 ②까다롭다
③앓다

음 **か**

苛酷 가혹함　苛性 가성(동식물의 조직 등을 짓무르게 하는 성질)

苛性ソーダ 가성소다　苛烈 가열함(주장이나 행동이 격렬함)

훈 **いら**

苛立つ 초조해하다, 애가 타다　苛々 초조해하는 모양

苛酷な政策が国民を苦しめています。 가혹한 정책이 국민을 괴롭히고 있습니다.

バスがなかなか来ないので苛立ちました。 버스가 좀처럼 오지 않아서 애가 탔습니다.

0927

칡 **갈** (葛)

칡

음 **かつ**

葛藤 갈등　葛根湯 갈근탕(칡뿌리탕)

훈 **くず**

葛 칡　葛粉 갈분, 칡가루　葛湯 갈분 암죽(칡가루 죽)

彼はお金を選ぶか、名誉を選ぶか葛藤しました。

그는 돈을 선택할지 명예를 선택할지 갈등했습니다.

葛粉を使って和菓子を作りました。 칡가루를 사용해서 화과자를 만들었습니다.

Tip 이 한자는 葛로도 쓰임

0928

덮을 **개** (蓋)

①덮다 ②뚜껑 ③하늘
④대개, 아마도

음 **がい**

蓋然性 개연성　口蓋 입천장　口蓋音 구개음(입천장을 쓰는 소리)

훈 **ふた**

蓋 뚜껑　鍋蓋 냄비 뚜껑

落し蓋 냄비 안에 쏙 들어가게 만든 작은 뚜껑

[t]や[k]の発音を口蓋音と言います。 [t]나 [k] 발음을 구개음이라고 합니다.

完全に火が通るまで、蓋を開けないでください。

완전히 익을 때까지 뚜껑을 열지 마세요.

0929

자락 **거**

자락(옷이나 이불 등 아래로
드리운 넓은 조각)

훈 **すそ**

裾 옷단, 옷자락　裾幅 옷자락 폭

お裾分け 얻은 것의 일부를 나누어 줌

雨でズボンの裾が濡れました。 비 때문에 바짓단이 젖었습니다.

実家からリンゴをたくさん送ってくれたので、友だちにお裾分けをします。

친정에서 사과를 많이 보내줘서 친구에게 나눠줍니다.

0930

☐☐

巾

수건 **건**

①수건 ②헝겊

음 きん 　布巾 행주　雑巾 걸레　巾着 주머니

古くなった布巾を新しいものに変えました。 낡은 행주를 새것으로 바꿨습니다.

雑巾で床を拭きます。 걸레로 마루를 닦습니다.

0931

☐☐

鍵

열쇠/자물쇠 **건**

①열쇠 ②자물쇠 ③건반

음 けん 　鍵盤 건반　白鍵 흰 건반　黒鍵 검은 건반

훈 かぎ 　鍵 열쇠　鍵穴 열쇠 구멍　合鍵 맞쇠, 여벌 열쇠

ピアノは88の鍵盤があります。 피아노는 88개의 건반이 있습니다.

どこかで部屋の鍵をなくしてしまいました。 어딘가에 방 열쇠를 잃어버렸습니다.

0932

☐☐

乞

빌 **걸**

①빌다 ②가난하다

훈 こう 　乞う ①바라다, 원하다 ②빌다　雨乞い 비를 빎, 기우(제)　物乞い 구걸　예외 乞食 거지

戦後は物を乞う人がいました。 전쟁 후에는 물건을 구걸하는 사람이 있었습니다.

干ばつの時、昔の人は雨乞いをしました。
가뭄 때 옛날 사람들은 기우제를 했습니다.

0933

☐☐

鎌

낫 **겸 (鎌)**

낫

훈 かま 　鎌 낫　鎌倉市 가마쿠라시(가나가와현에 있는 시)

鎌で稲を刈ります。 낫으로 벼를 벱니다.

鎌倉市には有名な大仏があります。 가마쿠라시에는 유명한 큰 불상이 있습니다.

0934

훈 **ころ**

頃 쯤, 무렵　　頃合い 적당한 시기　　近頃 최근, 요즘　　年頃 적령기
手頃 알맞음, 조건에 걸맞음

잠깐 **경**

①잠깐, 잠시 ②요즘, 요사이

焼きたてのパンができる頃合いを見て、パン屋に行きます。
갓 구운 빵이 나오는 적당한 시기를 봐서(시간에 맞춰서) 빵집에 갑니다.
手頃な大きさの手帳が買いたいです。 적당한 크기의 수첩을 사고 싶습니다.

0935

음 **こう**　　脳梗塞 뇌경색
　　きょう　　桔梗 도라지

줄기/막힐 **경**

①줄기, 가지 ②도라지
③막히다

脳梗塞の診断を受けました。 뇌경색 진단을 받았습니다.
日本では桔梗を料理に使いません。 일본에서는 도라지를 요리에 사용하지 않습니다.

0936

음 **けい**　　憧憬 동경(しょうけい로도 읽음)

동경할 **경**

동경하다

その少年はプロ野球選手に憧憬を抱いています。
그 소년은 프로야구 선수에게 동경을 품고 있습니다.

0937

음 **けい**　　稽古 익힘, 연습　　滑稽 해학, 익살　　荒唐無稽 황당무계함

상고할 **계**

①상고하다, 조사하다
②헤아리다

試合に向けて剣道の稽古をします。 시합에 대비해서 검도연습을 합니다.
予算もないのに、それは荒唐無稽な計画です。
예산도 없는데, 그것은 황당무계한 계획입니다.

0938

훈 しり

お**尻** 엉덩이　**尻込**み 꽁무니를 뺌　目**尻** 눈가, 눈꼬리

꽁무니 **고**

①꽁무니 ②엉덩이

注射しようとする医師に子どもが尻込みしています。
주사를 놓으려는 의사에게 아이가 꽁무니를 빼고 있습니다.

母が目尻のしわを気にしています。　어머니가 눈가의 주름을 걱정하고 있습니다.

0939

음 こ

股間 사타구니　**股関節** 고관절

훈 また

股 가랑이　**股下** (바지 등의) 가랑이에서 바짓부리까지의 길이

二**股** ①두 갈래 ②양다리　蟹**股** O형다리

넓적다리 **고**

①넓적다리 ②정강이

ストレッチをして股関節の運動をします。　스트레칭을 해서 고관절 운동을 합니다.

道が二股に分かれています。　길이 두 갈래로 갈라져 있습니다.

0940

음 こ

禁**錮** 금고　禁**錮刑** 금고형

막을 **고**

①막다 ②가두다

裁判官は被告に禁錮刑を言い渡しました。
판사는 피고에게 금고형을 선고했습니다.

0941

훈 なべ

鍋 냄비　**鍋料理** 냄비요리　**鍋敷**き 냄비 받침

노구솥 **과**

①노구솥(놋쇠로 만든 작은 솥) ②냄비

新婚夫婦に鍋セットをプレゼントしました。　신혼부부에게 냄비세트를 선물했습니다.

日本では冬に鍋料理をよく食べます。　일본에서는 겨울에 냄비요리를 자주 먹습니다.

꿸 관

①꿰다 ②꼬챙이

훈 くし

串 꼬챙이, 꼬치　串焼き 꼬치구이　串刺し 꼬치
くし　　　　　　　くしや　　　　　　　くしざ

肉に串を刺して、火で炙ります。 고기에 꼬치를 꽂아 불에 굽습니다.
にく　くし　さ　　　　ひ　あぶ

レストランで貝の串焼きを注文しました。
かい　くしや　ちゅうもん
레스토랑에서 조개 꼬치구이를 주문했습니다.

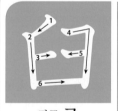

글귀/올가미 구

①글귀, 구절 ②올가미
③굽다, 휘어지다

음 こう

勾留 구류, 구금　勾配 기울기, 경사
こうりゅう　　　　　こうばい

裁判官は被告人の勾留を延期しました。 판사는 피고인의 구류를 연기했습니다.
さいばんかん　ひこくにん　こうりゅう　えんき

勾配がきつい山を登ります。 경사가 심한 산을 오릅니다.
こうばい　　　　　やま　のぼ

절구 구

①절구 ②절구질하다

음 きゅう

臼歯 어금니　大臼歯 큰어금니
きゅうし　　　　だいきゅうし

훈 うす

臼 절구, 맷돌　石臼 돌절구, 맷돌
うす　　　　　　いしうす

虫歯になった臼歯を治療します。 충치가 생긴 어금니를 치료합니다.
むしば　　　　きゅうし　ちりょう

石臼を使って小麦を粉にします。 맷돌을 사용하여 밀을 가루로 만듭니다.
いしうす　つか　こむぎ　こな

두려워할 구 (懼)

①두려워하다 ②염려하다

음 ぐ

危惧 위구(걱정하고 두려워함), 우려함
きぐ

世界の人々が地球温暖化を危惧しています。
せかい　ひとびと　ちきゅうおんだんか　きぐ
세상 사람들이 지구 온난화를 우려하고 있습니다.

0946

망아지 구
①망아지 ②젊은이

🟦훈 こま

駒 ①망아지 ②장기의 말　持ち駒 예비로 둔 사람이나 물건
手駒 부하, 수하

棋士はよく考えてから駒を動かしました。
바둑기사는 곰곰이 생각한 후 말을 옮겼습니다.
上司の手駒になって働くのが嫌になりました。
상사의 부하가 되어 일하는 것이 싫어졌습니다.

0947

굴 굴
①굴, 동굴 ②소굴

🟦음 くつ

洞窟 동굴　石窟 석굴　巣窟 소굴

洞窟の中は真っ暗でした。 동굴 안은 캄캄했습니다.
倉庫はネズミの巣窟になっていました。 창고는 쥐의 소굴이 되어 있었습니다.

0948

주먹 권 (拳)
주먹, 주먹을 쥐다

🟦음 けん

拳銃 권총　拳闘 권투　拳法 권법

🟦훈 こぶし

拳 주먹　握り拳 주먹(을 쥠), 맨주먹

拳法の世界大会が開かれました。 권법 세계대회가 열렸습니다.
彼は拳で机を叩きながら反論しました。
그는 주먹으로 책상을 치면서 반론했습니다.

0949

무너질 궤
①무너지다, 무너뜨리다
②문드러지다

🟦음 かい

潰瘍 궤양　胃潰瘍 위궤양

🟦훈 つぶす

潰す 찌그러뜨리다, 부수다　暇潰し 시간 때우기
虱潰し 이 잡듯이 샅샅이 뒤짐

つぶれる

潰れる 부서지다, 깨지다, 엉망이 되다

検査の結果、胃潰瘍でした。 검사 결과, 위궤양이었습니다.
警察はその地域を虱潰しに調べました。
경찰은 그 지역을 이 잡듯이 샅샅이 뒤졌습니다.

0950

거북 **귀** / 터질 **균** (龜)

①거북 ②터지다
③갈라지다

음 **き**
亀甲 거북의 등딱지(きっこう로도 읽음)　亀鑑 귀감, 본보기
亀裂 균열

훈 **かめ**
亀 거북이　海亀 바다거북

亀裂ができた壁を修理します。 균열이 생긴 벽을 수리합니다.

浜で亀が産卵をしています。 바닷가에서 거북이가 산란을 하고 있습니다.

0951

틈 극

①틈 ②구멍 ③여가, 짬

음 **げき**
間隙 간극, 틈　空隙 공극, 빈틈

훈 **すき**
隙 틈　隙間 틈새, 짬　隙間風 틈새 바람, 외풍

相手チームの間隙を突いて、反撃に出ました。
상대 팀의 틈을 뚫고 반격에 나섰습니다.

電車とホームの間の隙間に気をつけてください。
전철과 승강장 사이의 틈에 조심하세요.

0952

겨우 근

①겨우 ②단지 ③적다

음 **きん**
僅差 근소한 차이　僅少 근소함

훈 **わずか**
僅か ①근소함, 얼마 안 됨 ②사소함 ③불과

その候補者は僅差で当選しました。 그 후보자는 근소한 차이로 당선되었습니다.

財布には僅か1000円しかありません。 지갑에는 불과 1000엔밖에 없습니다.

Tip 이 한자는 僅로도 쓰임

0953

비단 금

①비단 ②아름답다

음 **きん**
錦繍 금수, 비단과 수(화려한 의복이나 직물)
錦秋 금추(단풍이 비단처럼 아름다운 가을)　錦鶏 금계

훈 **にしき**
錦 비단　錦鯉 비단잉어　錦絵 풍속화의 다색 판화

その花嫁は錦繍の着物を着ていました。
그 신부는 화려한 기모노를 입고 있었습니다.

子どもが錦鯉に餌をやっています。 아이가 비단잉어에게 먹이를 주고 있습니다.

어려운 한자

0954

재간 **기**

① 재간, 재능 ② 광대, 배우

음 ぎ
伎楽 기악(고대의 무언 가면극) 伎芸 기예

き
歌舞伎 가부키(일본의 민중연극)

これは伎楽に使われた仮面です。 이것은 고대의 무언 가면극에 사용된 가면입니다.
歌舞伎は14世紀に誕生しました。 가부키는 14세기에 탄생했습니다.

0955

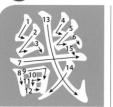

경기 **기**

① 경기 ② 영토 ③ 경계

음 き
畿内 교토 근방의 총칭

近畿地方 (교토를 중심으로 한 지방)

大阪や京都がある地域を近畿地方と言います。
오사카나 교토가 있는 지역을 긴키지방이라고 합니다.

0956

어찌 **나**

① 어찌 ② 어느, 어떤

음 な
那覇市 나하시(오키나와현의 시) 旦那 남편, 바깥양반

刹那 찰나, 순간

沖縄の那覇市には世界遺産のお城があります。
오키나와의 나하시에는 세계유산의 성이 있습니다.

故郷の写真を見た刹那、子どもの頃を思い出しました。
고향의 사진을 본 순간, 어린 시절이 생각났습니다.

0957

향내 **내**

향내

훈 におう
匂う 냄새나다 匂い 냄새

風に乗ってバラの香りが匂ってきます。 바람을 타고 장미 향기가 납니다.

キッチンからおいしそうなカレーの匂いがします。
부엌에서 맛있는 카레 냄새가 납니다.

Tip 0872 におう 참조

0958

아침 **단**

①아침 ②초하루

음 たん 　元旦 ^{がんたん} 설날　一旦 ^{いったん} 일단, 우선, 잠시

　　 だん 　旦那 ^{だん な} 남편, 바깥양반

一旦停止 ^{いったんてい し}して、安全 ^{あんぜん}を確認 ^{かくにん}します。 잠시 정지해서 안전을 확인합니다.

うちの旦那 ^{だん な}は家 ^{いえ}で何 ^{なに}もしません。 우리 남편은 집에서 아무것도 안 합니다.

0959

일 **대**

①이다, 머리 위에 올려놓다
②들다 ③받들다

음 たい 　戴冠式 ^{たいかんしき} 대관식　頂戴 ^{ちょうだい} '받음'의 겸양어

훈 いただく 　戴 ^{いただ}く 받다, 얻다

新 ^{あたら}しい国王 ^{こくおう}の戴冠式 ^{たいかんしき}が行 ^{おこな}われました。 새 국왕의 대관식이 거행되었습니다.

参加費 ^{さん か ひ}として1000円 ^{えん}を頂戴 ^{ちょうだい}します。 참가비로써 1000엔을 받습니다.

0960

내기 **도**

①내기 ②노름, 도박

음 と 　賭博 ^{と ばく} 도박　賭場 ^{と ば} 노름판, 도박장　賭 ^とする 걸다, 내기를 하다

훈 かける 　賭 ^かける 도박하다　賭 ^かけ事 ^{ごと} 내기, 도박(=賭 ^かけ)

首相 ^{しゅしょう}が「身命 ^{しんめい}を賭 ^として国政 ^{こくせい}を行 ^{おこな}う」と演説 ^{えんぜつ}しています。
총리가 '목숨을 걸고 국정을 수행하겠다'고 연설하고 있습니다.

民間 ^{みんかん}の賭 ^かけ事 ^{ごと}は禁止 ^{きん し}されています。 민간의 도박은 금지되어 있습니다.

0961

조아릴 **돈**

①조아리다 ②꺾이다
③가지런히 하다 ④갑자기

음 とん 　整頓 ^{せいとん} 정돈　頓挫 ^{とん ざ} 좌절　頓死 ^{とん し} 급사

　　　　 無頓着 ^{む とんちゃく} 무관심함, 개의치 않음(むとんじゃく로도 읽음)

ダムを建設 ^{けんせつ}する計画 ^{けいかく}が頓挫 ^{とん ざ}しました。 댐을 건설하는 계획이 좌절되었습니다.

田中 ^{た なか}さんはヘアスタイルに無頓着 ^{む とんちゃく}です。 다나카 씨는 헤어스타일에 무관심합니다.

동경할 **동**

① 동경하다 ② 그리워하다

음 どう/しょう　憧憬・憧憬 동경

훈 あこがれる　憧れる 동경하다

そのスターは多くの人にとって憧憬の的でした。
그 스타는 많은 사람들에게 동경의 대상이었습니다.

消防士に憧れて、この仕事に就くことになりました。
소방관을 동경하여 이 일에 종사하게 되었습니다.

눈동자 **동**

눈동자

음 どう　瞳孔 동공, 눈동자

훈 ひとみ　瞳 눈동자

眼科医が瞳孔を検査しています。 안과의사가 동공을 검사하고 있습니다.

西洋人の中には瞳が青い人がいます。 서양인 중에는 눈이 파란 사람이 있습니다.

등나무 **등 (藤)**

① 등나무 ② 덩굴

음 とう　葛藤 갈등

훈 ふじ　藤 등나무　藤色 연보라　藤棚 등나무 시렁

彼女はダイエット中なので、ケーキを食べるか食べないか葛藤しました。
그녀는 다이어트 중이라 케이크를 먹을까 말까 갈등했습니다.

5月になって藤の花が咲き始めました。 5월이 되어 등나무 꽃이 피기 시작했습니다.

매울 **랄**

① 맵다 ② 언행이 엄혹하다

음 らつ　辛辣 신랄함　悪辣 악랄함　辣腕 일을 처리하는 놀라운 솜씨
辣韭 락교

野党が辛辣に与党を批判しています。 야당이 신랄하게 여당을 비판하고 있습니다.

彼はプロジェクトを成功させるため辣腕を振るいました。
그는 프로젝트를 성공시키기 위해 일을 민첩하게 처리했습니다.

0966

남기 **람**

①남기 ②산바람

음 らん

晴嵐(せいらん) 상쾌한 바람　青嵐(せいらん) 청람(신록의 계절에 부는 상쾌한 바람)

훈 あらし

嵐(あらし) 광풍, 폭풍(우)　砂嵐(すなあらし) 모래폭풍

気(き)持(も)ちのよい青嵐(せいらん)が吹(ふ)いています。 기분 좋은 상쾌한 바람이 불고 있습니다.

嵐(あらし)に備(そな)えて、船(ふね)を岸(きし)につなぎます。 폭풍에 대비하여 배를 물가에 묶어 놓습니다.

0967

쪽 **람 (藍)**

①쪽, 남빛 ②절, 사찰

음 らん

伽藍(がらん) 가람(절의 큰 건물)

훈 あい

藍(あい) 쪽빛　藍色(あいいろ) 쪽빛, 남색　藍染(あいぞ)め 남색으로 염색함

このお寺(てら)の伽藍(がらん)は中国式(ちゅうごくしき)です。 이 절의 가람은 중국식입니다.

彼女(かのじょ)は藍色(あいいろ)の浴衣(ゆかた)がよく似合(にあ)います。 그녀는 남색의 유카타가 잘 어울립니다.

어려운 한자

0968

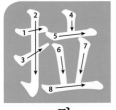

끌 **랍**

끌다, 끌고가다

음 ら

拉致(らち) 납치

警察(けいさつ)が拉致事件(らちじけん)の捜査(そうさ)を始(はじ)めました。 경찰이 납치 사건의 수사를 시작했습니다.

0969

법칙 **려**

①법칙 ②음률

음 ろ

呂律(ろれつ) 말투, 말씨　風呂(ふろ) 목욕(탕), 욕조　風呂敷(ふろしき) 보자기

語呂(ごろ) 어조

呂律(ろれつ)が回(まわ)らなくなるまで、お酒(さけ)を飲(の)みました。

혀가 잘 돌아가지 않을 때까지 술을 마셨습니다.

贈(おく)り物(もの)を風呂敷(ふろしき)で包(つつ)みます。 선물을 보자기로 쌉니다.

0970

짝 려

①짝 ②벗 ③동반하다

음 りょ　　伴侶 반려, 동반자　　僧侶 승려, 중

結婚式でお互いが伴侶になることを誓います。
결혼식에서 서로 동반자가 될 것을 맹세합니다.

僧侶がお経を読んでいます。 승려가 불경을 읽고 있습니다.

0971

산기슭 록

산기슭

음 ろく　　山麓 산록, 산기슭

훈 ふもと　　麓 산기슭

富士山の山麓には森が広がっています。 후지산의 산기슭에는 숲이 펼쳐져 있습니다.

麓から山の頂上が見えます。 산기슭에서 산의 정상이 보입니다.

0972

희롱할 롱

①희롱하다 ②가지고 놀다
③즐기다

음 ろう　　愚弄 우롱　　嘲弄 조롱　　翻弄 농락함

훈 もてあそぶ　　弄ぶ ①가지고 놀다 ②심심풀이로 즐기다 ③농락하다

人を嘲弄する発言をやめてください。 사람을 조롱하는 발언을 하지 마세요.

市民は「政治を弄んでいる」と大統領を非難しました。
시민은 '정치를 농락하고 있다'며 대통령을 비난했습니다.

0973

대바구니 롱

①대바구니 ②틀어박히다

음 ろう　　籠城 농성, 틀어박힘　　灯籠 등롱

훈 かご　　籠 바구니

こもる　　籠もる 틀어박히다

学校と対立した学生が教室で籠城して抗議しました。
학교와 대립한 학생이 교실에서 농성하며 항의했습니다.

雨が降っているので、部屋に籠もって本を読んでいます。
비가 오고 있어서, 방에 틀어박혀 책을 읽고 있습니다.

0974

賂

뇌물 **뢰**

뇌물

음 **ろ**　賄賂 뇌물 (わいろ)

훈 **まいない**　賂 뇌물 (まいない)

賄賂を贈ることは違法行為です。 뇌물을 주는 것은 위법행위입니다.

賂を「袖の下」とも言います。 뇌물을 '소매 아래'라고도 합니다.

0975

瞭

밝을 **료**

①눈이 밝다 ②뚜렷하다
③분명하다

음 **りょう**　明瞭 명료함 (めいりょう)　不明瞭 불명료함, 분명하지 않음 (ふめいりょう)

問い合わせても明瞭な答えが返ってきません。
문의해도 명료한 대답이 돌아오지 않습니다.

電話の声が不明瞭で聞き取れません。
전화 목소리가 분명하지 않아 알아들을 수 없습니다.

0976

瑠

맑은 유리 **류**

유리

음 **る**　瑠璃 칠보의 하나, 청금석 (るり)　瑠璃色 자색을 띤 짙은 청색 (るりいろ)
　　　　浄瑠璃 조루리(일본 전통 예능의 하나) (じょうるり)

プレゼントに瑠璃色のグラスを贈りました。 선물로 청색 잔을 주었습니다.

「浄瑠璃」は日本の伝統芸能の一つです。 '조루리'는 일본 전통예능 중 하나입니다.

0977

慄

떨릴 **률**

①떨리다 ②두려워하다

음 **りつ**　戦慄 전율(두려움이나 분노로 떪) (せんりつ)　慄然 두려워 오싹해지는 모양 (りつぜん)

脅迫状が来て戦慄しました。 협박장이 와서 전율했습니다.

人々は、その国がミサイルを発射したというニュースに慄然としました。
사람들은 그 나라가 미사일을 발사했다는 뉴스에 오싹했습니다.

어려운 한자

0978

음 **り**

瑠璃 칠보의 하나, 청금석 　玻璃 수정의 별칭

瑠璃は青色に光る宝石です。 청금석은 청색으로 빛나는 보석입니다.
玻璃は水晶の別称です。 하리는 수정의 별칭입니다.

유리 **리**

유리

0979

음 **まい**

曖昧 애매함 　贅沢三昧 매우 호화로움

彼は曖昧な態度で、私の質問に答えませんでした。
그는 애매한 태도로 나의 질문에 대답하지 않았습니다.
宝くじが当たった彼は贅沢三昧の日々を過ごしました。
복권이 당첨된 그는 매우 호화로운 나날을 보냈습니다.

어두울 **매**

날이 어둡다

0980

음 **ば**

罵倒 매도, 몹시 욕함 　罵声 욕하는 소리, 욕설

훈 **ののしる**

罵る 매도하다, 욕설을 하다

国会で罵声が飛び交っています。 국회에서 욕설이 난무하고 있습니다.
ボールを取り損なった外野手を観客が罵っています。
볼을 놓친 외야수를 관객이 욕하고 있습니다.

꾸짖을 **매**

①꾸짖다 ②욕하다

0981

음 **めん**

麺 면 　麺棒 밀대 　素麺 소면 　乾麺 건면
製麺所 제면소(면을 만드는 곳)

麺棒でパン生地を伸ばします。 밀대로 반죽을 늘립니다.
日本では夏に素麺をよく食べます。 일본에서는 여름에 소면을 자주 먹습니다.

밀가루 **면** (麵)

①밀가루 ②국수

업신여길 멸 (蔑)
①업신여기다 ②모독하다

음 **べつ**　蔑視 멸시　軽蔑 경멸　侮蔑 모멸, 멸시

훈 **さげすむ**　蔑む 얕보다, 경멸하다

浮気をした彼は人々から軽蔑されました。
바람을 핀 그는 사람들로부터 경멸당했습니다.

市民は公約を守らなかった市長を蔑みました。
시민은 공약을 지키지 않은 시장을 경멸했습니다.

어두울 명
①날이 어둡다 ②아득하다
③저승 ④신의 이름

음 **めい**　冥福 명복　冥王星 명왕성　冥土 황천

　みょう　冥利 명리(은연 중에 입는 신불의 은혜, 선행의 결과로 보답받는 행복)

冥福を祈って、お墓に花を供えました。 명복을 빌며 무덤에 꽃을 바쳤습니다.

卒業生から感謝の言葉をもらって、教師冥利に尽きます。
졸업생으로부터 감사의 말을 받고, 교사로서 더없이 행복합니다.

모양 모
①모양 ②얼굴 ③자태

음 **ぼう**　美貌 미모　変貌 변모　容貌 용모　全貌 전모

リニューアルして美術館は驚くほどの変貌を遂げました。
새롭게 단장을 해서 미술관은 놀랄 정도로 변모했습니다.

逃げた犯人の容貌を警察に話しました。
도망친 범인의 용모를 경찰에게 말했습니다.

화목할 목
①화목하다 ②친하다

음 **ぼく**　親睦 친목　和睦 화목, 화친

훈 **むつまじい**　睦まじい 사이가 좋다, 정답다, 화목하다

カラオケ大会を開いて同僚と親睦を深めます。
노래방에서 노래 대회를 열어 동료들과 친목을 다집니다.

その夫婦は生涯、睦まじく暮らしました。 그 부부는 평생 화목하게 살았습니다.

어려운 한자

0986

미륵 **미** (彌)

미륵

음 み
弥勒菩薩 미륵보살

훈 や
弥生 음력 3월

弥生時代 야요이시대(일본의 기원전 5세기~기원후 3세기)

韓国と日本にはよく似た弥勒菩薩の像があります。
한국과 일본에는 아주 닮은 미륵보살의 불상이 있습니다.

日本の紀元前5世紀から紀元後3世紀までを弥生時代と言います。
일본의 기원전 5세기부터 기원후 3세기까지를 야요이시대라고 합니다.

0987

눈썹 **미**

눈썹

음 び
柳眉 가늘고 예쁜 눈썹　　白眉 백미, 가장 뛰어난 것

み
眉間 미간

훈 まゆ
眉 눈썹　　眉毛 눈썹

夏目漱石の作品の中で白眉と言えるのは『こころ』です。
나쓰메 소세키의 작품 중 백미라 할 수 있는 것은 『마음』입니다.

口紅を塗って、眉毛を描いて化粧を直しました。
립스틱을 바르고 눈썹을 그려서 화장을 고쳤습니다.

0988

수수께끼 **미**

수수께끼

훈 なぞ
謎 수수께끼　　謎々 수수께끼　　謎解き 수수께끼 풀이

宇宙には色々な謎があります。 우주에는 여러 수수께끼가 있습니다.

レクリエーションで司会者が謎々を出しています。
레크리에이션에서 사회자가 수수께끼를 내고 있습니다.

0989

蜜

꿀 **밀**

①꿀 ②달콤하다

음 みつ
蜜月 ①밀월 ②친밀한 관계　　蜂蜜 벌꿀, 꿀

예외 蜜柑 귤

その当時、アメリカと日本は蜜月の関係を築いていました。
그 당시 미국과 일본은 밀월관계를 형성하고 있었습니다.

ホットケーキに蜂蜜をかけます。 핫케이크에 꿀을 바릅니다.

■ 밑줄 친 한자를 바르게 읽은 것을 고르시오.

1 苛立った彼は大きな声で反論(はんろん)しはじめました。

① さかだった   ② きわだった   ③ おもだった   ④ いらだった

2 ペットボトルの蓋をしっかり閉(し)めて冷蔵庫(れいぞうこ)に入(い)れます。

① せん   ② そこ   ③ うら   ④ ふた

3 ピアニストが鍵盤を速く叩(たた)いています。

① けんぱん   ② げんぱん   ③ けんばん   ④ げんばん

4 お墓(はか)の周りの草(くさ)を鎌で刈(か)ります。

① かま   ② くわ   ③ すき   ④ はさみ

5 近頃、インフルエンザが流行(りゅうこう)しています。

① ちかころ   ② ちかごろ   ③ ぢかころ   ④ ぢかごろ

6 俳優(はいゆう)が演技(えんぎ)の稽古をしています。

① げいご   ② けいご   ③ げいこ   ④ けいこ

7 子どもが大きな犬(いぬ)を見て尻込みしています。

① しりごみ   ② しりこみ   ③ じりごみ   ④ じりこみ

8 鍋に材料(ざいりょう)を入(い)れて煮込(にこ)みます。

① やかん   ② さら   ③ なべ   ④ うつわ

9 被告人(ひこくにん)を勾留するための手続(てつづ)きをします。

① こうりゅう   ② ごうりゅう   ③ こりゅう   ④ ごりゅう

10 臼を使って小麦粉(こむぎこ)を作(つく)ります。

① きね   ② うす   ③ ぼう   ④ みの

 정답 1 ④   2 ④   3 ③   4 ①   5 ②   6 ④   7 ①   8 ③   9 ①   10 ②

11 <u>洞窟</u>の中にはコウモリがいます。

① どうくつ　　②どうぐつ　　③とうくつ　　④とうぐつ

12 不景気で会社が<u>潰れて</u>しまいました。

① かれて　　②くたびれて　　③つぶれて　　④しびれて

13 ドアの<u>隙間</u>から冷たい風が入ってきます。

① はざま　　②すきま　　③あいだ　　④はため

14 財布の中にお金が<u>僅か</u>しかありません。

① かすか　　②ひそか　　③ほのか　　④わずか

15 パンを焼く良い<u>匂い</u>がします。

① すまい　　②におい　　③かよい　　④しまい

16 お客さんからチップを<u>頂戴</u>しました。

① ちょうたい　　②ちょうだい　　③そうたい　　④そうだい

17 警察が違法な<u>賭博</u>を取り締まっています。

① どはく　　②どばく　　③とはく　　④とばく

18 子どもの時は歌手に<u>憧れて</u>いました。

① あこがれて　　②ほれて　　③こすれて　　④はずれて

19 本人に事実を言うか言わないか<u>葛藤</u>しました。

① かつとう　　②かつどう　　③かっとう　　④かっどう

20 天気予報によると、明日は<u>嵐</u>になるそうです。

① ひょう　　②あらし　　③つゆ　　④あられ

21 呂律が回らなくなるくらいにお酒を飲みました。

① ろれつ   ② りょれつ   ③ ろりょう   ④ りょりょう

22 山の麓にキャンプ場があります。

① みね   ② おね   ③ すその   ④ ふもと

23 弟がトイレに籠もったまま出てきません。

① こもった   ② たもった   ③ つもった   ④ くもった

24 明瞭な表現の文章を書くようにしてください。

① みょうりょう   ② みょうれい   ③ めいりょう   ④ めいれい

25 人々はその事件のニュースを聞いて戦慄しました。

① せんりゅう   ② せんりつ   ③ そんりゅう   ④ そんりつ

26 彼は曖昧なことを言って、きちんと返事をしませんでした。

① えいまい   ② あいまい   ③ えいまつ   ④ あいまつ

27 その上司は部下をひどく罵りました。

① はばかり   ② こわばり   ③ しかり   ④ ののしり

28 女性を侮蔑する人は好きではありません。

① ぶべつ   ② ふべつ   ③ ぶへい   ④ ふへい

29 事件を目撃した人は犯人の容貌を覚えていました。

① ゆうぼう   ② ゆうもう   ③ ようぼう   ④ ようもう

30 宇宙には科学者でも分からない謎が多くあります。

① なぞ   ② くらやみ   ③ あな   ④ へこみ

60 자

剝	斑	勃	氾	汎	璧	餅	蜂
벗길 박	아롱질 반	노할 발	넘칠 범	넓을 범	구슬 벽	떡 병	벌 봉
訃	釜	沙	爽	塞	羨	腺	膳
부고 부	가마 부	모래 사	시원할 상	변방 새/막힐 색	부러워할 선	샘 선	반찬 선
醒	遡	遜	袖	羞	須	瘦	誰
깰 성	거스를 소	겸손할 손	소매 수	부끄러울 수	모름지기 수	여윌 수	누구 수
膝	柿	拭	腎	芯	牙	顎	俺
무릎 슬	감나무 시	씻을 식	콩팥 신	골풀 심	어금니 아	턱 악	나 암
闇	挨	崖	曖	冶	瘍	臆	捻
숨을 암	밀칠 애	언덕 애	희미할 애	풀무 야	헐 양	가슴 억	비틀 염
艶	詣	傲	沃	瓦	宛	玩	旺
고울 염	이를 예	거만할 오	기름질 옥	기와 와	완연할 완	희롱할 완	왕성할 왕
畏	妖	湧	鬱	怨	喩	萎	淫
두려워할 외	요사할 요	물 솟을 용	답답할 울	원망할 원	깨우칠 유	시들 위	음란할 음
椅	餌	溺	咽				
의자 의	미끼 이	빠질 익	목구멍 인				

0990

벗길 **박**

①벗기다, 벗겨지다
②깎다

음 **はく**   剝製 박제   剝離 박리(벗겨져 떨어짐)   剝奪 박탈

훈 **はがす**   剝がす 벗기다, 떼다

   はぐ   剝ぐ 벗기다

   はがれる   剝がれる 벗겨지다, 벗어져 떨어지다

   むく   剝く (껍질 등을) 벗기다, 까다

この博物館には希少な動物の剝製があります。
이 박물관에는 희귀 동물의 박제가 있습니다.

古い壁紙を剝がして、新しいものに変えました。
오래된 벽지를 떼어내고 새로운 것으로 바꾸었습니다.

剝がれたポスターを張りなおしました。 떨어진 포스터를 다시 붙였습니다.

梨を剝いて食べました。 배를 깎아 먹었습니다.

Tip 이 한자는 剝로도 쓰임

0991

아롱질 **반**

①아롱지다 ②얼룩
③얼룩진 무늬

음 **はん**   斑点 반점   白斑 백반   蒙古斑 몽고반점

훈 **まだら**   斑 반점   斑模様 얼룩무늬

   ぶち   斑 얼룩(배기)

うずらの卵には黒と白の斑点があります。
메추라기 알에는 검은색과 흰색의 반점이 있습니다.

シカやイノシシの赤ちゃんには斑模様があります。
사슴이나 멧돼지 새끼에는 얼룩무늬가 있습니다.

0992

노할 **발**

①노하다 ②갑작스럽다

음 **ぼつ**   勃発 발발(갑자기 일어남)   勃興 발흥(갑자기 세력이 강해짐)

中東で戦争が勃発したというニュースを見ました。
중동에서 전쟁이 발발했다는 뉴스를 봤습니다.

日本は戦後、自動車産業が勃興しました。
일본은 전쟁 후에 자동차산업이 갑자기 부흥했습니다.

0993

음 はん 氾濫 범람

氾濫した川によって大きな被害が出ました。
범람한 강으로 인해 커다란 피해가 났습니다.

넘칠 **범**

넘치다

0994

음 はん 汎用 범용(널리 여러 방면에 씀)　汎用性 범용성
汎論 범론, 통론

汎用性を重視したソフトウェアを開発しました。
범용성을 중시한 소프트웨어를 개발했습니다.
この本は文学汎論について論じています。
이 책은 문학통론에 대하여 논하고 있습니다.

넓을 **범**

①넓다 ②두루

0995

음 へき 完璧 완벽함　双璧 쌍벽

そのピアニストはコンクールで完璧な演奏をしました。
그 피아니스트는 콩쿠르에서 완벽한 연주를 했습니다.
京都大学は東京大学と双璧をなす大学です。
교토대학은 도쿄대학과 쌍벽을 이루는 대학입니다.

구슬 **벽**

①구슬 ②둥근 옥

0996

음 へい 煎餅 센베이(쌀가루를 반죽하여 얇게 구운 과자)
훈 もち 餅 떡　鏡餅 가가미모치(설날에 신불에게 올리는 떡)
尻餅 엉덩방아

埼玉県は草加煎餅が有名です。 사이타마현은 소카센베이가 유명합니다.
スキーで尻餅をついてしまいました。 스키를 타다가 엉덩방아를 찧고 말았습니다.

Tip 이 한자는 餅로도 쓰임

떡 **병**

떡

0997

음 ほう   蜂起 봉기   養蜂 양봉

훈 はち   蜂 벌   蜂蜜 벌꿀   蜂の巣 벌집

祖父は養蜂を営んでいます。 할아버지는 양봉을 하고 있습니다.

危険な蜂の巣を除去しました。 위험한 벌집을 제거했습니다.

벌 봉

벌, 꿀벌

0998

음 ふ   訃報 부보, 부음, 부고   訃告 부고   訃音 부음

その俳優の訃報に多くの人が悲しみました。
그 배우의 부고에 많은 사람들이 슬퍼했습니다.

恩師の訃告を受け取って、卒業生が集まりました。
은사의 부고를 받고 졸업생이 모였습니다.

부고 부

부고(사람의 죽음을 알림)

0999

음 ふ   関釜 부산시와 일본 시모노세키시

훈 かま   釜 솥   茶釜 차솥

関釜フェリーは釜山と下関を結んでいます。
관부페리는 부산과 시모노세키를 연결하고 있습니다.

釜でご飯を炊きました。 솥으로 밥을 지었습니다.

가마 부

가마, 가마솥

1000

음 さ   無沙汰 격조, 소식을 전하지 않음

長い間、ご無沙汰しております。いかがお過ごしですか。
오랫동안 격조했습니다. 어떻게 지내십니까?

모래 사

①모래 ②사막

1001

爽

시원할 **상**

①시원하다 ②호쾌하다
③상쾌하다

음 そう　爽快 상쾌함　颯爽 모습·태도·행동이 시원스럽고 씩씩한 모양

훈 さわやか　爽やか 시원한 모양, 상쾌한 모양, 산뜻한 모양

ビジネス街をサラリーマンが颯爽と歩いています。
비즈니스 거리를 샐러리맨이 씩씩하게 걷고 있습니다.

窓を開けると爽やかな風が入ってきました。
창문을 열자 상쾌한 바람이 들어왔습니다.

1002

塞

변방 **새** / 막힐 **색**

①변방 ②요새 ③막히다
④막다, 가리다

음 さい　要塞 요새　塞翁が馬 새옹지마

そく　閉塞 폐색　脳梗塞 뇌경색

훈 ふさぐ　塞ぐ 막다, 가리다

ふさがる　塞がる 막히다, 닫히다

山の上には昔に築かれた要塞が建っています。
산 위에는 옛날에 쌓아진 요새가 세워져 있습니다.

事故を起こした車のせいで道が塞がっています。
사고를 낸 차 때문에 도로가 막혔습니다.

1003

羨

부러워할 **선**

①부러워하다 ②탐내다

음 せん　羨望 선망

훈 うらやむ　羨む 부러워하다, 샘하다

うらやましい　羨ましい 부럽다

木村さんは誰もが羨望する生活を送っています。
기무라 씨는 누구나가 선망하는 생활을 보내고 있습니다.

外国で結婚式を挙げた友だちが羨ましいです。
외국에서 결혼식을 올린 친구가 부럽습니다.

1004

腺

샘 **선**

샘

음 せん　汗腺 땀샘　涙腺 눈물샘　扁桃腺 편도선

リンパ腺 림프선

扁桃腺が炎症を起こしました。 편도선이 염증을 일으켰습니다.

検査の結果、リンパ腺に異常が見つかりました。
검사 결과, 림프선에 이상이 발견되었습니다.

1005

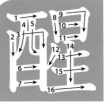

膳

반찬 **선**

①반찬 ②음식

음 ぜん

膳 밥상　　配膳 배식, 서빙　　食膳 밥상　　客膳 손님상

ホテルで配膳のアルバイトをしています。
호텔에서 서빙 아르바이트를 하고 있습니다.

客膳にたくさんの料理が並んでいました。 손님상에 많은 요리가 차려져 있었습니다.

1006

醒

깰 **성**

①술이 깨다 ②깨닫다

음 せい

覚醒 각성　　覚醒剤 각성제

훈 さめる　　醒める 깨다, 깨닫다

さます　　醒ます 깨우다, (술기운을) 깨게 하다

覚醒剤の密輸犯が捕まりました。 각성제 밀수범이 잡혔습니다.

お酒の酔いを醒ましてから家に帰ります。 술의 취기를 깬 후에 집에 돌아갑니다.

1007

遡

거스를 **소**

①거스르다 ②거슬러 올라
가다

음 そ

遡上 소상, 상류로 거슬러 올라감　　遡及 소급

훈 さかのぼる　　遡る ①거슬러 올라가다 ②되돌아가다

未払いの給料を遡及して請求しました。
아직 받지 못한 월급을 소급해서 청구했습니다.

遡ると、妻との出会いは10年前の出来事がきっかけでした。
거슬러 올라가면, 아내와의 만남은 10년 전 사건이 계기였습니다.

1008

遜

겸손할 **손**

①겸손하다 ②못하다

음 そん

遜色 손색　　謙遜 겸손　　不遜 불손함

훈 へりくだる　　遜る 겸양하다, 자기를 낮추다

田中さんの英語の発音はネイティブスピーカーのものと比べても遜色が
ありません。
다나카 씨의 영어 발음은 원어민의 것과 비교해도 손색이 없습니다.

日本語特有の遜った言い方を勉強します。 일본어 특유의 겸양 표현을 공부합니다.

소매 **수**

소매

음 しゅう　領袖 우두머리, 대표

훈 そで　袖 소매　半袖 반팔　長袖 긴 소매의 옷, 긴팔

各政党の領袖が集まって会議を開きました。
각 정당의 대표가 모여서 회의를 열었습니다.

夏になったので半袖を着ました。 여름이 되어서 반팔을 입었습니다.

부끄러울 **수**

①부끄러워하다 ②수치

음 しゅう　羞恥 수치　羞恥心 수치심

子どもが大きくなって羞恥心が芽生えたようです。
아이가 커서 수치심이 생긴 것 같습니다.

모름지기 **수**

①모름지기 ②틀림없이
③반드시

음 す　必須 필수　急須 조그만 주전자

훈 すべからく　須く 모름지기, 마땅히

車を運転するには免許証を持っていることが必須です。
차를 운전하려면 면허증을 소지하고 있는 것이 필수입니다.

人は須く幸せになるべきです。 사람은 모름지기 행복해져야 합니다.

여윌 **수 (瘦)**

①여위다 ②마르다

음 そう　瘦身 야윈 몸　長身瘦躯 키 크고 마른 몸

훈 やせる　瘦せる 마르다, 살이 빠지다

長身瘦躯の体型を活かしてモデルになりました。
키가 크고 마른 몸의 체형을 살려서 모델이 되었습니다.

健康のために少し瘦せなければなりません。 건강을 위해 살을 조금 빼야 합니다.

1013

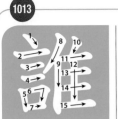

누구 **수**

누구

음 だれ

誰 누구 　誰か 누군가

誰かがドアをノックしています。 누군가가 문을 노크하고 있습니다

1014

무릎 **슬**

무릎

음 しつ

膝蓋骨 슬개골, 무릎뼈

훈 ひざ

膝 무릎 　膝下 슬하 　膝頭 무릎

膝蓋骨にひびが入る怪我をしました。 무릎뼈에 금이 가는 부상을 입었습니다.

その師匠の膝下に多くの弟子が集まりました。
그 스승의 슬하에 많은 제자가 모였습니다.

1015

감나무 **시**

①감나무 ②감

음 し

熟柿 홍시

훈 かき

柿 감 　干し柿 곶감 　渋柿 떫은 감

熟柿を使ってゼリーを作ります。 홍시를 사용하여 젤리를 만듭니다.

干し柿が甘くて、とてもおいしいです。 곶감이 달아서 매우 맛있습니다.

1016

씻을 **식**

①씻다 ②닦다

음 しょく

払拭 불식(말끔하게 씻어 없앰), 일소

훈 ふく

拭く 닦다

ぬぐう

拭う 닦다, 씻다 　手拭い 수건

社員たちは悪くなった会社のイメージを払拭しようとしました。
사원들은 나빠진 회사의 이미지를 말끔히 없애려고 했습니다.

農夫が汗を拭いながら作業しています。 농부가 땀을 닦으며 작업하고 있습니다.

어려운 한자

1017

콩팥 신

콩팥

음 じん 腎臓 신장, 콩팥   腎盂 신우   腎盂炎 신우염

腎臓の移植手術をします。 신장 이식수술을 합니다.

腎臓で作られた尿は腎盂へ運ばれます。
신장에서 만들어진 소변은 신우로 옮겨집니다.

1018

골풀 심

①골풀 ②등심초

음 しん 芯 심, 심지

鉛筆の芯を削ります。 연필심을 깎습니다.

1019

어금니 아

①어금니
②대장기(대장깃발)

음 が 牙城 아성(아주 중요한 근거지를 비유적으로 이르는 말)
　　毒牙 독아, 독수(악독한 수단)   歯牙 ①치아, 이 ②말(끝)

　 げ 象牙 상아

훈 きば 牙 어금니

部長は私の提案を歯牙にもかけませんでした。 부장은 나의 제안을 무시했습니다.

牙をむいた犬が吠えています。 어금니를 드러낸 개가 짖고 있습니다.

1020

턱 악

턱

음 がく 顎関節 턱관절   顎関節症 턱관절 장애
　　上顎 상악, 위턱   下顎 하악, 아래턱

훈 あご 顎 턱   顎ひげ 턱수염   上顎 위턱   下顎 아래턱

歯学部の学生が顎関節について勉強しています。
치의학과 학생이 턱관절에 대해서 공부하고 있습니다.

今日は面接を受けるので、顎ひげをきれいに剃ります。
오늘은 면접을 보기 때문에, 턱수염을 깔끔하게 면도합니다.

1021

나 **암**

나, 자신

훈 おれ

おれ
俺 나(주로 남자가 씀)

「俺」は男性が使う一人称の言葉です。「俺(오레)」는 남성이 쓰는 1인칭 단어입니다.

1022

숨을 **암**

①숨다 ②어둡다

훈 やみ

やみ
闇 암흑　　闇夜 캄캄한 밤　　闇市 암시장　　暗闇 어둠

昔、ここにあった闇市は、現在、商店街になりました。
옛날에 여기 있던 암시장은 현재 상점가가 되었습니다.

コウモリは暗闇の中でも飛ぶことができます。
박쥐는 암흑 속에서도 날 수 있습니다.

1023

언덕 **애**

①밀치다 ②맞대다

음 あい

あいさつ
挨拶 인사

子どもたちが先生に挨拶しています。 아이들이 선생님께 인사하고 있습니다.

1024

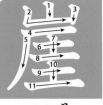

언덕 **애**

①언덕 ②벼랑

음 がい
훈 がけ

だんがい
断崖 절벽, 낭떠러지　　断崖絶壁 층암절벽

がけ
崖 벼랑, 절벽

その登山家は断崖を登って行きました。 그 산악인은 절벽을 올라갔습니다.

車が崖から転落する事故が起きました。
차가 벼랑에서 굴러 떨어지는 사고가 일어났습니다.

어려운 한자

1025

희미할 애

① 희미하다 ② 흐리다

🔘음 **あい**

曖昧 애매함

将来の夢は、まだ決まっていなくて曖昧です。
장래의 꿈은 아직 정해져 있지 않아 애매합니다.

1026

풀무 야

① 풀무, 용광로 ② 대장간
③ 단련하다

🔘음 **や**

冶金 야금(광석에서 금속을 골라내는 일)　陶冶 도야, 육성

특이 鍛冶 대장일　鍛冶師 대장장이

本をたくさん読んで人格を陶冶します。
책을 많이 읽어서 인격을 도야합니다(기릅니다).

その鍛冶師は伝統を守って刀を作りました。
그 대장장이는 전통을 지켜서 검을 만들었습니다.

1027

헐 양

① 헐다 ② 종기 ③ 부스럼

🔘음 **よう**

腫瘍 종양　潰瘍 궤양　胃潰瘍 위궤양

膿瘍 농양(신체의 조직 속에 고름이 괴는 증세)

手術で腫瘍を切除しました。 수술로 종양을 절제했습니다.

ストレスで胃潰瘍になりました。 스트레스로 위궤양에 걸렸습니다.

1028

가슴 억

① 가슴 ② 마음, 생각
③ 기운이 막히다

🔘음 **おく**

臆する 겁내다　臆病 겁이 많음　臆病者 겁쟁이

臆面 기가 죽은 모양, 주눅 든 얼굴

田中さんは臆することなく会議で意見を言いました。
다나카 씨는 겁내지 않고 회의에서 의견을 말했습니다.

うちの犬は臆病な性格です。 우리 집 개는 겁이 많은 성격입니다.

捻

비틀 염
①비틀다 ②꼬다

- 음 ねん 　捻挫 염좌, 삠 　捻出 ①염출, 변통함 ②생각해 냄, 짜냄
- 훈 ひねる 　捻る 삐다

少ない収入から家賃を捻出します。 적은 수입에서 집세를 냅니다.

登山をしている時に足首を捻りました。 등산을 할 때 발목을 삐었습니다.

艶

고울 염
①곱다 ②아름답다 ③광택

- 음 えん 　妖艶 요염함 　豊艶 풍염(풍만하고 아름다움)
- 훈 つや 　艶 윤, 광택
  - つややか 　艶やか 윤기가 돎, 반들반들함
  - あでやか 　艶やか 아름다움, 아리따움(품위 있게 고운 모양)
  - なまめかしい 　艶かしい 요염하다

妖艶な演技を見せた女優が賞をもらいました。
요염한 연기를 보여준 여배우가 상을 받았습니다.

リンスを使って髪の毛に艶を出します。
린스를 사용해서 머리카락에 윤을 냅니다.

彼女は艶やかなシルクのスカーフを巻いていました。
그녀는 반지르르한 실크 스카프를 두르고 있었습니다.

艶やかなドレスを着た新婦が結婚式を挙げています。
아름다운 드레스를 입은 신부가 결혼식을 올리고 있습니다.

ダンサーが艶かしいダンスを踊っています。
댄서가 요염한 춤을 추고 있습니다.

어려운 한자

詣

이를 예
①이르다 ②참배하다

- 음 けい 　参詣 참예, 참배
  - 造詣 조예(학문·예술 등의 분야에 지식과 경험이 깊은 경지에 이름)
- 훈 もうでる 　詣でる 참배하다 　初詣 새해 첫 참배

先生は韓国の文学についての造詣が深いです。
선생님은 한국 문학에 대한 조예가 깊습니다.

この神社は初詣の時に多くの人が集まります。
이 신사는 새해 첫 참배 때 많은 사람들이 모입니다.

1032

거만할 **오**

거만하다, 오만하다

🔉 ごう   傲**慢** 오만함, 거만함

その<ruby>客<rt>きゃく</rt></ruby>は<ruby>傲慢<rt>ごうまん</rt></ruby>な<ruby>態度<rt>たいど</rt></ruby>でコーヒーを<ruby>注文<rt>ちゅうもん</rt></ruby>しました。
그 손님은 거만한 태도로 커피를 주문했습니다.

1033

기름질 **옥**

기름지다, 비옥하다

🔉 よく   沃**地** 기름진 땅, 옥토   **肥**沃 비옥함   **豊**沃 비옥함, 땅이 기름짐

サツマイモは<ruby>沃地<rt>よくち</rt></ruby>ではなくてもよく<ruby>育<rt>そだ</rt></ruby>ちます。
고구마는 기름진 땅이 아니어도 잘 자랍니다.
<ruby>肥料<rt>ひりょう</rt></ruby>を<ruby>使<rt>つか</rt></ruby>って<ruby>土地<rt>とち</rt></ruby>を<ruby>肥沃<rt>ひよく</rt></ruby>にします。 비료를 사용해서 땅을 비옥하게 합니다.

1034

기와 **와**

①기와 ②질그릇

🔉 が   瓦**礫** ①와륵(기와와 자갈) ②쓰레기, 잔해   瓦**解** 와해   **煉**瓦 벽돌
🔉 かわら   瓦 기와   瓦**屋根** 기와 지붕

<ruby>地震<rt>じしん</rt></ruby>で<ruby>壊<rt>こわ</rt></ruby>れた<ruby>建物<rt>たてもの</rt></ruby>の<ruby>瓦礫<rt>がれき</rt></ruby>を<ruby>片付<rt>かたづ</rt></ruby>けます。 지진으로 무너진 건물의 잔해를 정리합니다.
<ruby>大工<rt>だいく</rt></ruby>さんが<ruby>瓦<rt>かわら</rt></ruby>を<ruby>補修<rt>ほしゅう</rt></ruby>しています。 목수가 기와를 보수하고 있습니다.

1035

완연할 **완**

완연하다

🔉 あてる   宛てる (편지를) 보내다   宛**先** 수신인, 수신인의 주소
           宛**名** 수신인의 이름

<ruby>先生<rt>せんせい</rt></ruby>に<ruby>宛<rt>あ</rt></ruby>てて、<ruby>手紙<rt>てがみ</rt></ruby>を<ruby>書<rt>か</rt></ruby>きます。 선생님 앞으로 편지를 씁니다.
<ruby>私<rt>わたし</rt></ruby>の<ruby>宛名<rt>あてな</rt></ruby>で<ruby>荷物<rt>にもつ</rt></ruby>が<ruby>届<rt>とど</rt></ruby>きました。 내 앞으로 짐이 도착했습니다.

Tip 0870 あてる 참조

1036

희롱할 **완**

①희롱하다 ②놀이하다
③사랑하다

음 **がん**

玩具 완구, 장난감(おもちゃ로도 읽음)
<ruby>玩具<rt>がん ぐ</rt></ruby>

愛玩 애완(작은 동물이나 공예품을 가까이 두고 보거나 만지며 즐김)
<ruby>愛玩<rt>あいがん</rt></ruby>

愛玩用 애완용
<ruby>愛玩用<rt>あいがんよう</rt></ruby>

<ruby>子<rt>こ</rt></ruby>どもが<ruby>口<rt>くち</rt></ruby>に<ruby>入<rt>い</rt></ruby>れても<ruby>安全<rt>あんぜん</rt></ruby>な<ruby>玩具<rt>がん ぐ</rt></ruby>を<ruby>作<rt>つく</rt></ruby>ります。
아이가 입에 넣어도 안전한 장난감을 만듭니다.

<ruby>昔<rt>むかし</rt></ruby>、<ruby>日本<rt>に ほん</rt></ruby>では<ruby>愛玩用<rt>あいがんよう</rt></ruby>としてカナリアを<ruby>輸入<rt>ゆにゅう</rt></ruby>しました。
옛날에 일본에서는 애완용으로 카나리아를 수입했습니다.

1037

왕성할 **왕**

왕성하다

음 **おう**

旺盛 왕성함
<ruby>旺盛<rt>おうせい</rt></ruby>

うちは<ruby>食欲<rt>しょくよく</rt></ruby><ruby>旺盛<rt>おうせい</rt></ruby>な<ruby>子<rt>こ</rt></ruby>どもが３<ruby>人<rt>にん</rt></ruby>もいます。
우리 집에는 식욕이 왕성한 아이가 세 명이나 있습니다.

1038

두려워할 **외**

①두려워하다 ②경외하다

음 **い**

畏怖 두려워함, 두려움　畏敬 경외
<ruby>畏怖<rt>い ふ</rt></ruby>　<ruby>畏敬<rt>い けい</rt></ruby>

훈 **おそれる**

畏れる ①두려워하다 ②경외하다
<ruby>畏<rt>おそ</rt></ruby>れる

<ruby>台風<rt>たいふう</rt></ruby>の<ruby>猛威<rt>もう い</rt></ruby>に<ruby>畏怖<rt>い ふ</rt></ruby>を<ruby>感<rt>かん</rt></ruby>じます。 태풍의 맹위에 두려움을 느낍니다.

<ruby>勇猛<rt>ゆうもう</rt></ruby>な<ruby>性格<rt>せいかく</rt></ruby>の<ruby>彼<rt>かれ</rt></ruby>は<ruby>神<rt>かみ</rt></ruby>さえ<ruby>畏<rt>おそ</rt></ruby>れません。
용맹스러운 성격의 그는 신도 두려워하지 않습니다.

Tip 0029 おそれる 참조

1039

요사할 **요**

①요사하다 ②요염하다
③괴이하다 ④요괴

음 **よう**

妖精 요정　妖術 요술　妖怪 요괴, 도깨비　妖艶 요염함
<ruby>妖精<rt>ようせい</rt></ruby>　<ruby>妖術<rt>ようじゅつ</rt></ruby>　<ruby>妖怪<rt>ようかい</rt></ruby>　<ruby>妖艶<rt>ようえん</rt></ruby>

훈 **あやしい**

妖しい ①신비스럽다 ②이상하다
<ruby>妖<rt>あや</rt></ruby>しい

イギリスには<ruby>妖精<rt>ようせい</rt></ruby>の<ruby>伝説<rt>でんせつ</rt></ruby>が<ruby>多<rt>おお</rt></ruby>く<ruby>残<rt>のこ</rt></ruby>っています。
영국에는 요정의 전설이 많이 남아 있습니다.

その<ruby>女優<rt>じょゆう</rt></ruby>は<ruby>妖<rt>あや</rt></ruby>しい<ruby>演技<rt>えん ぎ</rt></ruby>で<ruby>人々<rt>ひとびと</rt></ruby>を<ruby>魅了<rt>み りょう</rt></ruby>しました。
그 여배우는 신비스러운 연기로 사람들을 매료시켰습니다.

어려운 한자

1040

물 솟을 **용**
①물이 솟다 ②솟아나다

- 음 ゆう
  湧出 용출(솟아나옴) 湧水 용수 湧泉 용천
- 훈 わく
  湧く 솟다, 솟아나다 湧き水 솟아나는 물, 용수

この町は温泉が湧出するので、多くの観光客が来ます。
이 마을은 온천이 솟아나와서 많은 관광객이 옵니다.

好きな人に告白する勇気が湧きません。
좋아하는 사람에게 고백할 용기가 (솟아)나지 않습니다.

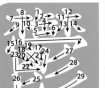

1041

답답할 **울**
①답답하다 ②우울하다

- 음 うつ
  憂鬱 우울함 沈鬱 침울함 鬱々 우울함 鬱病 우울증

雨の日がずっと続くので憂鬱です。 비 오는 날이 쭉 계속돼서 우울합니다.

悩みが解決しなくて鬱々とした日々を過ごしています。
고민이 해결되지 않아 우울한 나날을 보내고 있습니다.

1042

원망할 **원**
①원망하다 ②책망하다
③원한

- 음 えん
  怨恨 원한
- 음 おん
  怨念 원념, 원한 怨霊 원령
- 훈 うらむ
  怨む 원망하다, 분하게 여기다

怨恨が原因で、彼は事件を起こしました。
원한이 원인이 되어 그는 사건을 일으켰습니다.

無罪が認められなかった彼は世間を怨みました。
무죄를 인정받지 못한 그는 세상을 원망했습니다.

1043

깨우칠 **유**
①깨우치다 ②비유하다

- 음 ゆ
  比喩 비유 直喩 직유 隠喩 은유(간접적인 표현을 써서 특징을 설명함)
  暗喩 암유, 은유

仏教の話には、たくさんの比喩が登場します。
불교 이야기에는 많은 비유가 등장합니다.

事前の知識がないと、この詩の暗喩は理解できません。
사전 지식이 없으면, 이 시의 은유는 이해할 수 없습니다.

1044

시들 **委**

①시들다 ②쇠미하다

음 い   萎縮 위축
_{い しゅく}

훈 なえる   萎える 쇠약해지다, 기력이 빠지다
_な

しおれる   萎れる 시들다, 풀이 죽다
_{しお}

しぼむ   萎む 시들다, 오므라지다
_{しぼ}

ドル高で景気が萎縮しました。 달러가 비싸져서 경기가 위축되었습니다.
_{だか けいき いしゅく}

昼になって、朝顔の花が萎みました。 낮이 되어서 나팔꽃이 오므라졌습니다.
_{ひる あさがお はな しぼ}

1045

음란할 **淫**

음란하다

음 いん   淫乱 음란함   淫行 음행, 음란한 행동   淫靡 음미함(음란하고 문란함)
_{いんらん}   _{いんこう}   _{いん び}

훈 みだら   淫ら 음란함, 난잡함
_{みだ}

淫靡な場面があるので、この映画は18歳未満は見られません。
_{いん び ば めん えい が さい み まん み}
야한 장면이 있어서, 이 영화는 18세 미만은 볼 수 없습니다.

江戸時代には、歌舞伎は淫らであるという理由で禁止されました。
_{え ど じ だい か ぶ き みだ り ゆう きん し}
에도시대에는, 가부키는 음란하다는 이유로 금지되었습니다.

1046

의자 **椅**

의자

음 い   椅子 의자   車椅子 휠체어
_{い す}   _{くるまい す}

椅子の上に猫がいます。 의자 위에 고양이가 있습니다.
_{い す うえ ねこ}

このバスは車椅子の利用者でも乗ることができます。
_{くるまい す り ようしゃ の}
이 버스는 휠체어 이용자도 탈 수 있습니다.

1047

미끼 **餌**

①미끼 ②먹이

음 じ   擬餌 제물낚시로 된 미끼, 루어
_{ぎ じ}

훈 えさ   餌 먹이, 미끼
_{え さ}

え   餌付け 길들이기   餌食 희생물, 제물
_{え づ}   _{えじき}

釣具店で擬餌を買いました。 낚시 가게에서 루어를 샀습니다.
_{つりぐてん ぎ じ か}

一日に二回、犬に餌をやります。 하루에 두 번, 개에게 먹이를 줍니다.
_{いちにち に かい いぬ え さ}

Tip 이 한자는 餌로도 쓰임

1048

빠질 **익** (溺)

①빠지다 ②지나치다

음 **でき** 　溺死 익사　溺愛 몹시 사랑함

훈 **おぼれる** 　溺れる (물에) 빠지다

私は両親の溺愛を受けて育ちました。 나는 부모님의 많은 사랑을 받고 자랐습니다.

溺れることがあるので、この川で泳いではいけません。
물에 빠질 수 있으니, 이 강에서 수영해서는 안 됩니다.

1049

목구멍 **인**

목구멍

음 **いん** 　咽頭 인두(식도와 후두에 붙어있는 깔대기 모양의 부분)
　咽喉 인후(목구멍)　耳鼻咽喉科 이비인후과
　特이 嗚咽 오열, 흐느껴 욺

훈 **むせぶ** 　咽ぶ 목이 메다, 울다　咽び泣く 흐느껴 울다

タバコは咽頭がんを引き起こすことがあります。
담배는 인두암을 일으킬 수 있습니다.

彼は自分の無力さを嘆いて、咽び泣きました。
그는 자신의 무력함을 한탄하며 흐느껴 울었습니다.

366

■ 밑줄 친 한자를 바르게 읽은 것을 고르시오.

1 壁に貼られたポスターを剝がしました。

① ながしました　② けがしました　③ はがしました　④ こがしました

2 川の氾濫を防ぐための工事をします。

① ばいらん　　　② はいらん　　　③ ばんらん　　　④ はんらん

3 ある数学者が難問を完璧に証明しました。

① わんべき　　　② わんぺき　　　③ かんべき　　　④ かんぺき

4 蜂に刺されたので病院に行きました。

① へび　　　　　② か　　　　　　③ はち　　　　　④ あぶ

5 国民に愛された歌手の訃報のニュースを新聞で見ました。

① ぶほう　　　　② ふほう　　　　③ ぶおう　　　　④ ふおう

6 ファッションショーでモデルが颯爽と歩いています。

① さっすう　　　② そうすう　　　③ さっそう　　　④ そうそう

7 女性に人気がある佐藤さんが羨ましいです。

① うらやましい　② ねたましい　　③ なやましい　　④ ほほえましい

8 医者が患者のリンパ腺を検査しています。

① せん　　　　　② えき　　　　　③ ぶ　　　　　　④ けん

9 その人は覚醒剤を使って警察に逮捕されました。

① がくそうざい　② がくせいざい　③ かくそうざい　④ かくせいざい

10 ごはんを食べていて袖にしょう油が付きました。

① えり　　　　　② そで　　　　　③ すそ　　　　　④ たけ

11 「リジン」や「ロイシン」などを必須アミノ酸と言います。

① ひっす   ② ひっしゅ   ③ ひつす   ④ ひつしゅ

12 運動をして、少し痩せた方が良いですよ。

① させた   ② たたせた   ③ やせた   ④ かませた

13 転んで膝から血が出ました。

① あご   ② すね   ③ ひじ   ④ ひざ

14 タオルで汗を拭いました。

① ととのい   ② まかない   ③ ぬぐい   ④ ひろい

15 恐竜の牙の化石が見つかりました。

① お   ② きば   ③ つばさ   ④ うろこ

16 検査の結果、上顎に異常が見つかりました。

① うえあこ   ② うわあこ   ③ うえあご   ④ うわあご

17 夜に停電が起きて、周辺は暗闇になりました。

① くらよみ   ② くろよみ   ③ くらやみ   ④ くろやみ

18 このさきは断崖ですから危険です。

① だんがい   ② だんあい   ③ たんがい   ④ たんあい

19 検査の結果、肺に腫瘍が見つかりました。

① しゅうよう   ② しゅよう   ③ しゅうよ   ④ しゅよ

20 臆病な性格なので幽霊が怖いです。

① よくびょう   ② よくみょう   ③ おくびょう   ④ おくみょう

정답   11 ①   12 ③   13 ④   14 ③   15 ②   16 ④   17 ③   18 ①   19 ②   20 ③

21 良いシャンプーを使っているので、髪がとても艶やかです。

① かろやか　　② ささやか　　③ さわやか　　④ つややか

22 肥沃な大地でじゃがいもを栽培します。

① ひよく　　② ひおく　　③ びよく　　④ びおく

23 竜巻で瓦が飛ぶ被害が出ました。

① はしら　　② のき　　③ かわら　　④ やね

24 玩具店でクリスマスプレゼントを買いました。

① わんぐ　　② がんぐ　　③ わんく　　④ がんく

25 人々は新型ウィルスの猛威を畏怖しました。

① ゆぶ　　② いぶ　　③ ゆふ　　④ いふ

26 トンネル工事の最中に大量の水が湧出しました。

① ようしゅつ　　② ようすい　　③ ゆうしゅつ　　④ ゆうすい

27 あしたはテストがあるので憂鬱です。

① ゆびょう　　② ゆうびょう　　③ ゆうつ　　④ ゆううつ

28 雨が降らないので、花壇の花が萎れています。

① くされて　　② けがれて　　③ しおれて　　④ ただれて

29 暗喩の表現は解釈が難しいです。

① おんゆ　　② あんゆ　　③ おんい　　④ あんい

30 鹿がライオンの餌食になりました。

① えさしょく　　② えさじき　　③ えしょく　　④ えじき

정답　21 ④　　22 ①　　23 ③　　24 ②　　25 ④　　26 ③　　27 ④　　28 ③　　29 ②　　30 ④

중학교 어려운 한자 ❸

恣	狙	箸	塡	煎	詮	箋	井
마음대로 자	엿볼 저	젓가락 저	메울 전	달일 전	설명할 전	기록할 전	우물 정
爪	嘲	腫	踪	挫	肘	呪	酎
손톱 조	비웃을 조	종기 종	자취 종	꺾을 좌	팔꿈치 주	빌 주	전국술 주
曾	摯	叱	嫉	捉	刹	拶	斬
일찍 증	잡을 지	꾸짖을 질	미워할 질	잡을 착	절 찰	짓누를 찰	벨 참
采	柵	凄	脊	捗	戚	貼	諦
풍채 채	울타리 책	쓸쓸할/찰 처	등마루 척	칠 척	친척 척	붙일 첩	살필 체
椎	蹴	緻	枕	唾	綻	貪	汰
쇠몽치/등골 추	찰 축	빽빽할 치	베개 침	침 타	터질 탄	탐낼 탐	일 태
堆	妬	唄	蔽	哺	鶴	韓	桁
쌓을 퇴	샘낼 투	염불 소리 패	덮을 폐	먹일 포	학 학	한국 한	배다리 항
楷	諧	骸	舷	脇	頰	虎	虹
본보기 해	화할 해	뼈 해	뱃전 현	겨드랑이 협	뺨 협	범 호	무지개 홍
喉	嗅	毁	彙	痕			
목구멍 후	맡을 후	헐 훼	무리 휘	흔적 흔			

1050

恣

마음대로 **자**

마음대로, 제멋대로

음 し
しい　い
恣意 자의, 멋대로의 생각

훈 ほしいまま
ほしいまま
恣 제멋대로인 모양

しゃちょう　　し　い　　かいしゃ　じんじ　き
社長の恣意で会社の人事が決まります。 사장의 뜻대로 회사의 인사가 결정됩니다.

けんりょく　ほしいまま　　　どくさいしゃ　こくみん　くる
権力を恣にした独裁者は国民を苦しめました。

권력을 제멋대로 휘두른 독재자는 국민을 괴롭혔습니다.

1051

狙

엿볼 **저**

①엿보다 ②노리다

음 そ
そ げき　　　　　　　　そ げきしゅ
狙撃 저격　　狙撃手 저격수

훈 ねらう
ねら
狙う 노리다, 겨누다

ねん　　　　　　　　　　　　　　　　　　　　　　　　そ げき　　　　　　じ けん　お
1963年、ジョン・F・ケネディが狙撃される事件が起きました。

1963년, 존 F 케네디가 저격당하는 사건이 일어났습니다.

せんしゅ　　　　　　　　　　　　　　ねら　　　　　　　　　　はな
その選手はゴールポストを狙ってシュートを放ちました。

그 선수는 골대를 노려서 슛을 날렸습니다.

1052

箸

젓가락 **저**

젓가락

훈 はし
はし　　　　　　　　　　はし　お　　　　　　　　　　　　わ　ばし
箸 젓가락　　箸置き 젓가락 받침대　　割り箸 나무젓가락

さいばし
菜箸 반찬을 덜 때 쓰는 젓가락

ひがし　　　　　　おお　　　くに　　　はし　つか　　しょくじ
東アジアの多くの国では箸を使って食事をします。

동아시아의 많은 나라에서는 젓가락을 사용해서 식사를 합니다.

か　　　　　　　　べんとう　　わ　ばし　つ
コンビニで買ったお弁当には割り箸が付いています。

편의점에서 산 도시락에는 나무젓가락이 붙어 있습니다.

Tip 이 한자는 箸로도 쓰임

1053

填

메울 **전**

①메우다 ②박아 넣다
③채우다

음 てん
じゅうてん　　　　　　　　　　　　　　　　ほ てん
充填 충전(틈새를 메워서 채움)　　補填 보전, 보충

そうてん
装填 장전(총포에 탄알이나 화약을 재어 넣는 일)

しょくいん　　　　　　　　　　　　　　　　　ほ てん
職員がビュッフェのスープを補填しています。

직원이 뷔페식당의 수프를 보충하고 있습니다.

ぐんじん　たいほう　たま　そうてん
軍人が大砲に弾を装填しています。 군인이 대포에 탄알을 장전하고 있습니다.

Tip 이 한자는 塡로도 쓰임

어려운 한자

1054

음 せん 　煎餅 센베이　　煎茶 전차(엽차를 더운 물에 우린 음료)

　　　　　煎じる (약·차 등을) 달이다

훈 いる 　煎る 볶다

달일 **전**

①달이다, 끓여서 졸이다
②볶다

咳が出る時は桑の葉を煎じて飲むと良いです。
기침이 날 때는 뽕잎을 달여서 마시면 좋습니다.

コーヒー豆を煎るいい匂いがします。 커피콩을 볶는 좋은 냄새가 납니다.

1055

음 せん 　詮索 탐색(세세한 점까지 파고 듦)　　詮議 전의, 죄인의 문초·수사

　　　　　所詮 어차피, 결국, 필경

설명할 **전**

①설명하다 ②헤아려보다

その会社はライバル社の動向を詮索しました。
그 회사는 경쟁사의 동향을 탐색했습니다.

所詮、人の力は弱いものです。 어차피 사람의 힘은 약한 법입니다.

1056

음 せん 　処方箋 처방전　　付箋 찌지, 포스트잇　　便箋 편지지

기록할 **전**

①기록하다 ②찌지(간단한 쪽지) ③문서

風邪薬の処方箋をもらいました。 감기약의 처방전을 받았습니다.

教科書の重要な箇所に付箋を貼っておきました。
교과서의 중요한 부분에 포스트잇을 붙여 두었습니다.

1057

훈 とん 　牛丼 소고기덮밥　　天丼 튀김덮밥　　親子丼 닭고기 계란덮밥

　　　　　どんぶり 丼 ①사발 ②덮밥

우물 **정**

우물

今日は出前で天丼を食べました。 오늘은 배달로 튀김덮밥을 먹었습니다.

丼を洗って、食器棚に戻します。 사발을 씻어서 식기장에 넣습니다.

손톱 조

손톱

훈 つめ　　爪 손톱　爪切り 손톱깎이

つま　　爪先 발끝　爪楊枝 이쑤시개

爪が長く伸びたので切ります。 손톱이 길게 자라서 깎습니다.

靴が小さくて、爪先が痛いです。 신발이 작아서 발끝이 아픕니다.

비웃을 조

①비웃다 ②조롱하다

음 ちょう　嘲笑 조소, 비웃음　嘲弄 조롱　自嘲 자조(자기를 비웃음)

훈 あざける　嘲る 조소하다, 비웃다

彼は自分の失敗を話して、自嘲的な態度を見せました。

그는 자신의 실패를 이야기하며, 자조적인 태도를 보였습니다.

私が失敗を繰り返しても、彼は嘲りませんでした。

내가 실수를 반복해도, 그는 비웃지 않았습니다.

어려운 한자!

종기 종

①종기 ②부스럼
③부르트다

음 しゅ　腫瘍 종양　浮腫 부종　子宮筋腫 자궁근종

훈 はれる　腫れる 붓다

はらす　腫らす 붓게 하다

産婦人科で子宮筋腫の検査を受けました。

산부인과에서 자궁근종 검사를 받았습니다.

蜂に刺されて腕が腫れました。 벌에 쏘여서 팔이 부었습니다.

자취 종

자취, 흔적

음 そう　失踪 실종

失踪した息子を家族が探しています。 실종된 아들을 가족이 찾고 있습니다.

1062

꺾을 **좌**

① 꺾다, 부러지다
② 기세가 꺾이다

🔊 **ざ**   挫折 좌절   捻挫 염좌, 삠   頓挫 좌절

彼は何度失敗しても挫折しませんでした。
그는 몇 번이나 실패해도 좌절하지 않았습니다.

足を捻挫したので、湿布を貼りました。 발을 삐어서 파스를 붙였습니다.

1063

팔꿈치 **주**

팔꿈치

🔊 **ひじ**   肘 팔꿈치   肘掛け 팔걸이   肘掛け椅子 팔걸이 의자

転んで肘を擦りむきました。 넘어져서 팔꿈치가 까졌습니다.

家具店で肘掛け椅子を買いました。 가구점에서 팔걸이 의자를 샀습니다.

1064

빌 **주**

① 빌다, 기원하다 ② 저주
하다 ③ 주술을 부리다

🔊 **じゅ**   呪文 주문   呪術 주술   呪詛 저주
        呪縛 주박(주술의 힘으로 움직이지 못하게 함)

🔊 **のろう**   呪う 저주하다

祈祷師が何かの呪術を行っています。 무당이 어떤 주술을 행하고 있습니다.

自分の不運な運命を呪いました。 자신의 불운한 운명을 저주했습니다.

1065

전국술 **주**

① 전국술(진국의 술)
② 술을 빚다

🔊 **ちゅう**   焼酎 소주

ビールより焼酎の方が好きです。 맥주보다 소주를 더 좋아합니다.

1066

일찍 **증 (曾)**

①일찍 ②이미 ③이전에

음 そう

| 曾孫 증손(자) | 曾祖父 증조부 | 曾祖母 증조모 |

「曾孫」は「ひまご」とも言います。 '증손자'는 '히마고'라고도 합니다.

一族で曾祖母の誕生日を祝いました。 가족 모두가 증조모의 생신을 축하했습니다.

1067

잡을 **지**

①잡다 ②지극하다

음 し

真摯 진지함

彼は私の質問に真摯に答えました。 그는 나의 질문에 진지하게 대답했습니다.

1068

꾸짖을 **질**

①꾸짖다 ②소리치다

음 しつ

| 叱責 질책 | 叱咤 질타 |

훈 しかる

叱る 야단치다, 나무라다

野党の議員が首相を叱責しました。 야당의원이 총리를 질책했습니다.

勉強しない子どもを母親が叱っています。
공부하지 않는 아이를 엄마가 야단치고 있습니다.

1069

미워할 **질**

①미워하다 ②시샘하다
③투기하다

음 しつ

| 嫉妬 질투 | 嫉妬心 질투심 |

훈 ねたむ

嫉む 질투하다

ねたましい

嫉ましい 샘이 나다, 질투나다

行きすぎた嫉妬心は関係を壊してしまいます。
지나친 질투심은 관계를 망쳐버립니다.

女性にもてる木村さんが嫉ましいです。
여성에게 인기가 있는 기무라 씨에게 샘이 납니다.

1070

잡을 **착**

잡다, 쥐다

음 そく 捕捉 포착

훈 とらえる 捉える ①잡다 ②파악하다

監視カメラが逃げた犯人の姿を捕捉しました。

감시카메라가 도망친 범인의 모습을 포착했습니다.

気象衛星が雨雲の動きを捉えています。

기상위성이 비구름의 움직임을 파악하고 있습니다.

1071

절 **찰**

절, 사찰

음 さつ 古刹 고찰, 옛 절　名刹 명찰, 유명한 절

せつ 刹那 찰나, 순간

海印寺は韓国を代表する名刹の一つです。

해인사는 한국을 대표하는 유명한 절 중 하나입니다.

刹那の楽しみを求める生活を改めます。

순간의 즐거움을 추구하는 생활을 바꾸겠습니다.

1072

짓누를 **찰**

짓누르다

음 さつ 挨拶 인사

子どもたちが大きな声で挨拶をしています。

아이들이 큰 목소리로 인사를 하고 있습니다.

1073

벨 **참**

①베다 ②끊다

음 ざん 斬新 참신함　斬首 참수(목을 벰)　斬殺 참살(끔찍하게 죽임)

훈 きる 斬る ①베다 ②날카롭게 비판하다

斬新なデザインの車が発売されました。 참신한 디자인의 차가 발매되었습니다.

評論家の世相を斬る意見に人々が共感しています。

평론가의 세상을 날카롭게 비판하는 의견에 사람들이 공감하고 있습니다.

1074

음 **さい**

采 주사위 采配 ①지휘채 ②지휘, 지시

風采 ①풍채(드러나 보이는 사람의 겉모양) ②체면

풍채 **채**

①풍채 ②주사위

野球チームの監督が選手を采配しています。
야구팀 감독이 선수를 지휘하고 있습니다.

入社してから一度も昇進できないので、風采が上がりません。
입사하고 나서 한 번도 승진을 못해서 체면이 안 섭니다.

1075

음 **さく**

柵 울타리

울타리 **책**

①울타리 ②목책

道路と公園を柵で仕切ります。 도로와 공원을 울타리로 구획합니다(구분지어 나눕니다).

1076

음 **せい**

凄惨 처참함 凄絶 처절함

훈 **すごい**

凄い 굉장하다, 대단하다

すさまじい

凄まじい 무시무시하다, 굉장하다

쓸쓸할/찰 **처**

①쓸쓸하다 ②처량하다
③날씨가 차다 ④무성하다

戦争で多くの人が凄惨な体験をしました。
전쟁에서 많은 사람들이 처참한 경험을 했습니다.

凄まじい勢いで伝染病が広がっています。
굉장한 기세로 전염병이 확산되고 있습니다.

1077

음 **せき**

脊椎 척추 脊髄 척수 脊柱 척주, 등뼈

등마루 **척**

①등마루 ②등골뼈

脊椎ヘルニアの手術をします。 척추디스크 수술을 합니다.

彼は脊髄が炎症を起こして入院しました。 그는 척수에 염증이 생겨서 입원했습니다.

어려운 한자

377

1078

칠 **척**

①치다 ②때리다

음	ちょく
훈	はかどる

進捗 진척

捗る 진척되다

プロジェクトの進捗を上司に報告します。
프로젝트의 진척(사항)을 상사에게 보고합니다.

何だか今日は仕事が捗りません。 왠지 오늘은 일이 진척되지 않습니다.

Tip 이 한자는 捗로도 쓰임

1079

친척 **척**

친척, 일가

음	せき

親戚 친척   遠戚 먼 친척   姻戚 인척

親戚の引っ越しを手伝いました。 친척의 이사를 도왔습니다.

彼は私の遠戚に当たります。 그는 나의 먼 친척에 해당됩니다.

1080

붙일 **첩**

붙이다, 붙다

음	ちょう/てん
훈	はる

貼付・貼付 붙임

貼る 붙이다

申請書には必ず顔写真を貼付してください。
신청서에는 반드시 얼굴 사진을 붙여 주세요.

封筒に切手を貼ってポストに入れます。 봉투에 우표를 붙여서 우체통에 넣습니다.

1081

살필 **체**

①살피다 ②자세히 알다

음	てい
훈	あきらめる

諦念 ①체념, 단념 ②도리를 깨달음
諦観 ①명확히 본질을 봄 ②체념함

諦める 포기하다, 단념하다   諦め 체념, 단념

彼は自分の無力さを諦念しました。 그는 자신의 무력함을 깨달았습니다.

彼女は諦めないで英語の勉強を続けました。
그녀는 포기하지 않고 영어공부를 계속했습니다.

1082

쇠몽치/등골 **추**

①쇠몽치, 몽치 ②등골,
등뼈

음 **つい**　脊椎 척추　頸椎 경추, 목등뼈

예외 椎茸 표고버섯

車の事故で頸椎を痛めました。 차 사고로 경추를 다쳤습니다.

ここで椎茸を栽培しています。 여기에서 표고버섯을 재배하고 있습니다.

1083

찰 **축**

발로 차다

음 **しゅう**　一蹴 일축(제안이나 부탁을 단번에 거절함)

훈 **ける**　蹴る 차다

お小遣いを妻にねだりましたが、一蹴されました。
용돈을 아내에게 달라고 했는데, 단번에 거절당했습니다.

子どもたちがボールを蹴って遊んでいます。 아이들이 공을 차며 놀고 있습니다.

1084

빽빽할 **치**

①빽빽하다 ②면밀하다

음 **ち**　緻密 치밀함, 세밀함　精緻 정교하고 치밀함, 정밀함　細緻 치밀함

建物を建てるために、設計図を緻密に描きます。
건물을 짓기 위해 설계도를 세밀하게 그립니다.

その画家は風景を精緻に描写しました。 그 화가는 풍경을 정밀하게 묘사했습니다.

1085

베개 **침**

베개

음 **ちん**　陶枕 도자기 베개

훈 **まくら**　枕 베개　腕枕 팔베개　膝枕 무릎베개　水枕 물베개

昔、陶枕がありましたが、今は見ることができません。
옛날에 도자기 베개가 있었는데, 지금은 볼 수 없습니다.

枕のカバーを外して洗濯します。 베개 커버를 벗겨서 세탁합니다.

어려운 한자

1086

침 **唾**

①침 ②침을 뱉다

| 음 | だ | 唾液 타액, 침 唾棄 타기(혐오하고 경멸함) |
| 훈 | つば | 唾침 生唾군침 |

人種差別は唾棄すべき行いです。 인종차별은 경멸해야 할 행동입니다.

生唾が出るほどに、おいしそうな料理が出ました。
군침이 돌 정도로 맛있어 보이는 요리가 나왔습니다.

1087

터질 **綻**

(옷이)터지다

| 음 | たん | 破綻 파탄 |
| 훈 | ほころびる ほころぶ | 綻びる・綻ぶ ①(실밥이) 풀리다 ②조금 벌어지다 |

不景気によって会社が破綻しました。 불경기로 인해 회사가 파탄했습니다.

ズボンの裾が綻びました。 바짓단의 실밥이 풀렸습니다.

1088

탐낼 **貪**

탐내다, 탐하다

| 음 | どん | 貪欲 탐욕 |
| 훈 | むさぼる | 貪る 탐내다, 탐하다 |

その会社は貪欲に利益を伸ばそうとしました。
그 회사는 탐욕스럽게 이익을 늘리려고 했습니다.

学生が貪るように本を読んでいます。 학생이 책을 탐독하고 있습니다.

1089

일 **汰**

①일다, 걸러내다
②도태시키다

| 음 | た | 淘汰 도태 表沙汰 표면화, 세상에 알려짐 |
| | | ご無沙汰 격조함, 무소식 |

ダーウィンはガラパゴス島で自然の淘汰について研究しました。
다윈은 갈라파고스제도에서 자연의 도태에 대해 연구했습니다.

その会社は不祥事が表沙汰になることを避けました。
그 회사는 불미스러운 일이 표면화되는 것을 피했습니다.

1090

쌓을 **퇴**

쌓다, 쌓이다

- 음 たい　　堆積 퇴적　　堆肥 퇴비
- 훈 うずたかい　　堆い 수북하다, 산더미 같다

ダムの底に堆積した土砂を除去します。 댐의 바닥에 퇴적된 토사를 제거합니다.

雪が堆く積もって道を歩けません。 눈이 수북이 쌓여서 길을 걸을 수 없습니다.

1091

샘낼 **투**

샘내다, 시기하다

- 음 と　　嫉妬 질투
- 훈 ねたむ　　妬む 질투하다, 시기하다
- 　ねたましい　　妬ましい 질투나다

友だちが女性にもてるので嫉妬します。 친구가 여성에게 인기가 많아서 질투납니다.

他人の幸福を妬んではいけません。 타인의 행복을 시기해서는 안 됩니다.

어려운 한자

1092

염불 소리 **패**

①염불소리 ②찬불

- 훈 うた　　子守唄 자장가　　長唄 나가우타(일본 전통예능의 하나)
- 　うたう　　唄う 노래하다

子どもが子守唄を聞きながら眠っています。
아이가 자장가를 들으며 자고 있습니다.

長唄は三味線という楽器を使います。 나가우타는 샤미센이라는 악기를 사용합니다.

Tip うた

唄 노래(주로 샤미센을 반주로 함)

端唄や長唄を唄と言います。
하우타(샤미센에 맞춰 부르는 짧은 속요)나 나가우타(에도시대에 유행한 긴 속요)를 우타라고 합니다.

歌 노래

カラオケでたくさん歌を歌いました。 노래방에서 노래를 많이 불렀습니다.

381

1093

음 へい

遮**蔽** 차폐, 가림 隠**蔽** 은폐

<ruby>鉛<rt>なまり</rt></ruby>は<ruby>放射線<rt>ほうしゃせん</rt></ruby>を<ruby>遮蔽<rt>しゃへい</rt></ruby>する<ruby>性質<rt>せいしつ</rt></ruby>があります。
납은 방사선을 가리는(차단하는) 성질이 있습니다.

その<ruby>会社<rt>かいしゃ</rt></ruby>は<ruby>不正<rt>ふせい</rt></ruby>な<ruby>会計<rt>かいけい</rt></ruby>を<ruby>隠蔽<rt>いんぺい</rt></ruby>しました。 그 회사는 회계 비리를 은폐했습니다.

덮을 **폐** (蔽)

①덮다 ②가리다

1094

음 ほ

<ruby>哺<rt></rt></ruby>**乳類** 포유류 <ruby>哺<rt></rt></ruby>**乳瓶** 젖병

<ruby>絶滅<rt>ぜつめつ</rt></ruby>の<ruby>恐<rt>おそ</rt></ruby>れがある<ruby>哺乳類<rt>ほにゅうるい</rt></ruby>を<ruby>保護<rt>ほご</rt></ruby>します。 멸종의 우려가 있는 포유류를 보호합니다.

<ruby>熱湯<rt>ねっとう</rt></ruby>で<ruby>哺乳瓶<rt>ほにゅうびん</rt></ruby>を<ruby>消毒<rt>しょうどく</rt></ruby>します。 뜨거운 물로 젖병을 소독합니다.

먹일 **포**

먹다, 먹이다

1095

음 かく

鶏群の一鶴 군계일학(많은 사람 가운데에 섞여 있는 뛰어난 한 사람)

훈 つる

鶴 학, 두루미

<ruby>彼<rt>かれ</rt></ruby>はその<ruby>劇団<rt>げきだん</rt></ruby>の<ruby>中<rt>なか</rt></ruby>で<ruby>鶏群<rt>けいぐん</rt></ruby>の<ruby>一鶴<rt>いっかく</rt></ruby>の<ruby>存在<rt>そんざい</rt></ruby>です。
그는 그 극단 안에서 군계일학의 존재입니다.

<ruby>鶴<rt>つる</rt></ruby>が<ruby>求愛<rt>きゅうあい</rt></ruby>をしています。 학이 구애를 하고 있습니다.

학 **학**

①학 ②두루미

1096

음 かん

韓国 한국 **韓国語** 한국어 訪**韓** 방한

Kポップの<ruby>影響<rt>えいきょう</rt></ruby>で、<ruby>韓国語<rt>かんこくご</rt></ruby>を<ruby>勉強<rt>べんきょう</rt></ruby>する<ruby>人<rt>ひと</rt></ruby>が<ruby>多<rt>おお</rt></ruby>くなりました。
K팝의 영향으로 한국어를 공부하는 사람이 많아졌습니다.

アメリカの<ruby>大統領<rt>だいとうりょう</rt></ruby>が<ruby>訪韓<rt>ほうかん</rt></ruby>することになりました。
미국의 대통령이 방한하게 되었습니다.

한국 **한**

대한민국의 약칭

배다리 항

①배다리(작은 배를 한줄로 놓고 널판지 깐 다리) ②횃대

음 こう
衣桁 의항(기모노 옷걸이)

훈 けた
桁 자릿수　桁外れ 표준과 엄청나게 차이가 남
桁違い 수의 자리가 틀림, 차이가 매우 큼

衣桁は和服を掛けるために使う道具です。
의항은 기모노를 걸기 위해 쓰는 도구입니다.
新しいコンピューターは桁外れに計算が速いです。
새로운 컴퓨터는 엄청나게 계산이 빠릅니다.

본보기 해

①본보기, 모범 ②해서

음 かい
楷書 해서(서체의 하나)　楷書体 해서체

名前を楷書体できれいに書いてください。 이름을 해서체로 예쁘게 써 주세요.

화할 해

①화합하다 ②농담하다 ③해학

음 かい
諧謔 해학, 익살, 유머
俳諧 하이카이(일본의 단시형 문예형식의 하나)

彼は諧謔を交えながら演説をしました。 그는 해학을 섞어가며 연설을 했습니다.
俳諧雑誌に自分の俳句が掲載されました。
하이카이 잡지에 내 하이쿠가 실렸습니다.

뼈 해

①뼈 ②정강이 뼈

음 がい
骸骨 해골　死骸 시체, 사체　形骸化 유명무실화

動物の死骸をハイエナが食べています。 동물의 사체를 하이에나가 먹고 있습니다.
形骸化した手続きを見直します。 유명무실화된 절차를 재검토합니다.

어려운 한자

뱃전 현

뱃전(배의 양쪽 가장자리 부분)

음 げん

舷灯 현등(야간에 항해 중인 선박의 뱃전에 다는 등)

右舷 우현　左舷 좌현

舷灯には赤色と緑色のライトが使われます。
현등에는 빨간색과 녹색의 등이 사용됩니다.

船は右舷から浸水しました。 배는 우현부터 침수되었습니다.

겨드랑이 협

①겨드랑이 ②곁

훈 わき

脇 ①겨드랑이 ②곁, 옆　脇見 곁눈질, 한눈팔기

両脇 ①양쪽 겨드랑이 ②양옆

運転中に脇見をして事故を起こしました。
운전 중에 한눈을 팔아서 사고를 냈습니다.

先生が両脇に荷物を抱えて歩いています。
선생님이 양쪽 겨드랑이에 짐을 끼고 걷고 있습니다.

뺨 협

뺨, 볼

훈 ほお

頬 뺨, 볼　頬張る 볼이 미어지게 음식을 입에 넣고 먹다

虫歯で右側の頬が腫れました。 충치 때문에 오른쪽 뺨이 부었습니다.

子どもがおいしそうにおにぎりを頬張っています。
아이가 맛있는 듯이 주먹밥을 입안 가득 넣어 먹고 있습니다.

범 호

범, 호랑이

음 こ

虎穴 호랑이굴

虎視眈々 호시탐탐(남의 것을 빼앗기 위하여 기회를 엿봄)

훈 とら

虎 호랑이

その人は虎視眈々と社長の椅子を狙っています。
그 사람은 호시탐탐 사장 자리를 노리고 있습니다.

この動物園では虎を飼育しています。 이 동물원에서는 호랑이를 사육하고 있습니다.

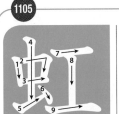

무지개 **홍**

무지개

훈 **にじ**　　<ruby>虹<rt>にじ</rt></ruby> 무지개

<ruby>虹<rt>にじ</rt></ruby>がかかった<ruby>空<rt>そら</rt></ruby>をカメラで<ruby>撮影<rt>さつえい</rt></ruby>します。 무지개가 뜬 하늘을 카메라로 촬영합니다.

목구멍 **후**

①목구멍 ②목

음 **こう**　　<ruby>喉頭<rt>こうとう</rt></ruby> 후두　<ruby>咽喉<rt>いんこう</rt></ruby> 인후, 목구멍　<ruby>耳鼻咽喉科<rt>じびいんこうか</rt></ruby> 이비인후과

훈 **のど**　　<ruby>喉<rt>のど</rt></ruby> 목, 목구멍　<ruby>喉飴<rt>のどあめ</rt></ruby> 목캔디　<ruby>喉自慢<rt>のどじまん</rt></ruby> 노래자랑

<ruby>喉頭<rt>こうとう</rt></ruby>は<ruby>気管<rt>きかん</rt></ruby>の<ruby>入<rt>い</rt></ruby>り<ruby>口<rt>ぐち</rt></ruby>の<ruby>部分<rt>ぶぶん</rt></ruby>です。 후두는 기관지의 입구 부분입니다.

<ruby>歌<rt>うた</rt></ruby>いすぎて<ruby>喉<rt>のど</rt></ruby>を<ruby>痛<rt>いた</rt></ruby>めました。 노래를 너무 불러서 목이 상했습니다.

맡을 **후**

냄새를 맡다

음 **きゅう**　　<ruby>嗅覚<rt>きゅうかく</rt></ruby> 후각

훈 **かぐ**　　<ruby>嗅<rt>か</rt></ruby>ぐ 냄새를 맡다

<ruby>嗅覚<rt>きゅうかく</rt></ruby>は<ruby>五感<rt>ごかん</rt></ruby>の<ruby>一<rt>ひと</rt></ruby>つです。 후각은 오감 중 하나입니다.

<ruby>腐<rt>くさ</rt></ruby>っていないか<ruby>匂<rt>にお</rt></ruby>いを<ruby>嗅<rt>か</rt></ruby>いで<ruby>確認<rt>かくにん</rt></ruby>します。 상하지 않았는지 냄새를 맡아 확인합니다.

헐 **훼 (毀)**

①헐다 ②부수다
③손상하다 ④비방하다

음 **き**　　<ruby>毀損<rt>きそん</rt></ruby> 훼손　<ruby>名誉毀損<rt>めいよきそん</rt></ruby> 명예훼손

훈 **こわす**　　<ruby>毀<rt>こわ</rt></ruby>す 부수다, 허물다

　こぼれる　　<ruby>毀<rt>こぼ</rt></ruby>れる 망가지다, 파손되다

　こぼつ　　<ruby>毀<rt>こぼ</rt></ruby>つ 부수다, 깨뜨리다

その<ruby>出版社<rt>しゅっぱんしゃ</rt></ruby>は<ruby>名誉毀損<rt>めいよきそん</rt></ruby>で<ruby>訴<rt>うった</rt></ruby>えられました。 그 출판사는 명예훼손으로 고소당했습니다.

<ruby>硬<rt>かた</rt></ruby>いものを<ruby>切<rt>き</rt></ruby>ろうとして<ruby>包丁<rt>ほうちょう</rt></ruby>の<ruby>刃<rt>は</rt></ruby>が<ruby>毀<rt>こぼ</rt></ruby>れました。
딱딱한 것을 자르려다 부엌칼의 날이 망가졌습니다.

어려운 한자

1109

무리 **휘**

①무리 ②동류

음 **い**

語彙 어휘　語彙力 어휘력

本をたくさん読んで語彙力を身に付けます。 책을 많이 읽어 어휘력을 익힙니다.

1110

흔적 **흔**

①흔적 ②자취 ③흉터

음 **こん**

痕跡 흔적　血痕 혈흔　弾痕 탄흔

훈 **あと**

痕 흔적, 자국

특이 痘痕 마맛자국, 곰보자국

警察が犯人の痕跡を探しています。 경찰이 범인의 흔적을 찾고 있습니다.

おなかに水疱瘡の痕があります。 배에 수두 자국이 있습니다.

■ 밑줄 친 한자를 바르게 읽은 것을 고르시오.

1 大統領が演説中に狙撃される事件が起きました。

① しゅうげき   ② しゅうけき   ③ そげき   ④ そけき

2 彼はアメリカ人ですが、箸を上手に使います。

① ようじ   ② さら   ③ さじ   ④ はし

3 休憩時間に煎餅を食べながら談笑しました。

① ぜいべい   ② せいべい   ③ ぜんべい   ④ せんべい

4 処方箋をもらって薬局に行きました。

① しょほうぜん   ② しょほうせん   ③ ちょほうぜん   ④ ちょほうせん

5 父は食後にいつも爪楊枝を使います。

① つめようし   ② つまようし   ③ つめようじ   ④ つまようじ

6 虫に刺された部分が腫れました。

① たれました   ② つれました   ③ はれました   ④ かれました

7 資金が不足して計画が頓挫しました。

① とんざ   ② とんさ   ③ どんざ   ④ どんさ

8 焼酎を飲みすぎて酔っ払いました。

① そうちゅう   ② しょうちゅう   ③ そうじゅ   ④ しょうじゅ

9 彼は真摯な態度で上司の忠告を聞いています。

① ちんじ   ② しんじ   ③ ちんし   ④ しんし

10 彼は友人の昇進を嫉みました。

① こばみました   ② はらみました   ③ ねたみました   ④ うらみました

 정답 1 ③   2 ④   3 ④   4 ②   5 ④   6 ③   7 ①   8 ②   9 ④   10 ③

11 　奈良県には有名な古刹がたくさんあります。
な ら けん　　　　　　　　　　　 こ さつ

　　　① こさつ　　　　　　② こせい　　　　　　③ こうさつ　　　　　④ こうせい

12 　田中さんは会議でいつも斬新なアイデアを言います。
た なか　　　　　　 かい ぎ　　　　　　 ざんしん

　　　① さんしん　　　　② ざんしん　　　　　③ さんじん　　　　　④ ざんじん

13 　監督の采配に従います。
かんとく　 さいはい　 したが

　　　① せいばい　　　　② せいはい　　　　　③ さいばい　　　　　④ さいはい

14 　その選手の活躍は凄かったです。
　　　　　　 かつやく　 すご

　　　① めざましかった　② かんがしかった　③ すごかった　　　　④ はげしかった

15 　お正月は私の家に親戚が集まります。
しょうがつ　　　　　　 しんせき　 あつ

　　　① しんせき　　　　② ちんせき　　　　　③ しんそく　　　　　④ ちんそく

16 　散歩しようと思いましたが、雨が降ってきたので諦めました。
さん ぽ　　　　　　　　　　　　　　　　　　　　　　　　　あきら

　　　① あきらめました　② やめました　　　　③ すすめました　　　④ とめました

17 　取引先の社員は私の提案を一蹴しました。
とりひきさき　　　　　　　　 ていあん　 いっしゅう

　　　① いちしゅく　　　② いちしゅう　　　　③ いっしゅく　　　　④ いっしゅう

18 　そのステーキはおいしそうで生唾が出ます。
　　　　　　　　　　　　　　　　 なまつば

　　　① しょうた　　　　② しょうだ　　　　　③ なまつば　　　　　④ なまつは

19 　不景気で経営が破綻に至る会社が増えています。
ふ けい き　 けいえい　 はたん　 いた　　　　　 ふ

　　　① はじょう　　　　② はたん　　　　　　③ ぱじょう　　　　　④ ぱたん

20 　この土地は火山灰が堆積しています。
と ち　 か ざんばい　 たいせき

　　　① だいすい　　　　② たいすい　　　　　③ だいせき　　　　　④ たいせき

---

21 <u>嫉妬</u>心を克服する方法を教えてください。

① しっと　　　② ちっと　　　③ しっとう　　　④ ちっとう

22 騒音を<u>遮蔽</u>した場所で録音をしました。

① しゃへい　　② しゃべい　　③ さへい　　　④ さべい

23 稀少な<u>鶴</u>の保護活動をしています。

① はと　　　　② つばめ　　　③ つる　　　　④ ふくろう

24 <u>楷書</u>は漢字の書体の一つです。

① がいそ　　　② がいしょ　　③ かいそ　　　④ かいしょ

25 部長は<u>形骸化</u>した会議を廃止しました。

① けいかいか　② けいがいか　③ きょうかいか　④ きょうがいか

26 授業中に<u>脇見</u>をして、先生に怒られました。

① わきみ　　　② わぎみ　　　③ わきめ　　　④ わぎめ

27 絶滅の危機にある<u>虎</u>を保護します。

① たか　　　　② わし　　　　③ ぞう　　　　④ とら

28 風邪を引いたのか、<u>喉</u>が痛いです。

① もも　　　　② ひじ　　　　③ くび　　　　④ のど

29 記者は人の名誉を<u>毀損</u>する記事を書いてはいけません。

① きぞん　　　② きそん　　　③ ぎぞん　　　④ ぎそん

30 「<u>痘痕</u>もえくぼ」という日本のことわざを韓国では何と言いますか。

① あばた　　　② しみ　　　　③ あざ　　　　④ にきび

색인

총획순

총 ⑫ 획

일본어 상용한자
완전 마스터 1110

지은이 한선희, 이이호시 카즈야
펴낸이 정규도
펴낸곳 (주)다락원

초판 1쇄 인쇄 2021년 11월 30일
초판 1쇄 발행 2021년 12월 10일

편집총괄 송화록
책임편집 김은경
디자인 장미연, 이승현

다락원 경기도 파주시 문발로 211
내용문의: (02)736-2031 내선 460~465
구입문의: (02)736-2031 내선 250~252
Fax: (02)732-2037
출판등록 1977년 9월 16일 제 406-2008-000007호

값 18,000원
ISBN   978-89-277-1253-4 13730

http://www.darakwon.co.kr

- 다락원 홈페이지를 방문하시면 상세한 출판 정보와 함께 동영상 강좌, MP3 자료 등 다양한 어학 정보를 얻으실 수 있습니다.
- 다락원 홈페이지에서 「NEW 일본어 상용한자 완전 마스터 1110」의 **MP3 파일**과 **연습 문제 해석**, **한자 쓰기 노트**를 무료로 다운로드 받으실 수 있습니다.